21世纪高职高专规划教材·物流管理系列

仓储与配送管理

主　编　谢翠梅　王守卫

清华大学出版社
北京交通大学出版社
·北京·

内容简介

本书基于仓储与配送职业岗位特点精选了 9 个教学项目，分别是：仓储规划与管理，仓储设施设备的配置与使用，货物入库作业管理，货物在库作业管理，库存管理与控制，流通加工、包装作业管理，货物的分拣、出库作业管理、仓储成本管理及绩效评价、配送与运输作业管理。

本书可作为高职高专物流管理专业的教材，也可作为经济类、工商管理类专业的参考书，还可作为仓库、港口、场站、物流中心、企事业单位物资管理等人员的职业培训用书。

本书封面贴有清华大学出版社防伪标签，无标签者不得销售。

版权所有，侵权必究。侵权举报电话：010-62782989 13501256678 13801310933

图书在版编目（CIP）数据

仓储与配送管理/谢翠梅，王守卫主编. —北京：北京交通大学出版社：清华大学出版社，2019.5

 ISBN 978-7-5121-3853-7

Ⅰ.①仓… Ⅱ.①谢… ②王… Ⅲ.①仓库管理-高等职业教育-教材 ②物流管理-物资配送-高等职业教育-教材 Ⅳ.①F253 ②F252.14

中国版本图书馆 CIP 数据核字（2019）第 041121 号

仓储与配送管理

CANGCHU YU PEISONG GUANLI

责任编辑：陈建峰

出版发行：	清华大学出版社	邮编：100084	电话：010-62776969
	北京交通大学出版社	邮编：100044	电话：010-51686414

印　刷　者：北京时代华都印刷有限公司
经　　　销：全国新华书店
开　　　本：185 mm×260 mm　印张：18.25　字数：456 千字
版　　　次：2019 年 5 月第 1 版　2019 年 5 月第 1 次印刷
书　　　号：ISBN 978-7-5121-3853-7/F·1861
印　　　数：1～3 000 册　定价：49.00 元

本书如有质量问题，请向北京交通大学出版社质监组反映。对您的意见和批评，我们表示欢迎和感谢。
投诉电话：010-51686043，51686008；传真：010-62225406；E-mail：press@bjtu.edu.cn。

编委会

主 编 谢翠梅　王守卫
副主编 林　楠　刘　心　王垚惠
委　员 林凤学　胡晓林　李　霖
　　　　　周延妮　顾晓艳　谢业涛

前 言

仓储与配送管理活动是商品生产与流通的重要环节,关系到生产、流通速度的快慢及其成本的高低,也直接关系到供应链、价值链和服务链战略目标的构建。"仓储与配送管理"课程是物流专业的核心课程,传统的授课方式偏重理论知识的讲授,缺乏专业技能训练,因而导致学生的实践能力较弱。为满足高等职业教育及各类不同层次培训教育对仓储与配送管理人才培养提出的要求,我们邀请物流企业专家、高校教授等组成编委会撰写本书。本书有如下特点。

1. 内容精练,构建体系

编委会在调查分析仓储与配送职业岗位群的基础上,梳理、归纳和整合岗位专业知识、职业行动能力要求及典型工作任务,编写了9个教学项目,形成了该课程的实践教学内容体系,包括:仓储规划与管理,仓储设施设备的配置与使用,货物入库作业管理,货物在库作业管理,库存管理与控制,流通加工、包装作业管理,货物的分拣、出库作业管理,仓储成本管理及绩效评价,配送与运输作业管理。教学内容注重职业技能和管理素质的培养,突出高职高专教育"理论够用、重在实操"的特色。

2. 情境真实,提高技能

编委会采用项目引导、任务驱动的情境化教学模式设计能力模块,组织教材的主要内容,每个项目包含导入案例、项目任务、知识拓展、自我测试、案例分析、项目实施等几个部分。在项目实施模块下设置情境实训,基于每个项目所突出的核心能力,通过实训让学生亲身感受仓储与配送的活动过程,调动其主观能动性。学生在实践中发挥想象力和创造力,形成积极的学习态度,巩固、强化所学知识,提高技能,从而实现高职高专培养技能型人才的目标。

3. 案例新颖,激发兴趣

每个项目都有导入案例,同时在练习题中也设置了案例分析,对国家权威部门最新发布的仓储与配送案例资料进行分析研究,使学生感受仓储与配送管理的实用性和真实性,从而激发其学习的积极性及知识探索的愿望。

5. 习题丰富,辅助学习

每个项目都提供自我测试题,包括填空题、单选题、多选题、问答题等,帮助学生巩固、强化所学知识与技能。

6. 课件完备,方便教学

编委会的成员中有多位一线教师,在教学过程中他们广泛采用启发式教学、案例法教学、情境式教学等教学方法，将知识转化为能力，使学生能够开阔思路，培养探索精神，提高独立思考的能力。本书配备电子教案、电子课件、习题参考答案等资料为教师授课提供便利。

在编写本书的过程中，我们参阅、引用了国内外众多专家、学者的有关著作、论文、案例等，在此向相关文献资料的作者表示诚挚的谢意！同时，书中部分内容来源于网络，由于其作者或出处不详，无法一一注明，在此也向他们表示诚挚的谢意！由于篇幅所限，加之编者水平和精力有限，书中难免存在错误及疏漏之处，敬请广大读者批评指正，以便本书不断完善。

编　者
2019 年 1 月

目　　录

项目一　仓储规划与管理 ··· 1
　导入案例 ··· 1
　项目任务 ··· 2
　　任务一　仓储管理认知 ··· 2
　　任务二　仓库概述 ·· 10
　　任务三　仓库的选址与布局设计 ·· 14
　　任务四　自动化立体仓库 ··· 24
　知识拓展 ··· 29
　自我测试 ··· 30
　案例分析 ··· 32
　项目实施 ··· 33
　　情境实训一　仓储与配送行业认知 ··· 33
　　情境实训二　组建物流企业 ·· 34
　　情境实训三　仓库的规划与布局 ·· 35

项目二　仓储设施设备的配置与使用 ·· 37
　导入案例 ··· 37
　项目任务 ··· 38
　　任务一　集装单元设备 ··· 38
　　任务二　货架设备 ·· 44
　　任务三　装卸搬运设备 ··· 50
　知识拓展 ··· 57
　自我测试 ··· 57
　案例分析 ··· 59
　项目实施 ··· 60
　　情境实训一　仓储设施设备的选择和购置 ·· 60

I

情境实训二　仓储设施设备认知和使用 ················ 62
　　情境实训三　自动化立体仓库的设备使用 ················ 63

项目三　货物入库作业管理 ················ 64
　导入案例 ················ 65
　项目任务 ················ 66
　　任务一　仓储合同概述 ················ 66
　　任务二　仓储合同的履行 ················ 71
　　任务三　货物接运、入库作业管理 ················ 76
　　任务四　仓储货物的信息处理技术 ················ 90
　知识拓展 ················ 97
　自我测试 ················ 98
　案例分析 ················ 100
　项目实施 ················ 101
　　情境实训一　货物的验收入库操作 ················ 101
　　情境实训二　商品编码操作 ················ 101
　　情境实训三　仓储合同及仓单制作 ················ 102

项目四　货物在库作业管理 ················ 104
　导入案例 ················ 104
　项目任务 ················ 105
　　任务一　储位管理与储位分配 ················ 105
　　任务二　货物堆垛与苫垫 ················ 112
　　任务三　货物的保管与养护 ················ 120
　　任务四　仓储安全管理 ················ 134
　知识拓展 ················ 141
　自我测试 ················ 142
　案例分析 ················ 144
　项目实施 ················ 145
　　情境实训一　货位编号与货位分配 ················ 145
　　情境实训二　仓储理货员的岗位职责和操作流程 ················ 145
　　情境实训三　仓储保管员、养护员的岗位职责和操作流程 ················ 146

项目五　库存管理与控制 ················ 148
　导入案例 ················ 148
　项目任务 ················ 149
　　任务一　库存概述 ················ 149
　　任务二　库存的盘点作业 ················ 151

任务三　库存控制概述 …………………………………………………… 156
　　任务四　库存补货作业 …………………………………………………… 162
知识拓展 ………………………………………………………………………… 168
自我测试 ………………………………………………………………………… 168
案例分析 ………………………………………………………………………… 170
项目实施 ………………………………………………………………………… 171
　　情境实训一　ABC 分类管理 …………………………………………… 171
　　情境实训二　订货量的确定 …………………………………………… 173
　　情境实训三　库存盘点和预警管理 …………………………………… 173

项目六　流通加工、包装作业管理 …………………………………………… 175
导入案例 ………………………………………………………………………… 175
项目任务 ………………………………………………………………………… 176
　　任务一　货物流通加工作业 …………………………………………… 176
　　任务二　货物的包装作业 ……………………………………………… 181
知识拓展 ………………………………………………………………………… 185
自我测试 ………………………………………………………………………… 186
案例分析 ………………………………………………………………………… 188
项目实施 ………………………………………………………………………… 188
　　情境实训一　包装储运指示标志的识别 ……………………………… 188
　　情境实训二　安全管理——危险货物保管技术及包装标志识别 …… 189
　　情境实训三　打包机捆扎操作 ………………………………………… 190

项目七　货物的分拣、出库作业管理 ………………………………………… 192
导入案例 ………………………………………………………………………… 192
项目任务 ………………………………………………………………………… 194
　　任务一　货物的分拣作业 ……………………………………………… 194
　　任务二　货物出库准备工作 …………………………………………… 198
　　任务三　出库单证流转 ………………………………………………… 200
　　任务四　货物出库作业 ………………………………………………… 202
知识拓展 ………………………………………………………………………… 207
自我测试 ………………………………………………………………………… 208
案例分析 ………………………………………………………………………… 210
项目实施 ………………………………………………………………………… 210
　　情境实训一　电子标签拣货系统实训 ………………………………… 210
　　情境实训二　仓储货物出库作业流程操作 …………………………… 211
　　情境实训三　进出库业务单据制作 …………………………………… 212

项目八 仓储成本管理及绩效评价 214
  导入案例 214
  项目任务 215
    任务一 仓储成本概述 215
    任务二 仓储成本的控制 220
    任务三 仓储绩效管理概述 225
    任务四 仓储风险管理概述 231
  知识拓展 234
  自我测试 234
  案例分析 237
  项目实施 238
    情境实训一 结算管理 238
    情境实训二 案例分析——仓储绩效考核与风险控制 239
    情境实训三 储配方案设计及操作技能竞赛 239

项目九 配送与运输作业管理 241
  导入案例 241
  项目任务 242
    任务一 货物配送的概念与分类 242
    任务二 配送成本的构成与管理 245
    任务三 配送运输 249
    任务四 车辆积载及车辆调度 252
    任务五 配送路线优化 262
  知识拓展 268
  自我测试 269
  案例分析 271
  项目实施 272
    情境实训一 配送中心的基本作业流程 272
    情境实训二 车辆调度的方法 272
    情境实训三 配送路线的选择 273

附录A 自我测试参考答案 275

项目一

仓储规划与管理

【项目说明】

仓库的选址与布局关系到企业整体物流网络的合理性,其合理与否同企业整体的运营成本、运作效率有着密切联系。建立物流网络系统时,仓库的选址与布局是首要的工作,是一项决策性工作,其重要性在仓储管理中处于较高层次。在进行仓储区总体布局时,应考虑仓库的专业化程度、规模和功能等因素,合理的仓库布局应有利于作业的顺利进行,有利于保证安全和提高仓储经济效益。

【知识目标】

1. 了解仓储的含义、类型及其作用;
2. 熟悉仓储管理的对象与内容;
3. 明确仓库的概念、功能和分类;
4. 掌握仓库选址的方法;
5. 理解仓库布局设计的原则和方法。

【能力目标】

1. 懂得仓储管理员应具备的素质及应满足的基本要求;
2. 能够对一定实际背景下的仓库作出内部的布局和库区规划;
3. 学会对仓库、堆场进行结构设计;
4. 熟悉自动化立体仓库的结构和仓储流程;
5. 了解我国仓储业的现状及未来发展趋势。

 导入案例

京东上海亚洲一号物流中心

京东上海亚洲一号物流中心(以下简称亚洲一号)是当今中国最大、最先进的电商物流中心之一,建筑面积为 20 万 m^2。其中投入运行的一期定位为中件商品仓库,总建筑面积约为 10 万 m^2,分为 4 个区域——立体库区、多层阁楼拣货区、生产作业区和出货分拣区。

（1）立体库区。"立体库区"的库高为24 m，利用自动存取系统（AS/RS系统），实现了自动化高密度储存和高速拣货。AS/RS系统是物流中心机器人作业系统，实现了全自动的立体机器人无人化作业。

（2）多层阁楼拣货区。"多层阁楼拣货区"采用各种现代化设备，具备自动补货、快速拣货、多重复核、多层阁楼自动输送能力，实现了京东巨量SKU（存货单位）的高密度存储和快速准确的拣货和输送。

（3）生产作业区。"生产作业区"采用京东自主开发的任务分配系统和自动化的输送设备（京东的玄武系统），实现了每一个生产岗位任务分配的自动化和合理化，保证了每一个生产岗位的满负荷运转，避免了任务分配不均的情况，极大地提高了劳动效率。生产作业分为两大类，一类是批次作业任务，主要是通过亚洲一号的全自动化作业设备和输送设备实现的。另一类是合理的匹配作业任务，是实现物流中心高效作业的关键。实现最优的拣选路径是物流中心必备的技术能力。

（4）出货分拣区。"出货分拣区"采用了自动化的输送系统和代表目前全球最高水平的分拣系统，分拣处理能力达16 000件/h，分拣准确率高达99.99%，彻底解决了原先人工分拣效率低和分拣准确率低的问题。

问题与思考：
1. 什么是仓储？仓储有哪些功能？
2. 仓库应怎样进行选址和布局设计？
3. 什么是自动化立体仓库？自动化立体仓库和一般仓库相比有什么特点？

项目任务

任务一　仓储管理认知

一、仓储的概念

"仓"即仓库，为存放、保管、储存物品的建筑物和场地的总称，可以是房屋建筑、洞穴、大型容器或特定的场地等，具有存放和保护物品的功能。"储"即储存、储备，表示收存以备使用，具有收存、保管、交付使用的意思。仓储就是在指定的场所储存物品的行为。仓储是社会产品出现剩余之后流通的产物，是商品流通的重要环节之一，也是物流活动三大支柱之一。当产品不能被即时消耗掉，需要专门的场所存放时，静态仓储随之产生。将物品存入仓库并对存放在仓库里的物品进行保管、控制、提供使用等管理活动，由此便形成了动态仓储。可以说，仓储是为有形物品提供存放场所，对物品进行存取、保管和控制的过程，是人们一种有意识的行为。

仓储的目的是克服产品生产与消费在时间上的差异，使物资产生时间效果，实现其使用价值。例如，大米一年收获1~2次，必须用仓库进行储存以保证平时的均衡需求。又如，水果或者鱼虾等水产品在收获季节需要在冷藏库进行保管，以保证市场的正常需要并防止价格大幅度起落。

二、仓储的功能

从物流的角度看,仓储的功能分为基本功能和增值服务功能。仓储的基本功能包括存储功能、调节功能、检验功能和养护功能。仓储的增值服务功能是指利用物品在仓库的存储时间,开发和开展多种服务来提高仓储附加值、促进物品流通、提高社会效益的功能,主要包括流通加工、包装、配载与配送、交易中介等功能。

1. 仓储的基本功能

(1) 存储功能。存储是指在特定的场所,存放物品并进行妥善的保管,确保被存储物品不受损害。存储功能是仓储最基本的功能,是仓储产生的根本原因。当产品出现剩余,需要将剩余产品收存保管时,仓储便由此产生。存储的目的是确保被存储物品的价值不受损害,在存储过程中被存储物品所有权属于存货人。

(2) 调节功能。仓储在物流中起着"蓄水池""火车站"的作用。一方面仓储可以调节生产和消费的平衡,使它们在时间和空间上得到协调,保证社会再生产的顺利进行;另一方面,由于不同的运输方式在运向、运程、运力和运输时间上存在差异,仅靠一种运输方式一般不能直接将货物运达目的地,货物的运输可能需要在中途改变运输方式、运输路线、运输规模、运输工具,而且为协调运输时间和完成物品倒装、转运、分装、集装等物流作业,还需要在物品运输的中途停留,仓储为此提供了便利。仓储的调节功能实现了物品从生产地向销售地的快速转移;并且,当交易不利时可以对物品先进行存储,等待有利的交易机会。调节控制的任务就是对物品的仓储或流转做出安排,确定存储时间和存储地点。

(3) 检验功能。仓储一方面是确保存货人交付保管的仓储物的数量、质量在其提取时的一致性;另一方面是按照存货人的要求分批收货和分批出货,对储存的货物进行数量控制,配合物流管理的有效实施,同时向存货人提供一定数量的服务信息,以便其控制存货,提高物品的效用。为了保证物品的数量和质量,分清事故责任,维护各方面的经济利益,必须对物品进行严格的检验,以满足生产、运输、销售及用户的要求。仓储为组织检验提供了场地和条件。

(4) 养护功能。养护功能是指保管人根据收货时仓储物的质量将其交还存货人的基本义务。为了保证仓储物的质量不变,保管人需要采用先进的技术、合理的保管措施,妥善地保管仓储物。仓储物发生危险时,保管人不仅要及时通知存货人,还需要及时采取有效措施减少损失。

2. 仓储的增值服务功能

仓储增值服务是现代物流发展的结晶,包含两方面的含义:一是衔接好仓储环节和生产运输环节,实现产品"无缝"流转,降低成本,缩短产品在流通环节的总时间,加速产品价值的实现;二是采用生产延迟、运输延迟的策略,针对不同行业和产品,把产品的粗加工、包装、贴标签等作业在物流停滞期间完成,既能为上下游的生产、运输环节提供直接便利,又可以使仓储作业从单一的保值功能发展为增值、保值合一的多元化功能,从而大大提高仓储的直接效益。

(1) 流通加工。仓储期间可以通过简单的制造、加工活动来延期或延迟生产,提高物品附加值。加工本是生产环节的任务,但随着消费的个性化、多元化发展,许多企业将产品的定型、分装、组配、贴商标等工序留到仓储环节进行。流通加工可以缩短生产时间、节约材料、提高成品率、保证供货质量及更好地为消费者服务，实现产品从生产到消费之间的价值增值。

（2）包装。包装的目的在于对商品进行保护、方便搬运、商品包装单位化、使商品具有标识、促进商品的销售等。每个包装箱都是一幅广告牌，良好的包装能够提高产品的吸引力。提高产品的吸引力要比提高产品单位售价的代价低。

（3）配载与配送。配载是对使用相同运输工具和运输线路的货物进行合理安排，使少量的货物实现整车运输，是仓储活动的一项重要内容。大多数仓储都有配载的功能，不同货物在仓库集中，按照运输的方向进行分类仓储，当运输工具到达时出库装运。通过对运输车辆进行配载，确保及时配送和运输工具的充分利用。随着现代科技的发展，商家、消费者订货可以通过网络等途径完成，但产品从生产者到消费者手中必须经过物流环节。配送可以缩短物流渠道，减少物流环节，提高物流效益，促进物流的合理化，实现产品的小批量送达。因此，配送是商流与物流的结合体，是拣选、包装、加工、组配等各种活动的有机组合。一般配送点设置在生产和消费集中的地区。仓储配送业务的发展有利于生产企业减少存货，降低固定资金的投入；有利于商业企业减少存货，降低流动资金使用量，又能保证销售。

（4）交易中介。仓储经营人利用存放在仓库中的大量有形物品，以及与各类物品使用部门业务的广泛联系，开展现货交易中介，能够扩大货物交易量，加速仓储物的周转和吸引新的仓储业务，提高仓储效益，同时还能充分利用社会资源，加快社会资金周转，减少资金沉淀。交易中介功能的开发是仓储经营发展的重要方向。

三、仓储的分类

仓储在本质上是对物品进行储藏和保管，但由于仓储经营主体、仓储对象、仓储经营方式和仓储功能的不同，其又可以分成不同类别。

1. 按仓储经营主体划分

（1）企业自营仓储。企业自营仓储包括生产企业自营仓储和流通企业自营仓储。生产企业自营仓储指生产企业使用自有的仓库设施对生产使用的原材料、生产半成品、最终产品实施储存保管的行为。其仓储对象较为单一，以满足企业自身生产为原则。流通企业自营仓储的仓储对象较多，目的是支持销售。企业自营仓储不开展商业性仓储经营，其行为不具有独立性，仅仅为企业的产品生产或经营活动服务。其仓库规模小、数量多、专业性强，而仓储专业化程度低，设施简单。

（2）商业营业仓储。商业营业仓储是仓储经营人以其拥有的仓储设备，向社会提供商业性仓储服务的仓储行为。仓储经营人与存货人通过订立仓储合同的方式建立仓储关系，并且依照合同约定提供仓储服务和收取仓储费用。商业营业仓储的目的是在仓储活动中获得经济利益，实现经营利润最大化。商业营业仓储可分为提供货物仓储服务和提供仓储场地服务两种类型。

（3）公共仓储。公共仓储是公用事业的配套服务设施，如为车站、码头提供的与运输相配套的仓储服务，其运作的主要目的是保证车站、码头的货物周转，具有内部服务的性质，处于从属地位。但对于存货人而言，公共仓储也适用于营业仓储关系，只是不独立订立仓储合同，而是将该关系列在作业合同之中。

(4) 战略储备仓储。战略储备仓储是国家根据国家安全、社会稳定的需要，对战略物资进行储备而设立的仓储。战略储备由国家通过立法、行政命令的方式进行控制、实施。战略物资存储的时间较长，以保证储备品的安全性为首要任务。战略物资主要有粮食、能源、有色金属等。

2. 按仓储对象划分

(1) 普通物品仓储。普通物品仓储是指不需要特殊保管条件的物品仓储。例如，对于普通的生产物资、生活用品、工具等杂货类物品，不需要设置特殊保管条件，采取无特殊装备的通用仓库或货场存放即可。

(2) 特殊物品仓储。特殊物品仓储是指在保管中有特殊要求和需要满足特殊条件的物品仓储，如危险品仓储、冷库仓储、粮食仓储等。特殊物品仓储一般采用专用仓库，按物品的物理、化学、生物特性及法规规定进行仓储建设和实施管理。

3. 按仓储经营方式划分

(1) 保管式仓储。保管式仓储又称纯仓储，是指以保持仓储物原样不变为目标的仓储。存货人将特定的物品交给保管人进行保管，到期保管人将原物交还给存货人，仓储物所有权不发生变化，即仓储物除了所发生的自然损耗和自然减量外，数量、质量、件数不发生变化。保管式仓储又分为仓储物独立的保管仓储和将同类仓储物混合在一起的混藏仓储。

(2) 加工式仓储。加工式仓储是指保管人在物品仓储期间根据与存货人之间的合同的要求，对仓储物进行合同规定的外观、形状、成分构成、尺度等方面的加工或包装，使仓储物满足委托人所要求达到的变化的仓储方式。

(3) 消费式仓储。消费式仓储是指保管人接受仓储物的所有权，保管人在仓储期间有权对仓储物行使所有权。在仓储期满时，保管人只需将相同种类和数量的替代物交还给委托人即可。消费式仓储特别适合于保管期较短的商品储存，如肉禽蛋类、蔬菜瓜果类农产品的储存。消费式仓储也适合一定时期内价格波动较大的商品的投机性存储，即仓储经营人利用仓储物开展投机经营的增值活动，具有一定的商品保值和增值功能，同时又具有较大的仓储风险，是仓储经营的一个重要发展方向。

4. 按仓储功能划分

(1) 存储功能仓储。存储功能仓储是指物资需要较长时间存放的仓储。由于物资存放时间长，单位时间存储费用低廉就很重要，因此一般选择在较为偏远的地区进行储存。存储功能仓储一般物资较为单一、品种少，但存量大、存期长，因此要特别注意物资的质量保管。

(2) 物流中心仓储。物流中心仓储是以物流管理为目的的仓储活动，是为了实现有效的物流管理，对物流的流程、货物数量、方向进行控制，实现物流的时间价值。物流中心仓储一般在交通较为便利、存储成本较低的经济发达地区进行，采取批量入库、分批出库的形式。

(3) 配送中心仓储。配送中心仓储是商品在配送交付消费者之前所进行的短期仓储，是商品在销售或者供生产使用前的储存，在储存期间可进行拆包、分拣、组配等作业。配送中心仓储一般在商品的消费区内进行，仓储物品种繁多，批量少，需要一定量进货、分批少量出库操作，主要是为了支持销量，注重对物品存量的控制。

(4) 运输转换仓储。运输转换仓储是衔接不同运输方式的仓储活动，在不同运输方式的相接处进行，如港口、车站仓库等场所进行的仓储，是为了保证不同运输方式的高效衔接，减少运输工具的装卸和停留时间。运输转换仓储具有进出量大、货物存期短、注重货物的周转作业效率和周转率的特点。

（5）保税仓储。保税仓储即保税货物的仓储。保税货物是指不用于国内销售、暂时进境、海关予以缓税的货物。保税仓储要经海关监管，即经海关批准，在海关监管下设立专门存放未办理关税手续而入境或过境货物的保税仓库。保税期一般最长为两年，期间可以将货物存放在保税仓库中。保税仓库只适用于存放供来料加工、进料加工复出口产品的料件及成品，以及经海关批准暂缓办理纳税手续进境的货物等。一般贸易进口货物不允许存入保税仓库。在保税期间，经营者可以寻找最有利的销售时机，一旦实现销售，再办理关税等通关手续。若两年之内未能销售完毕，则可再运往其他国家，保税仓库所在国不收取关税。

四、仓储在物流中的作用

仓储在物流中占据着核心的地位，其主要作用如下。

（1）仓储是物流的主要功能要素之一。在物流中，运输承担了改变"物"的空间状态的重任，而另一个重任，即改变"物"的时间状态，是由仓储来承担的。因此，在物流系统中，运输和仓储是并列的两大主要功能要素，被称作物流的两根支柱。物流的另一根支柱为配送，而配送活动一般必须将仓库作为配送平台。

（2）仓储是社会物质生产的必要条件之一。仓储作为社会再生产各环节之中及社会再生产各环节之间的"物"的停滞，构成了上一步活动和下一步活动衔接的必要条件。例如，在生产过程中，上一道工序与下一道工序之间免不了有一定时间间隔，上一道工序的零件总是要达到一定批量之后，才能经济合理地送给下一道工序加工，而下一道工序为了保持生产的连续性，也总是要有必备的最低的半成品储备保证。因此，仓储无论对于哪一道工序来讲，都是保证顺利生产的必要条件。

（3）仓储可以创造"时间效用"。时间效用的含义是：同种物品由于使用时间不同，物品的效用即使用价值也不同。在物品的最佳使用时间内，其使用价值可发挥到最佳水平，从而最大限度地提高产出投入比。仓储能够使物品在效用最大的时间发挥作用，充分开发其内在潜力，实现了时间上的优化配置。从这个意义上来讲，仓储提高了物品的使用价值。

（4）仓储是"第三利润源"的重要源泉之一。由于仓储的逆作用的存在，对于任何一个企业来讲，仓储作为一种停滞，必然会冲减企业经营利润，但是很多企业经营业务又离不开仓储，因此哪个企业能将库存成本控制得当，哪个企业就能大大地节约物流成本，仓储成本的降低便成为物流的一个重要利润来源。现代化大生产不需要每个企业均设立仓库，其仓储业务可交付第三方物流管理，或者采用供应链管理环境下的供应商管理库存等方式，而这些合作方式的普及，必然会极大地体现出仓储是"第三利润源"中的主要部分之一的作用。

我们必须清醒地认识到仓储存在逆作用，这个逆作用是：在物流系统中，仓储作为一种必要活动，经常有冲减物流系统效益、恶化物流系统运行的趋势；在生产系统中，原材料、半成品、产成品的过多库存会导致企业资金循环困难，增加生产成本和经营风险。正是由于仓储的逆作用，甚至有经济学家和企业家明确提出仓储中的"库存"是企业的癌症，这主要由于以下各项费用或损失的代价太高所致。

① 仓储建设、仓库管理、仓库工作人员工资和福利等项费用开支增加。

② 仓库货物占用资金至少带来利息的损失，如果考虑到这部分资金用于其他项目而引起的机会成本，则损失会更大。

③ 陈旧、损坏与跌价损失。货物在库期间可能发生物理、化学、生物、机械等损失，严重者会会失去其全部价值。在仓储过程中，存货随时在产生，一旦错过有利销售期，不可避免地会出现存货处理的跌价损失。

④ 保险费支出。为了分担风险，我国对仓储货物采取缴纳保险的方法。保险费支出在有些国家、地区已达到很高的比例。

⑤ 进货、验货、保管、发货、搬运等工作所需的费用等。

五、仓储管理

1. 仓储管理的含义

仓储管理就是对仓库及仓库内储存的物资所进行的管理，是仓储机构为了充分利用所具有的仓储资源提供高效的仓储服务所进行的计划、组织、控制和协调的过程。具体来说，仓储管理包括仓储资源的获得、仓库管理、经营决策、商务管理、仓储作业管理、仓储保管、安全管理、劳动人事管理、财务管理等一系列相关的计划、组织、指挥、控制与协调工作。

2. 仓储管理的基本内容

仓储管理活动主要是在商品流通过程中货物储存环节的经营管理，其基本内容既有技术的，也有经济的，主要包括以下几个方面。

（1）仓库选址。仓库选址涉及仓库选址应遵循的基本原则、仓库选址时应考虑的基本因素及仓库选址的技术方法，多点布置时还要考虑网络中仓库的数量、规模大小、相对位置和服务的客户等问题。

（2）仓库规模的确定和内部合理布局。仓库规模的确定和内部合理布局涉及仓库库区面积及建筑物面积的确定，库内道路和作业区的平面和竖向布置，库房内部各作业区域的划分和作业通道布置的方式。

（3）仓储设施和设备的选择与配备。仓储设施和设备的选择与配备涉及如何根据仓库作业的特点、储存商品的种类及理化特性，合理地选择与配备仓储设施、作业机械，以及如何对其进行合理使用和管理。

（4）仓储资源的获得。仓储资源的获得涉及企业通过什么方式来获得仓储资源的问题。通常，一个企业获得仓储资源的方式包括使用自有资金、使用银行借贷资金、发行企业债券、向企业内部职工或社会公众募股等方式。归结起来，仓储资源的获得包括两种途径：一是企业内部资金；二是企业外部资金。不同的仓储资源获得方式的成本不同。

（5）仓储作业管理。仓储作业活动根据作业范围和功能的不同其复杂程度也不尽相同。仓储作业管理是仓储管理的重要内容，涉及仓储作业组织的结构与岗位分工、作业流程的设计、仓储作业中的技术方法和作业手段，还包括仓储活动中的信息处理等。

（6）库存控制。库存是仓储的最基本功能，企业为了能及时满足客户的需求，就必须经常保持一定数量的商品库存。存货不足会造成供应断档，存货过多会造成商品积压、仓储成本上升。库存控制是仓储管理中最为复杂的内容，是仓储管理从传统的存货管理向高级的存货系统动态控制发展的重要标志。

(7) 仓储经营管理。从管理学的角度来看，仓储经营管理更加注重企业与外部环境的和谐。仓储经营管理是企业运用先进的管理方式和科学的管理方法，对企业的仓储经营活动进行计划、组织、指挥、协调和控制，其目的是获得最大的仓储经营效益。

(8) 仓储人力资源管理。人在社会生活中是最具有主观能动性的，任何一个企业的发展和壮大都离不开人的参与，仓储企业也不例外。仓储人力资源管理主要涉及人才的选拔和合理使用、人才的培养和激励、分配制度的确立等。

此外，仓储管理还涉及仓储安全管理、信息技术的应用、仓储成本管理和仓储经营效果评价等方面的内容。

3. 仓储管理的任务

(1) 配置仓储资源。以获取最大效益为原则，吸引资源投入并进行合理配置。具体任务包括：根据供求关系确定仓库建设；依据竞争优势选择仓库地址；以生产的专业化决定仓储专业化分工和仓储功能；以所确定的功能决定仓库布局；根据设备利用率决定设备配置等。

(2) 设置仓储管理机构。依据高效率原则，设置仓储管理机构，发挥整体力量。仓储管理机构的确定要围绕仓储经营目标，设置合理的管理幅度和管理层次，建立结构简单、分工明确、互相合作、互相促进的管理结构和管理队伍。组织形式大多采用直线制或事业部制，一般都设有行政管理机构、商务机构、库场管理、机械设备管理、安全保卫、财务及其他必要的机构。

(3) 开展仓储商务活动。所谓仓储商务活动，是指对外的经济联系，包括市场定位（调查、分析）、市场营销（与消费者、媒体、政府）、交易合同关系（与消费者、存货人）、客户服务（与存货人，如信息反馈与提供查询）、争议处理等。仓储企业应不断开展创新，提供适合经济发展的仓储产品，最大限度地满足市场需要。

(4) 组织仓储生产。仓储生产主要包括货物入仓、堆存、保管、出仓、检验、理货，以及在仓储期间的保管、质量维护、安全防护等。应按照高效率、低成本的原则组织仓储生产，充分利用各种资源和先进的生产技术，提高劳动生产率和仓储利用率；建立科学的生产作业制度和操作规范，实行严格的监督管理和有效的激励机制，实现安全高效生产。

(5) 树立仓储企业形象。企业形象是指企业展现在社会公众面前的各种感性印象和总体评价的整合，包括企业理念、环境形象、产品形象、服务形象、社会认可度和美誉度等方面，是企业的无形资产。良好的企业形象可以更好地促进生产和销售，使企业在竞争中获得优势。作为从事服务业的仓储企业，要为社会大众提供良好的服务，必然要树立诚信可靠、优质高效的仓储企业形象，才能在物流体系中占有一席之地，才能适应现代物流的发展。

(6) 提高仓储管理水平。仓储企业应随着经济和社会的发展不断调整管理方法，进行动态变革，应吸收国内外同类企业的先进经验，通过制度化、科学化的先进手段不断补充、修正、完善管理制度和管理方法，不断提高管理水平，适应从简单到复杂、从直观到系统、从外延到内涵的发展和改变。

(7) 提高仓储企业员工素质。高素质的员工是成就优秀企业的必备条件。仓储管理的一项基本任务就是不断提高员工素质，包括技术素质和精神素质。技术素质方面，可以通过不断地系统培训、严格地考核，保证每位员工掌握岗位职责和操作技能；精神素质方面，主要通过营造和谐的企业氛围、进行有效激励，以及开展有针对性的精神文明教育，在信赖中约束,在激励中规范,使员工感受到人尽其才,劳有所得,人格受到尊重,形成热爱企业、自觉奉献、积极向上的精神面貌。

4. 仓储管理的基本原则

(1) 效率原则。仓储管理的核心就是效率管理,即以最少的劳动量投入获得最大的产品产出的管理。仓储的效率表现在仓库利用率、货物周转率、进出库时间、装卸车时间等指标的先进性上,"快进、快出、多存储、保管好"的仓储才是高效率仓储。高效率还需要以有效管理过程为保证,包括现场的组织调度、标准化与制度化的操作管理、严格的质量责任制的约束。

(2) 效益原则。效益原则是指经济效益、社会效益与生态效益相统一。利润是经济效益的表现,实现利润最大化则需要做到经营收入最大化或经营成本最小化。作为市场经营活动主体的仓储企业,应该围绕获得最大经济效益的目标进行组织和经营。同时,仓储企业也需要承担一定的社会责任,履行治理污染与环境保护、维护社会稳定的义务,满足创建和谐社会不断增长的物质文化与精神文化的需要,实现生产经营的综合效益最大化,实现仓储企业与社区的和谐发展,实现仓储企业与国民经济、行业经济、地区经济同步可持续发展。

(3) 服务原则。服务是贯穿在仓储活动中的一条主线,仓储的定位、仓储的具体操作、对仓储物的控制等,都要围绕服务这一主线进行。仓储服务管理包括直接的服务管理和以服务为原则的生产管理。仓储管理要在改善服务、提高服务质量上狠下功夫。仓储的服务水平与仓储经营成本有着密切的相关性,两者互相对立。服务好,成本高,收费就高。合理的仓储服务管理就是要在仓储经营成本和服务水平之间寻求最佳区域,并且保持相互之间的平衡。

六、仓储管理人员应满足的基本要求

现代仓储业的发展,对仓储管理人员(仓储管理员)提出了更新、更高的要求。

1. 仓储管理员的基本素质要求

(1) 具有丰富的商品知识。仓储管理员应充分熟悉所经营的商品,掌握其理化性质和保管要求,能根据商品的特点有针对性地采取管理措施。

(2) 掌握现代仓储管理技术。仓储管理员应了解、掌握、熟练运用仓储管理的相关技术和知识,特别是现代信息技术。

(3) 熟悉仓储设备及其性能。仓储管理员应能够合理和高效地安排和使用仓储设备。

(4) 具有较强的办事能力。仓储管理员应能够分清轻重缓急、有条不紊地处理仓储事务。

(5) 具有一定的财务管理能力。仓储管理员应能够查阅财务报表,进行经济核算、成本分析,正确掌握仓储经济信息,学会进行成本管理、价格管理和决策。

(6) 具有一般管理者的素质。仓储管理员应具有包括组织协调能力在内的一般管理者的素质,如评估能力、策划能力和控制能力。

2. 仓储管理员的职责

(1) 培养高度的责任感,忠于职守,廉洁奉公,热爱仓库工作,具有敬业精神,树立为客户服务、为生产服务的观点，具有合作意识；增强讲效率、讲效益的思想，关心企业的经营状况。

（2）严格遵守仓库管理的规章制度和工作规范，认真履行岗位职责，及时做好物资的入库验收、保管保养和出库发运工作；完善各项手续制度，做到收有据、发有凭，及时准确登记销账，手续完备，账物相符，把好收、发、管三关。

（3）熟悉仓库的结构、布局、技术定额及规划；熟悉堆码、堆垛技术，掌握堆垛作业要求；在库容使用上做到妥善安排货位，合理高效利用库容，堆垛整齐、稳固，间距合理，方便作业、清数、保管、检查、收发。

（4）熟悉仓储物的特性、保管要求，能有针对性地进行保管，防止和避免货损、货差，提高仓储质量；熟练地填写记账表格、制作单证，妥善处理各种单证业务，了解仓储合同的义务约定，完整地履行义务；妥善处理风、雨、雪、冷冻等自然灾害对仓储物资的影响，防止和减少损失。

（5）重视仓储成本管理，不断降低仓储成本。要妥善保管好剩料、废旧包装，收集和处理好地脚货，做好回收工作；用具、苫垫、货板等要妥善保管，细心使用，延长使用寿命；重视研究物资仓储技术，提高仓储利用率，降低仓储物耗损率，提高仓储的经济效益。

（6）加强业务学习和训练，掌握计量、衡量、测试用具和仪器的使用；掌握货物的特性、质量标准、保管知识、作业要求和工艺流程；掌握仓储管理的新技术，适应仓储自动化、现代化、信息化的发展，不断提高仓储管理的水平；了解仓储设备和设施的性能和要求，督促设备维护和维修。

（7）严格执行仓库安全管理的规章制度，时刻保持警惕，做好防火、防盗、防破坏、防虫鼠害等安全保卫工作，防止各种灾害和人身伤亡事故，确保人身、物资、设备的安全。

任务二　仓库概述

一、仓库的概念

从仓库的产生和作用来看，仓库是保管、存储物品的建筑物和场所的总称，包括存储商品、生产资料、工具或其他财产并对其数量和价值提供保障的场所或建筑物等设施，还包括用于防止或减少物品损伤而进行作业的土地或水面。仓库内一般都有为货物储存和保管及其他相关作业服务的设备、设施，如地坪、货架、衬垫物、苫盖物、装卸设备、通风照明设备等。仓库应包括储存空间、货物、仓储设施设备、人员、作业及管理系统等要素。

（1）储存空间。储存空间由库房提供，不同的库房提供的空间差别很大。在进行储存空间规划时，必须考虑到空间的大小、柱子间距、有效高度、通道和收发站台等因素，并配合其他因素，才能做出完善的设计。

（2）货物。货物，即仓储物，是仓库的生命源。货物的特征、货物在储存空间的摆放方式和管理与控制是储存系统要解决的关键问题。货物的特征包括供应商、商品特性、规格类别、数量和生产时间等方面。而影响货物在储存空间摆放的因素有：储位单位、储位策略和原则、商品特性等。货物在仓库不仅仅要摆放好，还要便于存取、分拣和加工管理。这些活动在仓库，尤其是流通型仓库即物流中心更频繁，要求掌握库存状况、了解货物品质、数量、位置和出入库状况等信息。

（3）仓储设施设备。仓储设施设备由收发设施设备、储存设备、搬运设备和输送设备等组成。只要货物不是直接堆码在地上，不是由人力肩扛手捧，就需要托盘、货架等储存设备和叉车等搬运设备。

（4）人员。仓储系统的人员包括负责仓管、搬运、拣货和补货等的人员。即使是自动化程度很高的仓库，也需要人员来看护和管理。人员仍然是仓库最活跃的因素，在储存空间设计和设备选择时，都要根据自动化程度的高低来考虑人机作业和管理问题。例如，为保证人员在存取搬运货物时效率高、省时省力，作业流程要合理，储位配置及标志要简单清楚、一目了然，使得货物好放、好拿、好找。

（5）作业及管理系统。按照设施规划设计的要求，首先要考虑的是作业流程，没有通畅的作业流程就不可能有完善的仓库功能布局。现代仓库还要考虑信息系统。仓库管理系统（warehouse management system，WMS）是仓库运作的神经中枢，与良好的作业系统配合，才能实现仓库的各项功能。

二、仓库的功能

仓库的一个最基本功能就是存储物资，并对存储的物资实施保管和控制。同时，仓库也负担着物资处理、流通加工、物流管理和信息服务等功能。从系统的观点来看，仓库应该具备如下功能。

（1）储存和保管的功能。仓库具有一定的空间，用于储存物品，并根据物品的特性配备相应的设备，以保持物品的完好性。例如，储存挥发性溶剂的仓库，必须设有通风设备，以防止空气中挥发性物质含量过高而引起爆炸。储存精密仪器的仓库，须防潮、防尘、保持恒温，因此应设有空调、恒温等设备。在仓库作业时，还有一个基本要求，就是防止搬运和堆放时碰坏、压坏物品，因而要求搬运机具和操作方法不断改进和完善，使仓库真正起到储存和保管的作用。

（2）调节供需的功能。创造物资的时间效用是物流的两大基本职能之一，是由物流系统中的仓库来实现的。现代化大生产的形式多种多样，从生产和消费的连续性来看，每种产品都有不同的特点，有些产品的生产是均衡的，而消费是不均衡的；还有一些产品生产是不均衡的，而消费却是均衡、不断地进行的。要使生产和消费协调起来，就需要仓库来起"蓄水池"的调节作用。

（3）调节运输能力的功能。各种运输工具的运输能力是不同的。船舶的运输能力很强，海运船一般是万吨级，内河船舶也有几百吨至几千吨级的。火车的运输能力较弱，每节车皮能装运 30~60 t 货物，一列火车的运量最多达几千吨。汽车的运输能力很弱，一般每辆汽车可装运 4~10 t 货物。因此，不同运输工具之间的运输衔接是很困难的，这种运输能力的差异一般也是通过仓库进行调节的。

（4）流通配送加工的功能。现代仓库处于由保管型向流通型转变的过程之中，即仓库从储存、保管货物的中心，向流通、销售的中心转变。仓库不仅要有储存、保管货物的设备，而且还要增加分拣、配套、捆装、流通加工、信息处理等设施。这样，既扩大了仓库的经营范围，提高了物资的综合利用率，又方便了消费，提高了服务质量。

（5）信息传递的功能。仓库功能的转变导致了其对信息传递要求的提高。在处理与仓储活动有关的各项事务时，需要依靠计算机和互联网，通过电子数据交换（EDI）和条形码等技术来提高仓储物信息的传递速度，及时而又准确地了解仓储信息，如仓库利用水平、进出库的频率、仓库的运输情况、顾客的需求及仓储管理人员的配置等。

（6）支持产品生命周期的功能。根据美国物流管理协会对物流的定义，物流是供应链的一部分，以满足客户要求为目的，对货物、服务和相关信息在产出地和销售地之间实现高效率和低成本的正向和逆向的流动与储存所进行的计划执行和控制的过程，由此可见现代物流包括了产品从"生"到"死"的整个生产、流通和服务过程。因此，仓储系统能对产品生命周期提供支持。

三、仓库的分类

仓库的种类繁多，分类方法也有许多种，这里介绍几种主要的分类方法。

1. 按营运形态划分

（1）自用仓库。自用仓库是各生产或流通企业，为满足本企业物流业务的需要而修建的附属仓库。这类仓库只储存本企业的原材料、燃料、产品或货物，一般工厂、商店的仓库及部队的后勤仓库，多属于这一类。

（2）营业仓库。营业仓库是仓库业主专门为了经营储运业务而修建，根据相关法律法规取得营业资格的仓库。这类仓库面向社会服务，或者以一个部门的物流业务为主，并且兼营其他部门的物流业务，如商业、外贸等系统储运公司的仓库。营业仓库由仓库所有人独立经营或者由分工的仓库管理部门独立核算经营。

（3）公用仓库。公用仓库属于公用服务的配套设施，是为社会物流服务的，如铁路车站的货场仓库、港口的码头仓库、公路货场的货栈仓库等。

2. 按保管形态划分

（1）普通仓库。普通仓库是指常温下的一般仓库，用于存放一般性货物。普通仓库的设立没有特殊的要求，只要求具有一般通用的库房和堆场，用于存放普通货物，如一般的金属材料仓库、机电产品仓库等。仓库设施较为简单，但储存的货物种类繁杂，作业过程和保管方法、要求均不同。

（2）保温仓库。保温仓库是指能够调节温度、湿度的仓库，用于储存对温度、湿度等有特殊要求的货物，包括恒温库、恒湿库和冷藏库等，如用于粮食、水果、肉类等货物储存的仓库。这类仓库要求建筑设施有隔热、防寒和密封等功能，并配备专门的设备，如空调、制冷机等。

（3）特种仓库。特种仓库是用来储存危险品、高压气体的仓库，如油罐仓库、化学危险品仓库等，以及专门用于储藏粮食的粮仓等。特种仓库的储藏物单一，保管方法一致，但需要特殊的保管条件。

（4）水上仓库。水上仓库是指漂浮在水面的储藏货物的趸船及其他水上建筑，或者水面上划定的保管木材的特定水域、水下保管货物的水域。近年来，由于国际运输油轮的超大型化及许多港口的水深限制，大型船舶都不能直接进港卸油，往往在深水区设立大型水面油库作为仓库转驳运油。

3. 按功能划分

（1）储存仓库。储存仓库主要对货物进行保管，以解决生产和消费的不均衡。例如，储存仓库用于储存季节性生产的大米到第二年再销售，常年生产的化肥在春、秋季集中供应。

（2）流通仓库。流通仓库除具有保管功能外，还具有流通加工、装配、简单加工、包装、理货及配送功能，具有周转快、高附加值、时间性强的特点，可减少在连接生产和消费的流通过程中货物因停滞而产生的费用。

（3）配送仓库。配送仓库又称配送中心，直接向消费者或市场配送货物。作为配送中心的仓库往往具有存货种类众多、存货量较少的现象，通常要进行货物包装拆除、配货组合等作业，一般还开展配送业务。

（4）保税仓库。保税仓库是经海关批准，在海关的监管下专供存放未办理关税手续而入境或过境货物的场所。也就是说，保税仓库是获得海关许可的、能长期储存外国货物的本国国土上的仓库。保税货场是获得海关许可的、能装卸或搬运外国货物并暂时存放的场所。

4. 按构造划分

（1）平房仓库。平房仓库又称单层仓库，高度在 5 m 以下。单层仓库是最常见的、也是使用最广泛的一种仓库建筑类型。这种仓库只有一层，因而不需要设置楼梯。它的主要特点如下。

① 设计简单，建筑工期短，所需投资较少。

② 由于只有一层，仓库全部的地面承压能力都比较强。

③ 各种附属设备（如通风、供水、供电设备等）的安装、使用和维护都比较方便。

④ 由于仓库只有一层，因此在仓库内搬运、装卸货物比较方便，适于人工操作。

（2）多层仓库。多层仓库是指至少具有两层的仓库，高度一般在 5～40 m。多层仓库一般位于土地价格比较高的地方，可以扩大保管面积，出入库作业则多采用机械化或半机械化设备，但有下列缺点。

① 建筑费用高，建筑工期长。

② 结构复杂，柱子多且粗大，不便于货物保管和装卸。

③ 必须设立升降装置，装卸作业复杂且费用高。

（3）货架仓库。货架仓库采用钢结构货架储存货物，通过各种输送机、水平搬运车辆、叉车、堆垛机进行机械化作业。货架仓库按货架的层数又可以分为低层货架仓库（货物堆放层数不大于 10 层）和高层货架仓库（货物堆放层数为 10 层以上）。高层货架仓库又称为立体仓库，由于货架一般比较高，因此货物的存取需要采用与之配套的机械化、自动化设备。一般在存取设备自动化程度较高时，也将这样的仓库称为自动化立体仓库。

（4）简仓。简仓就是用于存放散装的小颗粒或粉末状货物的封闭式仓库，一般这种仓库被置于高架上。例如，简仓经常用来存储粮食、水泥和化肥等。

（5）露天堆场。露天堆场是用于在露天堆放货物的场所，一般堆放大宗原材料，或者不怕受潮的货物。

任务三　仓库的选址与布局设计

一、仓库选址

仓库选址是在一个具有若干供应点及若干需求点的经济区域内选一个地址设置仓库的规划过程。合理的选址方案应该使商品通过仓库的汇集、中转、分发，达到需求点的全过程的效益最好。因为仓库的建筑物及设备投资太大，所以选址时要慎重。如果选址不当，损失不可弥补。

1. 仓库选址应遵循的原则

（1）适应性原则。仓库选址要与国家及省、市的经济发展方针、政策相适应，与我国物流资源分布和需求分布相适应，与国民经济和社会发展相适应。

（2）协调性原则。仓库选址应将国家的物流网络作为一个大系统来考虑，使物流中心的设施、设备在地域分布、物流作业生产力、技术水平等方面互相协调。

（3）经济性原则。仓库选址要保证建设费用和物流费用最低，如选定在市区、郊区，或者靠近港口、车站等，因而既要考虑土地费用，又要考虑将来的物流活动辅助设施的建设规模及建设费用，以及运费等物流费用。

（4）战略性原则。仓库选址，应具有战略远见。一是要考虑全局，二是要考虑长远利益。局部要服从全局，眼前利益要服从长远利益。仓库选址既能满足当前的实际需要，又能为日后发展创造条件。

（5）可持续发展原则。该原则主要指在环境保护上，充分考虑长远利益，维护生态环境，促进城乡一体化发展。

2. 仓库选址应考虑的因素

在现代物流体系规划过程中，仓库选址主要应考虑以下因素。

（1）自然环境因素。

① 气象条件。仓库选址过程中，主要考虑的气象条件有温度、风力、降水量、无霜期、冻土深度、年平均蒸发量等指标。例如，仓库选址时要避开风口，因为在风口建设仓库会加速露天堆放的商品老化。

② 地质条件。仓库是大量商品的集结地，某些重量、体积很大的建筑材料堆码起来会对地面造成较大压力，如果物流中心地面以下为淤泥层、流沙层、松土层等不良地质条件，巨大的压力会在受压地段造成沉陷、翻浆等严重后果。为此，土壤承载力要高。

③ 水文条件。仓库选址须远离容易泛滥的河川流域与上溢的地下水区域。要认真考察近年的水文资料，确保地下水位不能过高，并且绝对避免洪泛区、内涝区、故河道、干河滩等区域。

④ 地形条件。仓库所在地应地势高亢、地形平坦，而且应具有适当的面积与外形：完全平坦的地形是最理想的；其次是稍有坡度或起伏的地区；对于山区陡坡地区，则应该完全避开。其外形可以是长方形，不宜为狭长或不规则形状。

(2) 经营环境因素。

① 经济、政策环境。仓库所在地区的优惠物流产业政策对物流企业的经济效益将产生重要影响；数量充足和素质较高的劳动力条件也是仓库选址应考虑的因素之一。

② 商品特性。经营不同类型商品的物流中心最好能分别布局在不同地域。例如，生产型物流中心的选址应与产业结构、产品结构、工业布局紧密结合进行考虑。

③ 物流费用。物流费用是仓库选址应考虑的重要因素之一。大多数仓库选择接近物流服务需求地，如接近大型工业、商业区，以便缩短运距，降低运费等物流费用。

④ 服务水平。服务水平是仓库选址应考虑的因素。由于在现代物流过程中能否实现准时运送是衡量服务水平高低的重要指标，因此在仓库选址时，应保证客户在任何时候向仓库提出物流需求，都能获得快速满意的服务。

(3) 基础设施状况。

① 交通条件。仓库的位置必须交通便利，最好靠近交通枢纽，如港口、车站、交通主干道（国、省道）、铁路编组站、机场等，应该有两种运输方式衔接。

② 公共设施状况。仓库所在城市的道路畅通，通信发达，有充足的水、电、气、热的供应能力，有污水和垃圾处理能力。

(4) 其他因素。

① 国土资源利用。仓库的建设应充分利用土地，节约用地，充分考虑到地价的影响，还要兼顾区域与城市的发展规划。

② 环境保护要求。仓库选址应遵守环保原则：要保护自然与人文环境，尽可能降低对城市生活的干扰，不影响城市交通，不破坏城市生态环境。

③ 周边地区状况。一是仓库所在地周边地区不能有火源，不能靠近住宅区；二是仓库所在地周边地区的经济发展应对物流产业有促进作用。

3. 仓库选址策略

(1) 市场定位策略。市场定位策略即将仓库位置选在离最终用户最近的地方，常用于食品分销仓库的建设。市场定位策略影响因素主要包括：运输成本、订货周期、产品敏感性、订货规模、当地运输的可获得性和要达到的客户服务水平。

(2) 制造定位策略。制造定位策略即将仓库位置选在接近产地的地方。制造定位的仓库通常用来集运制造商的产成品。制造定位策略影响因素主要包括：原材料的保存时间、产成品组合中的品种数、客户订购的产品种类和运输合并率。

(3) 中间定位策略。中间定位策略即将仓库位置选在最终用户和制造商之间的中点位置。中间定位的仓库的客户服务水平通常高于制造定位的仓库，但低于市场定位的仓库。

二、库区的总体规划布局

库区总平面布局一般可以划分为仓库作业区、辅助作业区、行政生活区，此外，还包括铁路专用线和库内道路等。

1. 仓库作业区

仓库作业区是仓库的主体。仓库的主要业务，如商品保管、检验、包装、整理等都在这个区域里进行。仓库作业区的主要建筑物和构筑物包括库房、货场、站台，以及加工、整理、包装场所等。仓库作业区布置的要求是：以主要库房和货场为中心，对各个作业区域加以合理布置。特别是在有铁路专用线的情况下，铁路专用线的位置和走向制约着整个库区的布局。合理地安排各个区域，力求设计最短的作业线路，减少库内运输距离和道路占用面积，以便降低作业费用和提高面积利用率是仓库作业区布置的主要任务。在布置仓库作业区时，应主要考虑以下几个方面。

（1）库房、货场吞吐量。在仓库作业区内，各个库房、货场储存的商品品种和数量不同，并且不同商品的周转速度也不同，这些都直接影响库房、货场的吞吐量或出入库作业量。在布置仓库作业区时，应根据各个库房、货场的吞吐量确定它们在仓库作业区内的位置。对于吞吐量较大的库房和货场，应使它们尽可能靠近铁路专用线，以减少搬运和运输距离，但也要避免因这类库房和货场过分集中而造成交通运输相互干扰和组织作业方面的困难。

（2）机械设备的使用特点。根据储存商品的特点和装卸搬运要求，库房、货场要适当配备各种机械设备，如输送带、叉车、桥式起重机及汽车等。为了充分发挥不同机械设备的使用特点，提高作业效率，在布置库房、货场时就需要考虑所配备的机械设备的情况。每种机械设备各有其不同的使用要求和合理的作业半径，因此必须从合理使用机械设备的原则出发，确定库房、货场在作业区内的位置，以及与铁路专用线的相对位置。

（3）库内道路。库内道路与仓库主要建筑物设施是相互联系、相互影响的。在布置库房、货场和其他作业场地的同时，应该结合对库内运输线路的分析确定不同道路配置方案，通过调整作业场地和道路的布局，尽可能减少运输作业的混杂、交叉和迂回。另外，在布置时还应根据具体要求合理确定干、支线的配置，确定适宜的道路宽度，最大限度地减少道路的占地面积。

（4）仓库业务流程。仓库业务流程可以归纳为两种形式：一种是整进整出，商品基本按原包装入库和出库，该过程比较简单；另一种是整进零出，商品整批入库，拆零付货，或零进整出，零星入库、成批出库，该过程比较复杂。第二种除了要进行接收、保管、发送等工序外，还需要拆包、挑选、编配和再包装等工序。为了用最小的人力、物力耗费，在最短的时间内完成各项作业，必须按照各个作业环节之间的内在联系对作业场地进行合理布置，使各个作业环节之间密切衔接、环环相扣。

2. 辅助作业区

该区是为仓储业务提供各项服务的设备维修车间、车库、工具设备库、油库、变电室等。一般来讲，油库的位置应该远离设备维修车间、宿舍等容易出现明火的场所，周围需设置相应的消防设施。

3. 行政生活区

该区是行政管理机构办公和职工生活的区域，具体包括办公楼、警卫室、化验室、宿舍和食堂等。为了便于业务接洽和管理，行政管理机构的办公场所一般布置在仓库的主要出入口，并与仓库作业区用隔离墙分开。这样既便于工作人员与仓库作业区的联系，又避免非作业人员对仓库生产作业的影响和干扰。职工生活区一般应与仓库作业区保持一定距离，既能充分保证仓库的作业安全又能确保职工生活区的安宁。

另外，现代仓库的消防水道应以环形系统布置于仓库全部区域，并设置室内外消防栓。

室外消防栓应沿道路设置,并靠近十字路口,其间隔不超过 100 m,距离墙壁不少于 5 m。根据当地气候,室外消防栓可以建成地下或地上式。

图 1-1 为仓库库区总体布局示意图。

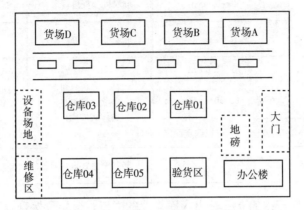

图 1-1　仓库库区总体布局示意图

三、仓库的结构设计

仓库的结构是指一个仓库的各个组成部分,如库房、货棚、货场、辅助建筑物、铁路专用线、库内道路、附属固定设备等。仓库的结构设计是指在规定的范围内,对仓库结构进行平面的和立体的全面合理安排。

1. 库房的结构设计

(1) 外形与高度。库房的外形可根据当地的建筑风格设计,或圆或方或其他均可。库房的高度应根据其建筑构造来确定。

① 平房仓库。平房仓库具有的优点是:结构简单,建筑费用低,建筑工期短;柱子比较少,保管面积大;方便应用叉车等装卸高效化设备;出入口较宽敞,便于运送车辆装卸搬运。

② 多层仓库。多层仓库占地面积小、保管面积大,但建筑费用、装卸作业费用较高。

③ 两层仓库。这种仓库普遍被中小规模的仓储企业采用,其高度介于平房仓库和多层仓库之间。它的优点是:建筑费用比较低;装卸货可采用小型的升降机、起重机、垂直(斜行)传送带等,成本低,操作简单。

(2) 库房的出入口与通道。作为载货汽车进出库房的出入口,其宽度与高度必须达到 4 m;作为叉车进出库房的出入口,其宽度与高度必须达到 2.5~3.5 m。通常出入口采用卷帘式铁门。库房内的通道有安全通道和工作通道。安全通道是指在发生紧急情况时,为保证工作人员安全撤离而预留的空间。工作通道是为保证装卸、拣选设备正常作业而预留的空间。工作通道是保证库内作业顺畅的基本条件,其宽度视采用的设备而定。通道应延伸至每一个货位,使每一个货位处都可直接进行存取货作业。通道内的路面要求平整和平直。通道若要满足大型车进入,其宽度要大于 3 m,叉车进入则要求通道宽度达到 2 m。通道宽度至少应使物品能够顺利进出,表 1-1 为库房内的通道宽度参考值。

表 1-1 库房内的通道宽度参考值

通道种类	宽度	通道种类	宽度
中枢主通道	3.50～6.00 m	堆垛机（直角转弯）	2.00～2.50 m（1 100 mm×1 100 mm 托盘）
辅助通道	3.00 m	堆垛机（直角堆叠）	3.50～4.00 m（1 100 mm×1 100 mm 托盘）
人行通道	0.75～1.00 m	伸臂式堆垛机 跨立式堆垛机 转柱式堆垛机	2.00～3.00 m
小型台车 （人员可于周围走动）	车宽＋（0.50～0.70）m		
手动叉车	1.50～2.50 m（视载重而定）		
堆垛机（直线单行道）	1.50～2.00 m（1 100 mm×1 100 mm 托盘）	转叉窄道式堆垛机	1.60～2.00 m

(3) 立柱间隔。库房内的立柱是出入库作业的障碍，会导致保管效率低下，因而应尽可能减少立柱。但当平房仓库梁的长度超过 25 m 时，建立无柱仓库有困难，因而可设中间的梁间柱，使仓库成为有柱结构。在开间方向上的壁柱，可以每隔 5～10 m 设一根，由于这个距离仅和门的宽度有关，库内又不显露出柱子，因此和梁间柱相比，在设柱方面比较简单。但是在开间方向上的柱间距必须和隔墙、防火墙的位置，以及天花板的宽度或库内开间的方向上设置的卡车停车站台长度等相匹配。

一般地，以立柱间摆放车数、物品数或托盘数为准。摆放车辆时（摆放叉车、物品或托盘时类推），立柱间隔为：

立柱间隔＝摆放车数×车宽＋车间距×（摆放车数－1）＋车柱间隔×2

摆放货架时，货架一般靠柱，两排货架间设一通道，立柱间隔以 7 m 适当，则

立柱间隔＝摆放货架数×货架宽＋货架间距（通道）×（摆放货架数/2）

(4) 天花板高度。由于实现了仓库的机械化、自动化，因此对仓库内天花板高度也提出了较高的要求。使用叉车时，标准提升高度是 3 m；而使用多端式高门架时标准提升高度要达到 6 m。另外，从托盘装载货物的高度（包括托盘的厚度在内）看，密度大且不稳定的货物，通常以 1.2 m 为标准；密度小而稳定的货物，通常以 1.6 m 为标准。从其倍数（层数）角度讲，1.2 m/层×4 层＝4.8 m，1.6 m/层×3 层＝4.8 m。因此，仓库内天花板高度最低应该是 5～6 m。在设计时计算如下：

天花板高度＝叉车最大提升高度＋叉车上物品堆放高度＋梁下余隙（0.5 m）

(5) 地面。地面的构造主要考虑地面的耐压强度，地面的承载力必须根据承载货物的种类或堆码高度进行具体研究。地面的负荷能力是由保管货物的重量、所使用的装卸机械的总重量、楼板骨架的跨度等决定的。流通仓库地面的承载力必须满足重型叉车作业的要求。

2. 堆场的结构设计

(1) 集装箱堆场结构。集装箱堆场或货场是堆存和保管集装箱的场所。集装箱本身便是一栋仓库，不再另外需要传统意义上的库房。集装箱堆场可根据集装箱堆存量的大小分为混

合型和专用型两种。专用型堆场是根据集装箱货运站的生产工艺分别设置的重箱堆场、空箱堆场、维修与修竣箱堆场。设置堆场时应满足发送箱、到达箱、中转箱、周转箱和维修箱等的生产工艺操作和不同的功能要求，并尽可能缩短运送距离，避免交叉作业，便于准确、便捷地取放所需集装箱，利于管理。合理的集装箱堆场布局应符合下列要求：

① 中转箱区应布置在交通便利处；
② 周转箱和维修箱区应布置在作业区外围，靠近维修车间一侧；
③ 合理布置箱位；
④ 合理利用与选择装卸机械和起重运输设备；
⑤ 场区内要有一定坡度，以利于排水；
⑥ 堆场场地要坚固耐用，满足堆箱层数的承重要求。

（2）杂货堆场结构。杂货是指直接以货物包装形式进行流通的货物，也包括采用成组方式流通的货物。货物的包装形式有袋装、箱装、桶装、篓装、捆装、裸装等。杂货中的相当一部分可以直接在堆场露天存放，如钢材、油桶、日用陶器、瓷器等。杂货在堆场存放要考虑是否需要盖、垫垛，以便排水除湿。杂货的杂性使得杂货的装卸、堆垛作业效率极低，而且需要较大的作业空间，同时杂货容易混淆，需要严格的区分。大多数杂货的货位布置形式均采用分区、类布置，即对存储货物在"三一致"（性能一致、养护措施一致、消防方法一致）的前提下，把货场划分为若干保管区域，根据货物大类和性能等将货物划分为若干类别。杂货堆场分区分类存放物品的作用如下：

① 可以缩短物品收、发作业时间；
② 可以合理利用有限的堆场占地面积；
③ 可以使堆场管理人员掌握物品进出场活动规律，熟悉物品性能，提高管理水平；
④ 可以合理配置和使用机械设施，提高机械化操作程度。

（3）散货堆场结构。散货指未包装、无标志的小颗粒物品，如砂石料、煤、矿石、玉米等。散货一般直接以散装方式进行运输、装卸、仓储保管和使用。散货堆场根据所堆放货物的种类不同，地面的结构也不完全相同，可以是砂土地面、混凝土地面等。由于散货存量巨大，其要求地面有较高的强度。由于散货都具有大批量的特性，散货堆场往往面积较大。为了便于疏通，散货堆场一般采取明沟的方式排水，并且通过明沟划分较大面积的货位。散货堆场都采用铲车或者输送带进行作业，所堆的垛形较为巨大。

四、库房内部布置

1. 库房内部设计要求

（1）要适应仓储企业生产流程，有利于仓储企业生产正常进行。

① 单一的物流方向。仓库内商品卸车、验收、存放地点的安排，必须适应仓储生产流程，按一个方向流动，应尽量减少迂回运输。

② 最短的运距。专用线的布置应在库区中部，并根据作业方式、仓储商品品种、地理条件等，合理安排库房、专用线与主干道的相对位置。

③ 最少的装卸环节。减少在库商品的装卸搬运次数和环节，商品的卸车、验收、堆码

作业最好一次完成。

④ 最大的利用空间。仓库的总平面布置是立体设计，应有利于商品的合理存储和充分利用库容。

(2) 有利于提高仓储经济效益。

① 要因地制宜，充分考虑地形、地质条件，满足商品运输和存放方面的要求，并能保证仓库充分利用。

② 应与竖向布置相适应。竖向布置是指建立场地平面布局中每个要素，如库房、货场、转运线、道路、排水设施、供电设施、站台等，在地面标高线上的相互位置。

③ 应为充分、合理地使用机械化设备创造条件。我国目前普遍使用门式、桥式起重机一类的固定设备。合理配置这类设备的数量和位置，并注意与其他设备的配套，便于开展机械化作业。

(3) 有利于保证安全生产和文明生产。

① 库内各区域间、各建筑间应根据《建筑设计防火规范》(GB 50016—2014) 的有关规定，留有一定的防火间距，并有防火、防盗等安全设施。

② 总平面布置应符合卫生和环境要求，既满足库房的通风、日照等要求，又要考虑环境绿化、文明生产，有利于职工身体健康。

2. 库房内部布置的特点

在库房内部进行的两种基本作业是商品保管和出入库作业。按照库房作业的主要内容，库房可以分为储备型和流通型两大类。由于在这两类库房内部进行的主要作业的内容不同，其对于库房内部布置要求也就不同。

(1) 储备型库房内部布置的特点。

储备型库房是以商品保管为主的库房。在储备型库房中储存的商品一般周转较为缓慢，并且以整进整出为主。例如，在采购供应仓库、战略储备仓库和储运公司以储运业务为主的库房中，商品的储存时间较长，两次出入库作业之间的间隔时间也较长。对于储备型库房来说，其内部布置要在尽可能压缩非储存面积的基础上，增加储存面积。

在储备型库房内部主要面积应用于储存商品，并且还需要划出一定的商品检验区、商品集结区，以及在储存区内留有必要的作业通道、墙距和垛距等。商品检验区是为了满足对入库商品进行验收作业的需要而设置的。商品集结区是为了满足对商品出库时进行备货作业的需要而设置的。根据库房内货位的布置及商品出入库的作业线路，在储存区内还需要规划出必要的作业通道，合理确定作业通道的宽度。确定作业通道的宽度时主要应考虑所使用的机械设备的类型、尺寸、灵活性及操作人员的熟练程度等。

(2) 流通型库房内部布置的特点。

流通型库房是以商品收发为主的库房，如批发和零售仓库、中转仓库和储运公司以组织商品运输业务为主的库房等。在流通型库房中储存的商品一般周转较快，频繁地进行出入库作业，在进行库房内部布置时必须充分考虑提高作业效率的要求。

在流通型库房中，商品经过验收后首先进入储存区；在储存区内，商品将按一定要求进行密集堆码。随着商品出库，拣货区的商品不断减少，这时从储存区取出货物以补充拣出货位。通过设置一个拣货及出库准备区就能较好地协调储存与作业的需要。商品在储存区集中保管，然后经拣货及出库准备区出库，可提高作业效率和灵活性。

确定拣货及出库准备区面积的大小时，主要考虑商品出库作业的复杂程度和作业量的大小。作业越复杂，作业量越大，作业区域也应该越大，以避免作业过程中场地过于拥挤、相互干扰而降低作业效率。

与储备型库房相比，流通型库房内部布置有不同的特点，主要区别在于其缩小了储存区，而增加了拣货及出库准备区。在流通型库房中，备货往往是一项既复杂，工作量又大的工序。拣货及出库准备区的作用就是方便商品出库作业。在这个区域内，各种商品按一定次序分别安排在各个货位上。进行备货作业时，作业人员或机械在货位间的通道内巡回穿行，将需要的商品不断拣出，送往集结区发运。

3. 仓库货垛（架）平面布局

仓库货垛（架）平面布局的形式可以概括为垂直式和倾斜式。

1) 垂直式

根据货物的不同性质，对各种堆存的货物进行合理分类之后即可按照货场的货区进行分类堆放。货场的货区布局主要有3种：横列式、纵列式和混合式。

(1) 横列式布局。横列式布局是指货垛或货架的长度方向与仓库的侧墙互相垂直。这种布局的主要优点是：主通道（主干道）长且宽，副通道（支干道）短，整齐美观，存取查点方便，通风采光良好，但仓容利用率低。横列式布局如图1-2所示。

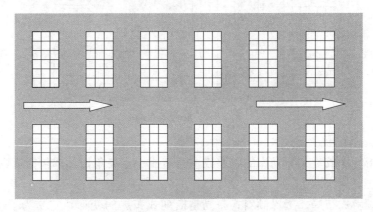

图1-2 横列式布局

(2) 纵列式布局。纵列式布局是指货垛或货架的长度方向与仓库的侧墙平行。可以根据库存货物在库时间和进出频繁程度的差异安排货位：在库时间短、进出频繁的货物放置在主通道两侧；在库时间长，进出不频繁的货物放置在里侧。这种布局的主要优点是：仓容利用率较高，主干道货位存放周转期短的物品，支干道存放周转期长的物品。其缺点是：存取货物不方便，不利于通风、采光。纵列式布局如图1-3所示。

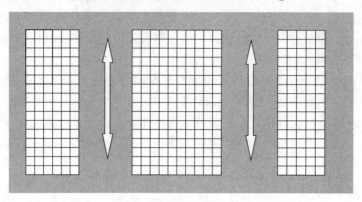

图1-3 纵列式布局

(3) 混合式布局。混合式（纵横式）布局是指在同一保管场所内，横列式布局和纵列式布局兼而有之，可以综合利用两种布局的优点。混合式布局如图1-4所示。

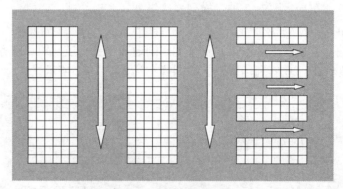

图1-4 混合式布局

2) 倾斜式

倾斜式是指货垛或货架与仓库的侧墙或主通道成一定夹角，具体包括货垛倾斜式和通道倾斜式。

(1) 货垛倾斜式布局。货垛倾斜式布局是横列式布局的变形，它是为了便于叉车作业，缩小叉车的回转角度，提高作业效率而采用的布局形式。货垛倾斜式布局如图1-5所示。

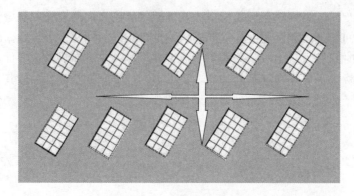

图1-5 货垛倾斜式布局

（2）通道倾斜式布局。通道倾斜式布局是指仓库的通道斜穿保管区，把仓库划分为具有不同作业特点（如大量储存和少量储存）的保管区等，进行综合利用。在这种布局形式下，仓库内作业形式复杂，货位和进出库路径较多。通道倾斜式布局如图1-6所示。

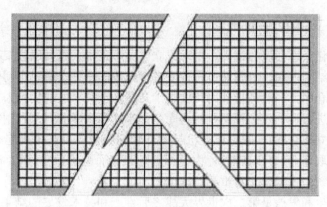

图1-6 通道倾斜式布局

4. 货位规划布置

货位式货架是应用最广、品种最多的一种货架。货位式货架经过不同的变形和组合，可以适应多种物料的储存，其特点如下。

① 大多数物料经托盘装载后放入货架。

② 托盘的取存均由机械完成。

③ 按物料的重量可分为轻、中、重三种类型。

④ 根据需要及配套设施可分为中型和高层。

⑤ 根据存取机械和配套要求分为人工与自动两种。

货位式货架设计应考虑以下几个因素。

① 货架承装物料的品类和承装物料的容器。货架尺寸的需求和承载的物料或容器有关系，货架尺寸是能够定做的，托盘式货架的货架尺寸和托盘尺寸应相适应。

② 货架装卸设备。货架装卸一般使用叉车，在设计装卸设备通道时应考虑叉车在存取货物时，能自由存取任何一个位置的货物，还应考虑设备的反转半径及设备的宽度等要素。

③ 仓库的地上承重能力。假设仓库地上承重能力只有1 t，而货架承重5 t，这种情况必定造成地面下沉或变形，严重时甚至会造成塌陷，此外，还应考虑货架存放物料的基本重量。

④ 存储物料的进出货方式及存放时间。仓库中可以有各类存储时间不同的物料，这就要求考虑进出库的方式或存放办法，以找到真正适合的、能够提高仓库空间利用率的存储货架。例如，驶入式货架、滚动式货架、移动式货架等。

⑤ 自动化配套系统。货架货物自动存取时，还应考虑购置相应的自动化存取设备，以及相应的控制系统和信息处理系统等进行信息化管理。

任务四　自动化立体仓库

一、自动化立体仓库的概念

根据国际自动化仓库会议的定义,自动化立体仓库是指采用高层货架存放货物,以巷道堆垛起重机为主,结合入库、出库周边设备来进行作业的一种仓库。自动化立体仓库简称立体仓库,又称高架仓库,一般是指采用几层、十几层乃至几十层的货架来储存单元货物,并用相同的搬运设备进行货物入出库作业的仓库。由于这类仓库能充分利用空间储存货物,故常被形象地称为"立体仓库"。它把计算机与信息管理和设备控制集成起来,按照控制指令自动完成货物的存取作业,并对库存货物进行管理。显而易见,它是物流系统的核心之一,并在自动化生产系统中占据了非常重要的地位。

立体仓库的产生和发展是第二次世界大战之后生产和技术发展的结果。20 世纪 50 年代初,美国出现了采用桥式堆垛起重机的立体仓库;20 世纪 50 年代末至 20 世纪 60 年代初,出现了司机操作巷道堆垛起重机进行作业的立体仓库;1963 年,美国率先在高架仓库中采用计算机控制技术,建立了第一座计算机控制的立体仓库。此后,自动化立体仓库在美国和欧洲得到迅速发展,并形成了专门的学科。20 世纪 60 年代中期,日本开始兴建立体仓库,并且发展速度越来越快,成为当今世界上拥有自动化立体仓库最多的国家之一。我国对立体仓库及其物料搬运设备的研发开始并不晚,1963 年第一台桥式堆垛起重机研发成功;1973 年开始研发我国第一座由计算机控制的自动化立体仓库(高 15 m),该库于 1980 年投入运行。由于具有很高的空间利用率、很强的入出库能力,并且采用计算机进行控制管理,有利于企业实施现代化管理,立体仓库已成为企业物流和生产管理不可缺少的仓储技术,越来越受到企业的重视。

二、自动化立体仓库的基本组成

自动化立体仓库一般由高层货架、巷道堆垛起重机、入出库输出机系统、自动控制系统、计算机仓库管理系统及其他周边设备组成,可对集装单元货物实现大量储存、自动存取和计算机管理。

(1) 高层货架与仓库建筑。自动化立体仓库从总体结构上看,可分为整体式和分离式两种形式。整体式是指高层货架与仓库建筑互相连接,形成一个不可分开的整体。其货架结构既是存放货物的支架,又是仓库的立柱和仓库侧壁的支撑,仓库的墙壁和屋顶都固定在高层货架上。分离式是指高层货架与仓库建筑是相互分离的,货架安装在仓库建筑物之内。但无论哪种形式,高层货架都是主体结构。

(2) 巷道堆垛起重机及周边设备。巷道堆垛起重机,简称堆垛机,是自动化立体仓库中的主要堆垛和搬运设备。它主要由立柱、载货台、货叉、运行机构、卷扬机构和控制机构等组成。到目前为止,巷道堆垛起重机已经有了很大的改进:为了提高作业能力和作业效率,其运行起升、货叉速度都有明显提高;改善了调速技术,提高了停准精度;自动控制技术和保护措施日趋完善。自动化立体仓库的周边设备主要有液压升降平台、辊式输送机、台车、叉车等。这些设备与巷道堆垛起重机互相配合、互相衔接,构成一个完整的装卸搬运系统,完成物资的进出库作业。

（3）自动控制系统和信息处理系统。自动控制系统是自动化立体仓库的"指挥部"和"神经中枢"。它控制堆垛机和各种周边设备的运行，自动完成货物的存入与拣出。自动化立体仓库中的自动控制系统主要指检测装置、信息识别装置、控制装置、通信设备、监控调度设备、计算机管理设备，以及大屏幕显示器和图像监视等设备。图1-7为自动化立体仓库内部示意图。

图1-7 自动化立体仓库内部示意图

三、自动化立体仓库的功能

自动化立体仓库的功能一般包括收货、存货、取货、发货和信息处理等。

（1）收货。收货是指仓库从供应方接受各种产品、材料或半成品，收存入仓库的过程。收货时需要站台或场地供运输车辆停靠，需要升降平台作为站台和载货车辆之间的过桥，需要装卸机械完成装卸作业。卸货时需要检查货物的品质和数量，以及货物的完好状态，确认完好后方能入库存放。一般的自动化立体仓库从货物卸载经查验进入自动控制系统的接货设备开始，将信息输入计算机，生成管理信息，由自动控制系统进行货物入库的自动操作。

（2）存货。存货是指自动控制系统将货物存放到规定的位置，一般是放在高层货架上。存货之前应先确定存货的位置，某些情况下可以采取分区固定存放的原则，即按货物的种类、大小和包装形式来实行分区存放。随着移动货架和自动识别技术的发展，自动控制系统已经实现货物随意存放，既能提高仓库的利用率，又可以节约存取时间。

（3）取货。取货是指自动控制系统根据需求从库房货架上取出所需货物。取货可以有不同的取货原则，通常采用的是先进先出的原则，即在出库时，先存入的货物先被取出。对某些自动化立体仓库来说，其必须能够随时存取任意货位的货物，这种存取货方式要求搬运设备和地点能够频繁更换。

（4）发货。发货是指取出的货物按照严格的要求发往用户。根据服务对象的不同，有的仓库只向单一用户发货，有的则需要向多个用户发货。发货时需要配货，即根据使用要求对货物进行配套供应。

（5）信息处理。信息处理是指能随时查询仓库的有关信息和伴随各种作业产生信息报表单据。在自动化控制系统中可以随时查询库存信息、作业信息及其他相关的信息。这种查询可以在仓库范围内进行，也可以在其他部门或分厂进行。

四、自动化立体仓库的特点

1. 自动化立体仓库的优点

自动化立体仓库的优越性是多方面的，主要表现在以下几个方面。

（1）提高空间利用率。早期立体仓库构想的基本出发点是提高空间利用率，充分节约有限且昂贵的场地。在某些西方国家，提高空间利用率的观点已有更广泛、深刻的含义，节约土地已与节约能源、保护环境等更多方面联系起来。有些国家甚至把空间利用率作为考核仓库系统合理性和先进性的重要指标。一般来说，立体仓库的空间利用率为普通仓库的2～5倍。

（2）加快货物存取速度，减轻劳动强度，提高生产效率。建立以自动化立体仓库为中心的物流系统，其优越性还表现在自动化立体仓库具有较强的入出库能力，能够妥善地将货物存入自动化立体仓库，及时自动地将生产所需零部件和原材料送达生产线。同时，立体仓库系统减轻了工人的综合劳动强度。

（3）先进的物流系统提高了企业生产管理水平。传统的仓库只是货物的储存场所，保存货物是其唯一的功能，属于静态储存。自动化立体仓库采用先进的自动化物料搬运设备，不仅能使货物在仓库内按需要自动存取，而且还可以与仓库以外的生产环节进行有机的衔接，并通过计算机管理系统和自动化物料搬运设备使仓库成为企业物流中的重要环节。企业外购件和自制件进入自动化立体仓库短时储存是整个生产的一个环节，是为了在指定的时间自动输出到下一道工序进行生产而形成的自动化的物流系统环节，属于动态储存，是当前自动化立体仓库发展的明显技术趋势。以上所述的物流系统又是整个企业生产管理系统（订货、设计和规划、计划编制和生产安排、制造、装配、试验及发运等）的一个子系统。建立物流系统与企业生产管理系统间的实时连接，是当前自动化立体仓库发展的另一个明显技术趋势。

（4）减少库存资金积压。对一些大型企业的调查显示，历史原因造成的管理手段落后、物资管理零散，使管理和生产环节的紧密联系难以到位。为了达到预期的生产能力和满足生产要求，就必须准备充足的原材料和零部件，这样库存资金积压就成为较大的问题。如何降低库存资金积压和充分满足生产需要，已经成为大型企业需要面对的难题。立体仓库系统是解决这一问题的最有效手段之一。

（5）标志着企业的现代化。现代化企业采用的是集约化大规模生产模式，这就要求生产过程中各环节紧密相连，成为一个有机整体，并且要求生产管理科学实用，做到决策科学化，而建立立体仓库系统是其有力的措施之一。采用计算机管理和网络技术能够使企业领导层宏观快速地掌握各种物资信息，并且使工程技术人员、生产管理人员和生产技术人员及时了解库存信息，以便合理安排生产工艺，提高生产效率。国际互联网和企业内部网络更为企业取得与外界在线连接、突破信息瓶颈、开阔视野及外引内联提供了广阔的空间和坚实强大的技术支持。

2. 自动化立体仓库的缺点

自动化立体仓库也有一些缺点。

（1）结构复杂，配套设备多，需要大量的基建和设备投资。

（2）高层货架要使用大量的钢材，货架安装精度要求高，施工比较困难，并且施工周期长。

(3) 自动控制系统一旦发生故障，整个仓库将处于瘫痪状态，收发作业就会中断。

(4) 储存货物的品种受到一定限制，对长大笨重货物必须单独设立储存系统。

(5) 对仓库管理和技术人员的素质要求较高，必须经过专门培训方能胜任。

五、自动化立体仓库的分类

自动化立体仓库是一个复杂的综合自动化系统，作为一种特定的仓库形式，一般有以下几种分类方式。

1. 按货架构造形式来分

(1) 单元货格式立体仓库。单元货格式立体仓库是应用较普遍的立体仓库，它的特点是每一层货架都由同一尺寸的货格组成，货格开口面向货架之间的通道，堆垛机械在货架之间的通道内行驶，以完成货物的存取。

(2) 贯通式立体仓库。贯通式立体仓库又称流动式货架仓库，这种仓库的货架之间没有间隔，不设通道，货架组合成一个整体。货架纵向贯通，贯通的通道具有一定的坡度，在每一层货架底部安装滑道、辊道等装置，使货物在自重的作用下，沿着滑道或辊道从高处向低处运动。

(3) 自动化柜式立体仓库。自动化柜式立体仓库是小型的可以移动的封闭立体仓库，由柜外壳、控制装置、操作盘、储物箱和传动装置组成，主要特点是封闭性强、小型化和智能化，有很强的保密性。

(4) 条形货架立体仓库。条形货架立体仓库是专门用于存放条形和筒形货物的立体仓库。

2. 按货物存取形式来分

(1) 单元货架式立体仓库。单元货架式立体仓库是一种最常见的立体仓库，货物先放在托盘或集装箱内，再装入仓库货架的货位中。

(2) 移动货架式立体仓库。移动货架式立体仓库是由电动货架组成的。电动货架可以在轨道上行走，由控制装置控制电动货架的合拢和分离。作业时电动货架分离，在巷道中可进行作业；不作业时可将电动货架合拢，只留一条作业巷道，从而节省仓库面积，提高空间的利用率。

(3) 拣选货架式立体仓库。拣选货架式立体仓库中分拣机构是核心组成部分。分拣方式有巷道内分拣和巷道外分拣两种。每种分拣方式又分为人工分拣和自动分拣。

3. 按建筑形式来分

(1) 整体式立体仓库。整体式立体仓库是指货架除了储存货物以外，还可以作为建筑物的支撑结构，就像是建筑物的一个组成部分，即库房与货架形成一体化结构，如图 1-8 所示。

(2) 分离式立体仓库。分离式立体仓库是指储存货物的货架独立存在，建在建筑物内部。现有的建筑物可改造为自动化立体仓库，也可以将货架拆除，将建筑物用于其他目的。分离式立体仓库如图 1-9 所示。

图 1-8 整体式立体仓库

图 1-9 分离式立体仓库

4. 按自动化立体仓库的高度来分

(1) 低层立体仓库。低层立体仓库高度在 5 m 以下，主要是在原来老仓库的基础上进行改建的，是提高原有仓库技术水平的手段。

(2) 中层立体仓库。中层立体仓库的高度在 5~15 m。由于中层立体仓库对建筑及仓储机械设备的要求不高，造价合理，是目前应用最多的一种仓库。

(3) 高层立体仓库。高层立体仓库的高度在 15 m 以上，由于对建筑及仓储机械设备的要求较高，安装难度大，应用较少。

5. 按自动化立体仓库与生产连接的紧密程度来分

(1) 独立型仓库。独立型仓库也称为"离续"仓库，是指从操作流程及经济性等方面来说都相对独立的自动化立体仓库。这种仓库一般规模都比较大，存储量较大，具有自己的计算机管理、监控、调度和控制系统。独立型仓库又可分为存储型仓库和中转型仓库。配送中心也属于这一类仓库。

(2) 半紧密型仓库。半紧密型仓库是指其操作流程、仓库的管理、货物的出入和经济性与其他工厂（或部门、上级单位）有一定关系，但又未与其他生产系统直接相联系。

(3) 紧密型仓库。紧密型仓库也称为"在线"仓库，是那些与工厂内其他部门或生产系统直接相联系的立体仓库。

6. 按库内环境来分

(1) 普通自动化立体仓库。普通自动化立体仓库用于常温、常湿条件下存储货物。

(2) 低温自动化立体仓库。低温自动化立体仓库用于温度为 0℃ 以下的环境中存储货物。

(3) 高温自动化立体仓库。高温自动化立体仓库用于温度在 40℃ 以上的环境中存储货物。

(4) 防爆自动化立体仓库。防爆自动化立体仓库用于在有防爆要求的环境中存储货物。

(5) 其他特殊环境下用的自动化立体仓库。该种仓库包括防毒、防污染和防辐射等环境下用的自动化立体仓库。

新概念仓库形式——网络仓库

1. 网络仓库的概念

网络仓库是一种与传统仓库完全不同的仓库形式。它不是一个可以看得见摸得着的特定仓库，而是一个虚拟的仓库。网络仓库是借助先进通信设备可以随时调动所需物资的若干仓库的总和。

2. 网络仓库的特点

（1）网络仓库的覆盖区域广。网络仓库覆盖的地域可以很大，根据订货的数量和距离，将订货信息通过网络传递到网络中心进行处理，在最短的时间内选择一个离需求地有足额库存并且距离最近的仓库向需求地发货。仓库的网络化是现代信息技术的产物，同时也是经济进步的要求。

（2）仓库的网络化不是偶然的而是现代经济高速发展的必然产物。网络仓库的出现改变了传统的仓储观念，仓库的网络化使物资在仓库之间的调动变得毫无意义。物资从出厂到最终目的地可能只经过1~2次运输，大大节省了运输费用，并且使生产厂商和消费者的距离拉近，这对生产厂商正确安排生产数量和生产计划有重要意义。

（3）网络仓库还有一个显著的特点：看得见却摸不着。网络仓库实际上是一个虚拟的仓库，它利用强大的信息流统筹网络内仓库可以利用的资源，用以满足对订货的需求，提升了订货量，减少了时间和空间上迂回物流和仓储产生的费用。

3. 网络仓库的形态

（1）仓储批发商。仓储批发商利用仓库网络，向仓储企业租赁仓储能力，然后卖给生产企业或第三方物流企业。仓储批发商由于购买仓储能力时数量较大或利用了仓库的闲置资源，因此购进成本较低，其再以较高的价格出售给其他企业。同时，网络仓库可以为购买仓储能力的企业提供仓储信息平台服务，借以增值。

（2）仓储协会。仓储协会吸引部分仓储企业为会员加入协会。仓储协会不以营利为目的，而是为会员提供仓储宣传、信息共享、仓储能力置换、仓储交易等服务。会员需要交纳会员费，以维持协会的运转。

（3）综合物流企业。综合物流企业是以仓库网络为依托，继续提供其他物流服务的企业。综合物流企业利用其广阔的仓库网络，向企业提供网络分销服务，以及物流的其他增值服务。

（4）仓储企业联盟。一个系统或全国范围的仓储企业建立的仓库网络，可以异地揽收业务，提供同质商品的异地交割，提供物流单据的流通兑换服务等。

自我测试

一、填空题

1. "仓"即_____，可以是房屋建筑、洞穴、大型容器或特定的场地等，具有存放和保护物品的功能。"储"即_____，具有收存、保管、交付使用的意思。
2. 仓储的基本功能有：_____、_____、_____、_____。
3. 按仓储对象来划分，仓储可分为：_____、_____。
4. 存货人将特定的物品交给保管人进行保管，到期保管人将原物交还给存货人，保管物所有权不发生变化，这种仓储属于_____。
5. 仓储机构为了充分利用所具有的仓储资源提供高效的仓储服务所进行的计划、组织、控制和协调的过程是_____。
6. 仓储管理的基本内容有：_____、_____、_____、_____、_____、_____、_____。
7. 仓储管理的基本原则有：_____、_____、_____。
8. 仓库选址策略有：_____。
9. 按货物存取形式来分，自动化立体仓库可分为：_____、_____、_____。
10. 仓库货垛（架）平面布局的形式可以概括为_____、_____。

二、单选题

1. （　　）是仓储经营人以其拥有的仓储设备，向社会提供商业性仓储服务的仓储行为。
   A. 企业自营仓储　　B. 商业营业仓储　　C. 公共仓储　　D. 战略储备仓储
2. 保管人接受保管物的所有权，保管人在仓储期间有权对仓储物行使所有权，并在仓储期满时，只要将相同种类和数量的替代物交还给委托人即可，这种仓储是（　　）。
   A. 保管式仓储　　B. 加工式仓储　　C. 消费式仓储　　D. 存储功能仓储
3. 具有进出量大，货物存期短，注重货物的周转作业效率和周转率的特点，衔接不同运输方式的仓储活动是（　　）。
   A. 存储功能仓储　　B. 物流中心仓储　　C. 配送中心仓储　　D. 运输转换仓储
4. 仓库是保管、（　　）物品的建筑物和场所的总称。
   A. 存储　　B. 收藏　　C. 生产　　D. 堆放
5. （　　）是经海关批准，在海关监管下专供存放未办理关税手续而入境或过境货物的场所。
   A. 出口监管仓库　　B. 特种仓库　　C. 保税仓库　　D. 营业仓库
6. （　　）是指出入库用运送机械取出、存放货物，用堆垛机等设备进行机械化自动化作业的高层货架仓库。
   A. 货架仓库　　B. 自动化立体仓库　　C. 地面型仓库　　D. 综合仓库
7. （　　）是指将仓库位置选在最终用户和制造商之间的中点位置。
   A. 中间定位策略　　B. 市场定位策略　　C. 制造定位策略　　D. 交通定位策略

8. 仓库的货架之间没有间隔，不设通道，货架组合成一个整体，这种自动化立体仓库是（　　）。
   A. 单元货格式立体仓库　　　　　　　　B. 贯通式立体仓库
   C. 自动化柜式立体仓库　　　　　　　　D. 条形货架立体仓库
9. 第三方物流企业的仓储属于（　　）。
   A. 企业自营仓储　　B. 商业营业仓储　　C. 公共仓储　　D. 战略储备仓储
10. （　　）是指企业将仓储管理等物流活动转包给外部公司，由外部公司为企业提供综合物流服务。
    A. 租赁仓库仓储　　B. 供应商管理库存　　C. 第三方仓储　　D. 寄售

三、多选题
1. 仓储的增值服务功能包括（　　）。
   A. 流通加工　　　B. 包装　　　C. 配送　　　D. 配载
   E. 交易中介
2. 按仓储经营主体划分，仓储可分为（　　）。
   A. 企业自营仓储　　B. 商业营业仓储　　C. 公共仓储　　D. 战略储备仓储
   E. 特殊物品仓储
3. 按仓储功能划分，仓储可分为（　　）。
   A. 存储功能仓储　　B. 物流中心仓储　　C. 配送中心仓储　　D. 运输转换仓储
   E. 保税仓储
4. 仓库应包括的要素有（　　）。
   A. 储存空间　　　B. 货物　　　C. 仓储设施设备　　D. 人员
   E. 作业及管理系统
5. 仓库选址应遵循的原则有（　　）。
   A. 适应性原则　　B. 协调性原则　　C. 经济性原则　　D. 战略性原则
   E. 可持续发展原则
6. 自动化立体仓库的功能一般包括（　　）。
   A. 收货　　　B. 存货　　　C. 取货　　　D. 发货
   E. 信息处理
7. 下列仓库中，存储时间短，主要追求周转效率的有（　　）。
   A. 保温仓库　　B. 流通仓库　　C. 国家储备库　　D. 配送仓库
   E. 中转仓库
8. 仓库库区由（　　）构成。
   A. 仓库作业区　　B. 辅助作业区　　C. 货物中转区　　D. 行政生活区
   E. 加工生产区
9. 对于仓库选址中的需求识别，美国区位理论家埃德加·M. 胡佛提出了（　　）等3种策略。
   A. 市场定位策略　　B. 制造定位策略　　C. 中间定位策略　　D. 成本定位策略
   E. 交通定位策略

10. 按保管形态划分，仓库可分为（　　）。
　　A. 普通仓库　　　B. 保温仓库　　　C. 特种仓库　　　D. 水上仓库
　　E 保税仓库

四、问答题

1. 什么是仓储？仓储的基本功能有哪些？
2. 库区总平面布局一般可以划分为几个区？仓库作业区布置时应该主要考虑哪些因素的影响？
3. 库房内部设计要求是什么？
4. 储存仓库的布置和流通仓库的布置分别有什么特点？
5. 垂直式和倾斜式的仓库货垛（架）平面布局分别是怎样的？
6. 库房货位式货架设计应考虑哪些因素的影响？
7. 什么是自动化立体仓库？它有什么优点？简述自动化立体仓库中的主要设备。

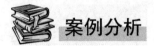

案例分析

自动化立体仓库的困惑

20世纪70年代，北京某汽车制造厂建造了一座高层货架仓库（自动化立体仓库）作为中间仓库，存放装配汽车所需的各种零配件。该厂所需的零配件大多数是由其协作单位生产后运至自动化立体仓库的。该厂是我国第一批发展自动化立体仓库的企业之一。

该厂所建造的自动化立体仓库包括高库和整理室两部分。高库采用固定式高层货架与巷道堆垛机结构，从整理室到高库之间设有辊式输送机。当入库的货物包装规格不符合托盘或标准货箱时，则还需要对货物的包装进行重新整理，这项工作就是在整理室进行的。由于当时各种物品的包装没有标准化，因此整理工作的工作量相当大。

货物的出入库是运用计算机控制与人工操作相结合的人机系统完成的。这套设备在当时是相当先进的。该自动化立体仓库建在该厂的东南角，距离装配车间较远，因此在自动化立体仓库与装配车间之间需要进行二次运输，即将所需的零配件先出库，装车运输到装配车间，然后才能进行组装。

自动化立体仓库建成后，这个先进设施在企业的生产经营中所起的作用并不理想，其利用率逐年下降，最后不得不拆除。

资料来源：http：//iepgf.cn/thread-28369-1-1.html.

思考题：1. 分析该厂的自动化立体仓库没有发挥其应有作用的原因。
　　　　2. 从本案例中可以得到哪些启示？

 **项目实施**

情境实训一 仓储与配送行业认知

一、情境描述

王刚、赵强、林森三人是物流管理专业的学生,三人计划毕业后自主创业,合伙投资组建"陆通物流配送中心"。邀请学生扮演仓管员、理货员、配货员、车辆调度员、信息管理员等不同的角色,在该公司顶岗实习。学生先要对物流行业和企业进行调查,了解其现状及发展趋势;调查仓储与配送物流活动对应的岗位及职业能力要求,并根据对仓储与配送人员的素质要求和自身的具体情况,制订自己的职业生涯规划。

二、实训目的

认识我国仓储业的现状及未来发展趋势;调查仓储与配送行业中相关岗位名称;调查仓管员应具备的素质和要求;熟悉仓储管理的内容及业务流程;掌握信息搜集的途径、方法与技巧。

三、实训内容

1. 浏览相关网站或专业论坛,了解我国仓储与配送行业的发展情况、本地仓储业发展现状。
2. 了解仓储管理的对象、内容及意义。
3. 调查仓管员、理货员、配货员、车辆调度员、信息管理员等应具备的职业能力。
4. 了解仓储企业组织结构、规章制度等。

四、实训条件

1. 物流实训室的计算机与互联网。
2. 图书馆、阅览室。

五、实训步骤

1. 将全班学生分成学习小组,一般3~5人为一组,选出组长。
2. 浏览相关网站,阅读有关仓储及仓储管理的文章,对其中的概念和内容进行比较和思考。
3. 搜集若干感兴趣的生产企业、物流企业的相关介绍,初步认识企业的物流,了解企业的类型、生产经营情况、发展历史、企业文化、组织结构等。
4. 查阅图书馆的专业书籍、阅览室的专业刊物,了解行业情况。
5. 总结仓储与配送活动对应的岗位名称及岗位能力要求。
6. 组成学习小组,结合所收集的相关内容进行交流,总结我国仓储业的现状及未来发展趋势。

六、作业题

1. 简述仓储与配送行业的现状、存在的问题及发展趋势。
2. 撰写自己的仓储与配送职业生涯规划书。

情境实训二　组建物流企业

一、情境描述

通过对仓储与配送行业、企业现状及发展趋势的调查，陆通物流配送中心决定进行组织结构设置和岗位设置。

二、实训目的

了解仓库管理组织结构设置、仓库基本情况、仓储企业业务流程、仓库管理人员的岗位职责。

三、实训内容

为陆通物流配送中心进行岗位设置。

四、实训条件

1. 参观一个仓储企业，确定参观的具体时间，明确参观线路。
2. 准备好相应的采访设备，如照相机、录音笔、记录纸和笔。
3. 准备好所要提问的问题，与企业人员做好沟通交流。

五、实训步骤

1. 参观前准备。要和目标企业联系，确定参观的具体时间，告知对方参观人数，准备好所要了解的问题及相应的记录工具，确定所乘车辆或行走线路。
2. 现场参观学习。询问企业的组织结构、岗位设置、主要业务等内容，参观企业的仓库等，做好记录。
3. 总结交流。通过学习该企业的组织结构和岗位设置，为陆通物流配送中心进行岗位设置。

六、作业题

1. 每一个学习小组在参观结束后对调查、参观的内容进行整理，撰写调查报告，制作PPT。
2. 为陆通物流配送中心进行组织结构设置，画出组织结构图。
3. 为陆通物流配送中心各部门进行岗位设置和人员配备。

情境实训三　仓库的规划与布局

一、情境描述

王刚、赵强、林森抓住机遇决定在当地建库，并进行仓库规划和布局。

陆通物流配送中心管理的货物种类繁多，我们将其大致分为以下几类。

① 食品与日化：水果、干货、豆类、烟酒、食品饮料、办公文教用品、家居用品、服饰、鞋帽、礼品玩具、日常用品等。

② 机电类：电子元器件、仪器仪表、汽摩与配件、包装产品、计算机软件产品、装饰材料、家电用品、电气电工产品。

③ 五金类：锁类、拉手类、门窗类、家庭装饰类、水暖类、建筑装饰类、工具类、卫浴类等。

④ 化学危险品类：化学药剂、烟花爆竹、石油、医用药剂等。

二、实训目的

1. 能够根据仓储业务规模的大小、经营商品的性质和特点要求熟练地对仓库平面进行合理安排和布置。

2. 能够通过货区的有效布置提高物品的保管质量，方便进出库作业，从而降低物流的仓储成本。

3. 能够通过货区的有效布置提高仓库空间利用率。

三、实训内容

1. 每一个学习小组根据当地情况确定自己公司的业务项目，并决定占地面积。

2. 确定在总占地面积中能够建设的仓库个数，并根据业务情况决定所建设仓库的类型。

3. 策划仓库内非保管场所情景布置，设定通道宽度，注意使收发货区位置科学、面积安排适当、仓库管理人员的办公场所设置合理等。画出该仓库的总平面布局图，写出评价报告。

四、实训条件

多媒体、计算机及软件、互联网平台。

五、实训步骤

1. 教师讲解库区平面布局的相关知识。

2. 决定仓库空间大小。对公司业务量做出预测，并做出适当的发展预测；决定各类产品的数量，不同产品要求不同的仓库布局，要对每一品类产品的储存量及流通状况进行规划。依据以上内容确定仓库容量。

3. 要求学生画出该仓库库区规划平面布局图，要注意生产作业区、辅助作业区和行政生活区三大部分的比例，分别给出长、宽、面积等。

4. 进行仓库内部布局设计。仓库内部布局设计应注意：运输通道按订单进行分拣的空间；存储空间；其他类空间，如回收区域、办公区域、后勤区域。

5. 根据仓储对象（食品与日化、机电类、五金类、化学危险品类等）分析需建仓库数量及类型。每个学生画出仓库货垛平面布局设计图，要注意仓库内部布局设计时应考虑的因素。

6. 依据平面布局的基本原则评价该仓库的布局是否合理，可以有必要的文字说明。

7. 设计完成后，各学习小组进行交流。若有不妥之处，提出修改方案。

六、作业题

1. 仓库总体布局结构包括哪些部分？根据给定条件绘制仓库库区规划平面布局图。
2. 库房结构是怎样的？根据给定条件绘制仓库货垛平面布局设计图。
3. 根据仓储对象的种类，对仓库进行编号，确定仓库存储的商品种类，绘制库房分区平面图和库房货位编码图。
4. 调查当地商业用地价格，预算购置土地的成本。

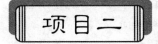

仓储设施设备的配置与使用

【项目说明】

仓储设施设备是现代化仓储必备的资源，可以有效提高仓储作业效率。在进行仓储设施设备配置时要遵循适用性、先进性、最小成本、可靠性和安全性的原则。当前，仓储设施设备的种类日益增多，主要有货架、叉车、托盘、起重机、堆垛机和出入库输送设备等。针对仓储设施设备的使用管理必须制定相应的制度规范，以提高其利用率，减少不必要的损耗。

【知识目标】

1. 了解仓储设施设备的类型；
2. 明确仓库的基本设施使用原则和用途；
3. 能够阐述自动化立体仓库各种设备的工作原理、流程等。

【能力目标】

1. 了解各种装卸搬运设备的优缺点和使用场合；
2. 能够解释自动分拣设备的原理、用途等；
3. 了解集装单元设备、货架设备的种类和作用；
4. 能够熟练使用手动液压叉车，能够独立操作起重机、堆垛机等仓储设备。

自动化仓库倍受菜鸟青睐

随着物流市场的扩大，对"效率"越来越高的要求不断促进智能物流的发展。近年来，除了各种频发的收购风波，各大物流、电商、线下超市都抓紧时间为仓库自动化布局，如阿里巴巴、京东、天猫、顺丰等，作为阿里巴巴的关联公司，菜鸟网络平台日均处理包裹4 200万个，是其他自营电商物流公司的十多倍。为何他们如此青睐自动化仓库呢？自动化仓库优势究竟有哪些？

（1）自动识别包裹实现货找人。传送带上每隔一段距离就有一个传感器，可识别纸箱上的条形码，决定纸箱下一步的去向，并且支持路线合并和分流，一个订单对应的包裹会被传送到不同货架装入商品。该方案大幅降低了分拣员劳动强度，提高了包裹生产的时效性（10 min出库）和准确率（100%）。

（2）自动封箱机等自动机器人节省人力。菜鸟自动化仓库通过自动封箱机实现了纸箱打开、贴码、封装等步骤的自动化，节省了大量人力，缩短了商品打包时间。

（3）大数据智能选择适合的纸箱。一个订单对应的商品数量和种类不同，意味着它需要不同大小的纸箱。菜鸟自动化仓库在不同商品入库之前就知道其尺寸和特性，基于此自动为一个订单分配最适合的纸箱，节省包装成本，并且更环保。

（4）大数据智能调度商品存储。结合大数据，菜鸟自动化仓库可预测哪些商品即将畅销和不再畅销，进而对其存放的仓库和货架进行智能调度，最大程度上减少了商品物流节点、缩短了商品传送路径，提高了仓储和物流效率。

自动识别包裹路径是基于物联网技术的，自动封箱机是基于工业机器人技术的，大数据智能选择适合的纸箱和调度商品存储则是基于大数据技术的，这些物流信息技术是目前大热的技术，可以提高作业效率，降低成本，代表了未来仓储及物流的三大关键技术。

资料来源：https://www.50yc.com/information/redian/6853.

问题与思考：
1. 什么是托盘？托盘有哪些特点？影响托盘标准化的因素有哪些？
2. 什么是货架？货架的种类有哪些？分别有什么作用？
3. 结合案例说说菜鸟自动化仓库有哪些设施和设备？

项目任务

任务一　集装单元设备

集装单元设备主要有集装箱、托盘、周转箱和其他集装器具。货物经过集装器具的集装或组合包装后，具有较高的灵活性，随时都处于待运送的状态，有利于实现储存、装卸、搬运、运输和包装的一体化，达到物流作业的机械化和标准化要求。

一、托盘

1. 托盘的概念、特点

（1）托盘的概念。托盘是一种用来集结、堆存货物以便于装卸和搬运的水平板。托盘是典型的集装单元设备。托盘的使用实现了以集装单元的形式对物资进行装卸、搬运、存储、运输等物流活动的作业方式，极大地提高了作业效率。托盘需与叉车及堆垛起重机等装卸、搬运设备配合使用。托盘的下部有供货叉叉入、托起的叉入口，形成集装装卸系统，有效地促进了物流作业全过程效率的提高。同时，采用托盘可以减少产品的损耗率和污染。

（2）托盘的特点。
① 机械化程度高。搬运或出入库场都可用机械操作，减少物品堆码作业次数，从而有

利于提高运输效率,缩短货运时间,减轻劳动强度。

② 操作方便,速度快,效率高。以托盘为运输单位,货运件数变少,体积重量变大,而且每个托盘所装数量相等,便于点数、理货交接。

③ 投资少,收益快,装卸货损货差事故少。使用托盘可以减少货损货差事故,但托盘的回收利用、组织工作难度较大,会浪费一部分运力。

2. 托盘的类型

托盘的种类很多,按照托盘的基本结构来分,可以分为平托盘、带有上部结构的托盘等种类;按照托盘的构成材料来分,可以分为木托盘、塑料托盘、金属托盘、纸托盘及复合材料托盘等种类。下面介绍几种常用的托盘。

(1) 平托盘。平托盘是指在承载面和支撑面间夹以纵梁,构成可集装物料、可使用叉车或搬运车等进行作业的托盘。平托盘按照台面类型还可以细分为单面托盘、双面托盘。双面托盘又分为单面使用托盘、双面使用托盘。单面使用托盘是只有一面铺板的平托盘,而双面使用托盘是有上下两面铺板的平托盘。翼式托盘两侧的突出端可以为托盘的托起操作提供更多的位置选择。

按叉车及托盘搬运车的货叉叉入方式,平托盘可以分为双向进叉托盘、四向进叉托盘等。其中四向进叉托盘使用最为方便灵活。图2-1为常见的平托盘。

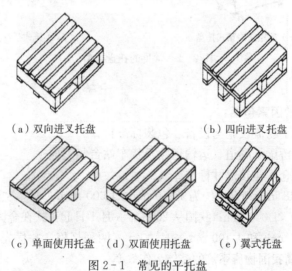

(a) 双向进叉托盘　　　　　(b) 四向进叉托盘

(c) 单面使用托盘　(d) 双面使用托盘　　(e) 翼式托盘

图2-1　常见的平托盘

(2) 立柱式托盘。立柱式托盘是在平托盘的四角处各装一个立柱构成的托盘,立柱多为可拆式。立柱可以在多层堆码时对下层货物起保护作用。立柱一般高度为1 200 mm,见图2-2 (a)。

(3) 箱式托盘。在平托盘上安装上部构造物(平板状、网状)制成的托盘。按照箱壁构造分为可拆式、固定式、折叠式3种。箱式托盘的特点是可将形状不规则的物品进行集装;堆码时不需防散垛处理,见图2-2 (b)。

(4) 轮式托盘。在柱式、箱式托盘下安装小型脚轮制成的托盘。常用的轮式托盘有用于杂物配送的滚轮箱式托盘和用于低温货物管理的滚轮保冷箱式托盘。滚轮保冷箱式托盘如图2-2 (c) 所示。

（5）笼式托盘。笼式托盘是带有立杆或联杆加强的网式壁板的托盘。在一侧或多侧设有用于装卸货物的铰接的或可拆装的门，可以满足散货的集成仓储作业要求，见图2-2（d）。

（a）立柱式托盘　　　　（b）箱式托盘

（c）滚轮保冷箱式托盘　　（d）笼式托盘

图2-2　常见的托盘类型

3. 托盘的标准化

影响托盘标准化的因素包括：

① 托盘规格决定了物流设施与设备、包装标准化；

② 托盘规格应与桥梁、隧道、运输道路及货车站台相适应；

③ 托盘规格决定仓库建筑尺寸标准。

美国主流托盘为48 in×40 in（约为1 200 mm×1 000 mm）；日本主流托盘为1 100 mm×1 100 mm和1 200 mm×1 000 mm；我国从2008年3月1日起正式在全国范围内实施的托盘标准为1 200 mm×1 000 mm和1 100 mm×1 100 mm两种规格，并优先推荐使用1 200 mm×1 000 mm规格，以提高我国物流系统的整体运作效率。

4. 托盘的使用

（1）托盘货物的装盘堆码方式。

① 重叠式堆码：多层不交错堆码，即各层码放方式相同，上下对应。其特点是堆码速度快，但稳定性差，见图2-3（a）。

② 纵横交错式堆码：相邻两层货物摆放旋转90°，层间有一定咬合效果，但稳定性较差，见图2-3（b）。

项目二 仓储设施设备的配置与使用

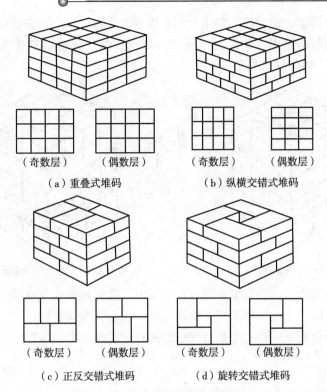

图2-3 托盘货物的装盘堆码方式

③ 正反交错式堆码：同一层中不同列的货物以90°角垂直码放，相邻层旋转180°堆码，见图2-3（c）。正反交错式堆码的特点是：层间咬合强度高，操作麻烦，下部货体易被压坏。

④ 旋转交错式堆码：每层相邻两货体成90°，两层间的码放又相差180°，见图2-3（d）。旋转交错式堆码的特点是：咬合交叉稳定，码放难度大，中心有空隙，托盘装载能力低。

（2）托盘货物的紧固方法。

① 捆扎：用绳索、打包带等对托盘货体进行捆扎，以保证货体稳定。

② 粘接紧固：货垛层间用胶水或双面胶条粘接，防止层间滑动散垛。

③ 加框架紧固：将框架加在托盘货物相对的两面或四面上以后进行捆扎，增大货体刚性和稳定性，见图2-4。

④ 网罩紧固：主要用于装有同类货物托盘的紧固，见图2-5。

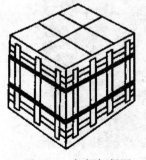

图2-4 加框架紧固

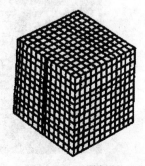

图2-5 网罩紧固

⑤ 专用金属卡固定：在货体上部用专用金属卡卡住包装物，防止散垛，见图2-6。

⑥ 中间夹摩擦材料紧固：将具有防滑性的纸板、纸片或软塑料片夹在各层货体之间，增大摩擦力，防止货体散垛，见图2-7。

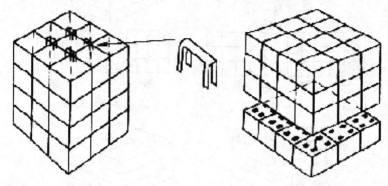

图2-6　专用金属卡固定　　　　图2-7　中间夹摩擦材料紧固

⑦ 热收缩薄膜紧固：将热收缩薄膜套在货体上，进行热缩处理收紧货体。

⑧ 拉伸薄膜紧固：用拉伸薄膜将货物和托盘一起缠绕包裹紧固。

⑨ 平托盘周边垫高紧固：将平托盘四边稍垫高，货物向中心靠拢。

二、集装箱

1. 集装箱概述

（1）集装箱的概念。集装箱是能装载包装货或非包装货进行运输，并便于用机械设备进行装卸搬运的一种成组工具。集装箱作为一种运输设备，应具备下列条件：①具有足够的强度，在有效使用期内可以反复使用；②适于一种或多种运输方式运送货物，途中无需倒装；③设有供快速装卸的装置，便于从一种运输方式转移到另一种运输方式；④便于箱内货物装满和卸空；⑤内容积等于或大于$1\ m^3$（$35.3\ ft^3$）。

（2）集装箱的基本结构。集装箱的组成部分有：角件、角柱、上（下）横梁、上（下）侧梁、顶（底）板、顶（底）梁、叉槽、侧（端）壁板、侧（端）柱、门楣（槛）、端（侧）门、门把手、门铰链、锁杆凸轮、把手锁件、门锁杆托板、箱门搭扣件等。图2-8为集装箱堆场。

图2-8　集装箱堆场

2. 集装箱的分类

按用途来分，集装箱分为杂货集装箱、干散货集装箱、冷藏集装箱、敞顶集装箱、框架集装箱、罐式集装箱、动物集装箱。

（1）杂货集装箱。杂货集装箱是一种通用集装箱，占集装箱总数的 70%～80%，可运输除液体货物、冷藏货物及特殊货物以外的其他任何货物。杂货集装箱采用封闭式结构，在端部或侧面开门。

（2）干散货集装箱。干散货集装箱是运输散装货物的封闭式集装箱。干散货集装箱有玻璃钢制和钢制两种，前者强度大，用于装载密度较大的货物；后者用于装载密度较小的货物。

（3）冷藏集装箱。冷藏集装箱用于运载需保冷、防腐的食品及化学品。根据制冷方式不同，冷藏集装箱可分为两种：机械式冷藏集装箱和离合式冷藏集装箱。

（4）敞顶集装箱。敞顶集装箱是没有刚性箱顶的集装箱。顶部为可折叠或可拆卸的顶梁支撑的帆布、塑料布或涂塑布等制成的顶篷。敞顶集装箱适用于装载大型和重型货物。

（5）框架集装箱。框架集装箱是没有顶和侧壁，箱端也可拆卸，便于长大笨重件的装卸。框架集装箱的特点是密封性差、箱底厚（便于应力的扩散），见图 2-9。

（6）罐式集装箱。罐式集装箱适用于运输液体货物，由罐体和箱体框架两部分组成。罐体保温、罐内加热，罐体上下分别设进出液口，见图 2-10。

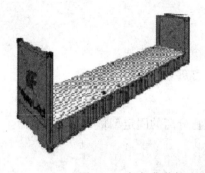
图 2-9　框架集装箱

图 2-10　罐式集装箱

（7）动物集装箱。动物集装箱是适用于运输动物等活体的具有特殊结构的集装箱，见图 2-11。

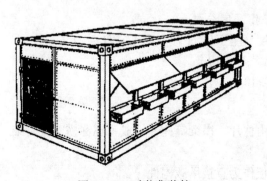
图 2-11　动物集装箱

任务二　货架设备

一、货架的概念

货架（goods shelf）是指用立柱、搁板或横梁等组成的立体储存物品的设施。货架有以下功能。

（1）用钢材或钢筋混凝土制成的架子，可通过增加货架高度来充分扩大仓库的储存能力。

（2）货架上的货物相互不接触、不挤压，减少货损。

（3）货物存取方便，使用计算机进行管理易实现先进先出。

（4）可采用防潮、防尘、防盗等措施来提高货物储存质量。

（5）有利于实现仓储系统的自动化管理。

二、货架的分类

1. 按货架系统在地面上的固定形式分类

（1）固定货架：货架整体相对地面固定不动。

（2）移动式货架：货架主体相对地面可移动。

2. 按货架系统构件间的连接形式分类

（1）焊接式货架：由立柱、横梁等承载构件整体焊接而成的货架。

（2）组装式货架：由立柱、横梁等承载构件构成的可重复拆装的货架。

3. 按货架系统与仓库建筑结构的连接形式分类

（1）库架分离式货架：组成货架的钢结构件与建筑物分离的固定型货架。

（2）库架合一式货架：兼作建筑物承重结构的货架。

4. 按装载单元荷载量分类

（1）轻型货架：装载单元每层通常承载在 150 kg 以下。

（2）中型货架：装载单元每层通常承载为 150～500 kg。

（3）重型货架：装载单元每层通常承载在 500 kg 以上。

5. 按货架系统的工作高度分类

（1）低位货架：高度（用字母 H 代表高度）$H \leqslant 5$ m。

（2）中位货架：$5\ \text{m} < H < 10\ \text{m}$。

（3）高位货架：$H \geqslant 10$ m。

6. 按货架功能分类

（1）托盘式货架：由柱片、横梁等构件组成，也称横梁式货架，主要用于存放托盘式装载单元。

（2）搁板货架：搁板作为直接承载构件。

（3）驶入式货架：用于储存少品种大批量的装载单元，叉车可以驶入存储区域进行存取作业。

(4) 悬臂式货架：有悬伸构件直接承载货物的货架。

(5) 重力式货架：装载单元在自身重力的作用下，沿设置在货架上的滚筒组成的滚道下滑的货架。

(6) 流利式货架：小型装载单元等靠自重沿流利条下滑的货架。

(7) 压入式货架：把装有装载单元的小车，从出入口沿轨道依次压入到货架中存放，在重力的作用下取货时，小车沿轨道下滑，再依次取出装载单元。压入式货架也称后推式货架。货物存放方式：先进后出。

(8) 移动式货架：可在轨道上移动的货架。

(9) 阁楼式货架：具有两层或多层以上工作通道的货架。

(10) 抽屉式货架：抽屉可沿轨道方向抽出或推进的货架。

(11) 旋转式货架：装载单元能在垂直或水平方向循环移动的货架。

三、常用货架

1. 抽屉式货架

抽屉式货架的层格中有抽屉，抽屉底部设有滚轮轨道，抽屉板承载后仍能自如地拉动。抽屉式货架整体采用拼装结构，运输方便，组装简单、快捷。抽屉式货架如图2-12所示。

图2-12 抽屉式货架

2. 悬臂式货架

采用悬臂式货架时，物料被存放在固定于后立柱的悬臂梁上，适用于保管管材、型钢、铝型材、塑钢材等长大的物料，一般与具有长大物料侧向装卸功能的侧面叉车、巷道堆垛起重机等配套使用。悬臂式货架如图2-13所示。

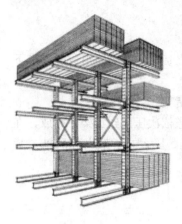  

图 2-13 悬臂式货架

（1）悬臂式货架的特点：边开式货架，可两边存放货物，但不便于机械化作业，存取货作业强度大。

（2）悬臂式货架的用途：存放轻质长条形材料，可人力存取操作；重型悬臂式货架用于存放长条形金属材料。

3. 托盘式货架

托盘式货架专门用于存放堆码在托盘上的货物，以托盘单元货物的方式来保管货物的货架，又称工业货架，是机械化、自动化货架仓库的主要组成部分。这种货架刚性好、自重轻，层高可自由调节，适合规模化生产，成本低，运输和安装便利，并易于实现模块化设计，目前已是工业企业各类货架仓库的主流。

（1）托盘式货架的结构。托盘式货架是用钢材或钢筋混凝土做成的单排或双排货架，适用于品种中等、批量一般的托盘货物的储存，高度为 6 m 以下，以 3～5 层为宜。托盘式货架的装卸方式：高层托盘式货架用巷道堆垛机自动存取货；低层托盘式货架用叉车存取货。

（2）托盘式货架的特点。托盘式货架可以避免托盘货物直接堆码时的挤压、损坏等现象，货架存取货方便，可实现机械化作业，便于计算机管理，拣货效率高，能实现先进先出，但储存密度低，需较多的通道。托盘式货架如图 2-14 所示。

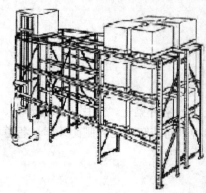 

图 2-14 托盘式货架

4. 驶入式货架

驶入式货架也称贯通式货架，或者通廊式货架，为储存大量同类的托盘货物而设计。托盘一个接一个按深度方向存放在支撑导轨上，增大了储存密度，提高了空间利用率。这种货架通常运用于储存空间昂贵的场合，如冷冻仓库等。驶入式货架有4个基本组成部分：框架、导轨支撑、托盘导轨和斜拉杆。这种货架仓库利用率高，可实现先进先出，或先进后出，适合储存大批量、少品种货物的批量作业，可用最小的空间提供最大的存储量。叉车可直接驶入货道内进行货物存取，作业极其方便。图2-15为驶入式货架。

图2-15　驶入式货架

5. 移动式货架

移动式货架是在货架的底部有运行车轮，可在地面上运行的货架。移动式货架适用于库存品种多，出入库频率较低的仓库；或库存频率较高，但可按巷道顺序出入库的仓库。

（1）移动式货架的特点。

① 减少了通道数（只留一条通道位置即可），提高了仓库利用率。

② 货物存取方便，可先进先出，易于控制，安全性好。

③ 建造成本较高，维护比较困难。

④ 主要适用于仓库面积有限，数量众多的货物的存储。

（2）移动式货架的用途。移动式货架主要用于小件、轻体货物的存取（也可采用大型设备制成的可存取大重量物品的移动式货架），尤其适用于环境条件要求高、投资大的仓库，如图2-16所示。

图2-16　移动式货架

6. 阁楼式货架

阁楼式货架为全组合式结构，可采用木板、花纹板、钢板等材料做楼板，造价低，施工快，可灵活设计成二层及多层，适用于五金工具、电子器材、机械零配件等物品的小包装散件储存。阁楼式货架用于存放多品种、小批量货物，可充分利用空间。当场地有限，货物品种繁多、数量少时，它能在现有的场地上增加几倍的利用率，可配合使用升降机操作。

阁楼式货架的特点包括：有效增加空间利用率；上层不适合重型搬运设备行走；存取作业效率低；用于仓库场地有限而存放物品品种很多的仓库；用于存放储存期较长的中小件货物。阁楼式货架如图 2-17 所示。

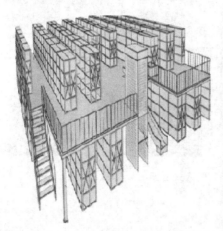

图 2-17 阁楼式货架

7. 重力式货架

在重力式货架每层的通道上，都安装有一定坡度的、带有轨道的导轨，入库的单元货物在重力的作用下，由入库端流向出库端。重力式货架用于大量货物的存储，以轻型重力式货架作为拣选式货架用于配送中心、商店的拣选配货操作。重力式货架如图 2-18 所示。

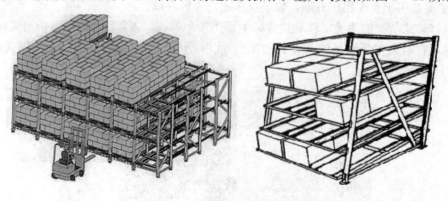

图 2-18 重力式货架

1) 重力式货架结构原理

(1) 存货通道具有一定的坡度。装入通道的货物单元能够在自重作用下，自动地从入库端向出库端移动,当货物到达通道的出库端或者碰上已有的货物单元时停住。

(2) 当位于通道出库端的第一个货物单元被取走之后,位于它后面的各个货物单元便在重力的作用下依次向出库端移动。

(3) 由于在重力式货架中每个单位存货通道只能存放同一种货物,因此这种类型的仓库适用于品种较少而数量较多的货物的存储。

这样的仓库,在排与排之间没有作业通道,大大提高了仓库面积利用率。但使用时,同一排、同一层上的货物最好是相同的货物或一次同时入库和出库的货物。当通道较长时,在导轨上应设置制动滚道,以防止终端加速度太大。

2) 重力式货架的特点

(1) 单位面积库容量大(通道数量少,库位密度与移动式货架相近)。

(2) 固定了出入库位置,出入库工具运距短。

(3) 出入库作业分离,互不干扰,有利于实现专业化、高效率。

(4) 绝对保证货物的先进先出。

(5) 拣选货作业面小,拣选效率高。

8. 旋转式货架

旋转式货架又称为回转式货架。在拣选货物时,取货者不动,通过货架的水平、垂直或立体方向回转,使货物随货架移动到取货者的面前。这种货架的存储密度大,货架间不设通道,与固定式货架相比,可以节省占地面积30%~50%。由于货架转动,拣货线路简捷,拣货效率高,拣货时不容易出现差错。根据旋转角度的不同,旋转式货架可分为垂直旋转式货架和水平旋转式货架两种形式。旋转式货架适用于多品种小件货物的存储保管和摘取式拣货方式。存取货物时,应根据计算机或控制盘下达的货格指令,使货格以最近的距离自动旋转到拣货地点。

1) 垂直旋转式货架

垂直旋转式货架的结构类似于提升机,在提升机的两个分支上悬挂有成排的货格,提升机可正、反转,货格可升、降和翻转。垂直旋转式货架的特点:占地空间小,存放品种多(最多1 200种);货格的小隔板可拆除,可存放各类长度的货物;正反面设拣货台,通过控制按钮及联动系统使货层经最短距离送至选货点。垂直旋转式货架的用途:适用于多品种、拣选频率高的货物;取消货格,改变成支架可用于成卷的货物。图2-19为垂直旋转式货架。

图2-19 垂直旋转式货架

2) 水平旋转式货架

（1）多层水平旋转式货架。多层水平旋转式货架是将货格固定在一架空的环形轨道上，它们可沿轨道循环移动。最佳长度10～20 m，高2～3.5 m；单位货位载重量200～250 kg，回转速度20～30 r/min。多层水平旋转货架的特点：各层可独立旋转，每层有各自的轨道，用计算机控制时可同时执行几条指令，使货物由近至远依次到达拣选点。多层水平旋转货架的用途：适用于出入库频率高、多品种拣选的配送中心。

（2）整体水平旋转式货架。整体水平旋转式货架是由多排货架联结而成，每排做步进式整体移动，每排可放同一品种不同包装大小的货物，有利于计量，在拣选的同时可完成分货的功能；也可在每排不同货格中存放互相配套的物品，每次拣选一组物品。整体水平旋转式货架的特点：动力消耗大，不适于拣选频率太高的作业，在需要成组拣选或顺序拣选时较合适，适用于小型分货领域的分货式货架。图2-20为整体水平旋转式货架。

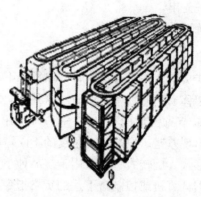

图2-20 整体水平旋转式货架

任务三 装卸搬运设备

一、手推车

手推车（hand cart）是一种以人力为主，在路面上水平输送物料的搬运车，如图2-21所示。手推车的特点是价廉、轻巧、易操作、回转半径小，适于短距离搬运轻型物料。因运输物料的种类、性质、重量、形状、行走线路条件及作业内容不同，可选用不同类型的手推车。在选择和使用手推车时，应考虑物料的形状及性质。当搬运多品种货物时，应考虑采用通用手推车；当搬运单一品种货物时，则应尽量选用专用手推车，以提高作业效率。此外，在选择和使用手推车时，还应考虑载重量及运距，由于手推车是以人力为动力的搬运工具，载重量和运距不宜太大。手推车多用于仓库内外的物料装卸或车间内各工序间的搬运作业。

图 2-21 手推车

二、托盘搬运车

托盘搬运车是一种轻小型搬运设备，它有两个货叉似的插腿，可插入托盘自由叉孔内。插腿的前端有两个小直径的行走轮，用来支撑托盘货物的重量。托盘搬运车广泛应用于仓库内外的物料装卸或车间内各工序间的搬运作业。

1. 手动托盘搬运车

在使用手动托盘搬运车（hand jack）时，将货叉插入托盘孔内，由人力驱动液压系统来实现托盘货物的起升和下降，并由人力拉动完成搬运作业。它的费效比很高，是日常托盘运输中最常见的装卸搬运工具。手动托盘搬运车如图2-22所示。

图 2-22 手动托盘搬运车

2. 电动托盘搬运车

电动托盘搬运车由外伸在车体前方的、带脚轮的支腿来保持车体的稳定，正上方可以做微起升，使托盘货物离地进行搬运作业，其特点是作业安静、不起尘，大量用于库房内部或车间内的物料搬运。电动托盘搬运车分站驾式电动托盘搬运车和坐驾式电动托盘搬运车，见图2-23。

图 2-23　电动托盘搬运车

三、固定平台搬运车

固定平台搬运车，是具有较大承载物料平台的搬运车。载货平台距地面低，装卸方便；结构简单，价格低；轴距、轮距较小，作业灵活，一般用于库房内、库房与库房之间、车间与车间之间、车间与仓库之间的运输。

四、叉车

叉车又名铲车、装卸车，由直行的轮胎、垂直升降、前后倾斜的货叉，以及门架等组成，具有装卸、起重及运送等方面的综合功能，能把水平运送和垂直升降有效结合起来。叉车具有较高的标准化程度和通用性，被广泛应用于成件和成箱货物的装卸、堆垛，以及短途搬运、牵引和吊装工作。叉车的主要性能参数包括：额定起重量、载荷中心距、叉车全高、最大起升高度、自由起升高度和最小转弯半径等。

叉车的特点：机械化程度高；机动灵活性好；可以"一机多用"；能够提高仓库容积的利用率；有利于开展托盘成组运输和集装箱运输；成本低、投资少，能获得较好的经济效益。

叉车的种类很多，按照所用动力的不同可将叉车分为内燃机式、蓄电池式和无动力叉车；按照用途的不同可将叉车分为通用叉车和专用叉车；按照构造的不同可将叉车分为正面式、侧面式和转柱式叉车等。下面介绍几种仓库常用的叉车。

1. 平衡重式叉车

平衡重式叉车的货叉位于叉车前部，为了平衡货物重量产生的倾翻力矩，在叉车的后部装有平衡重，以保持叉车的稳定。平衡重式叉车是目前应用最广泛的叉车，占叉车总量的80%左右。平衡重式叉车如图 2-24 所示。

图 2-24　平衡重式叉车

项目二　仓储设施设备的配置与使用

2. 前移式叉车

前移式叉车有两条前伸的支腿。取货或卸货时，门架可由液压系统推动，移到前轮之外；运行时，门架缩回车体内，因此货物的重心落到车辆的支撑平面内，稳定性很好。前移式叉车如图2-25所示。

图2-25　前移式叉车

3. 侧面式叉车

平衡重式叉车的门架和货叉在车体的一侧即侧面式叉车，门架可以伸出取货，然后缩回车体内，将货物放在平台上即可行走，适于装卸搬运钢管、型材、木材、电线杆、水泥管等细长货物。侧面式叉车如图2-26所示。

4. 转柱式叉车

转柱式叉车的特点是转弯半径小，作业所需的货架通道窄，门架可实现正反转90°。转柱式叉车如图2-27所示。

图2-26　侧面式叉车　　　　图2-27　转柱式叉车

五、堆垛机

堆垛机是专门用来堆码货垛或提升物品的机械。普通仓库使用的堆垛机（又称上架机）是一种构造简单、用于辅助人工堆垛、可移动的小型物品垂直提升设备。

堆垛机于1960年左右出现在美国，随着计算机控制技术和自动化立体仓库的发展，其应用越来越广泛，技术性能越来越好，高度也在不断增加。到目前为止，堆垛机的高度可达40 m。事实上，如果不受仓库建筑和费用的约束，堆垛机的高度可以不受限制。堆垛机如

图 2-28 所示。

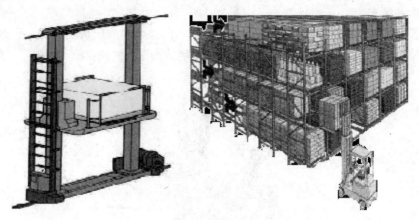

图 2-28 堆垛机

1) 堆垛机的类型

（1）按有无导轨分：有轨和无轨堆垛机。

（2）按高度不同分：低层型堆垛机是指提升高度在 5 m 以下的堆垛机，中层型堆垛机是指提升高度在 5～15 m 的堆垛机，高层型堆垛机是指提升高度在 15 m 以上的堆垛机。

（3）按驱动方式分：上部驱动式、下部驱动式和上下部结合驱动式堆垛机。

（4）按自动化程度分：手动、半自动和自动堆垛机。

2) 堆垛机的工作特点

（1）桥式堆垛机是用于高架仓库存取作业的一种仓库作业机械，也适用于无货架的堆垛作业，主要适用于高度在 12 m 以下的仓库。

（2）巷道堆垛机是在高层货架的窄巷道内作业的起重机，是自动化仓库的主要设备，又称有轨堆垛机。作业高度为 6～24 m，最高可达 40 m。

六、装卸起重机

装卸起重机（简称起重机）适用于装卸大件笨重物品，借助各种吊索具也可用于装卸其他物品，同时，起重机也是唯一以悬吊方式装卸搬运物品的设备。其吊运能力较大，一般为 3～30 t。最常用的起重机有龙门起重机、桥式起重机和汽车起重机等。

1. 轻小型起重设备

轻小型起重设备包括千斤顶、滑车、起重葫芦、卷扬机等，一般只有升降机构（卷扬机也可做水平移动）。

2. 桥式起重机

桥式起重机包括通用桥式、龙门式、装卸桥等，由起升机构、大车运行机构、小车运行机构组成。图 2-29（a）为桥式起重机，图 2-29（b）为龙门式起重机。

3. 臂架起重机

臂架起重机包括门座式、汽车吊、轮胎吊、铁路吊等，由起升、旋转、变幅和行走 4 大机构组成，见图 2-30。

（a）桥式起重机　　　　　　（b）龙门式起重机

图 2-29　桥式类起重机　　　　　　　　　图 2-30　臂架起重机

七、连续输送机

连续输送机在工作时连续不断地沿同一方向输送散料或重量不大的单件物品，装卸过程无须停车。其优点是生产效率高，设备简单，操作简便。其缺点是一定类型的连续输送机只适合输送一定种类的物品（散料或重量不大的成件物品），不适合搬运很热的物料或形状不规则的单元货物；只能沿着一定路线定向输送，因而在使用上有一定的局限性。

根据构造的特点，连续输送机可分为两大类：一类是带有挠性牵引件的连续输送机，如皮带输送机、链条输送机、悬挂输送机及斗式提升机；另一类是没有挠性牵引件的输送机，如螺旋输送机、振动输送机、辊道输送机及气力输送机等。仓库中可以运用的输送机主要是辊道输送机、皮带输送机、链条输送机和悬挂输送机等。几种常见的连续输送机如图 2-31～图 2-34 所示。

图 2-31　托辊胶带输送机　　　　　　　　图 2-32　辊筒式输送机

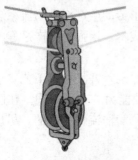 

图 2-33　悬挂输送机　　　　　　　　　　图 2-34　链条输送机

八、自动导引车

1. 自动导引车的概念

自动导引车（automatic guided vehicle，AGV）是一种物料搬运设备，能在某一位置自动进行货物的装载，然后行走到另一位置完成货物的卸载。系统集中控制和计算机管理优化了自动导引车的作业过程：发出搬运指令，控制自动导引车的路线及跟踪输送中的各种信息，完全实现全自动作业，即自动识别、自动运输、自动检测、自动搬运、自动存取、自动信息交换和自动监控等。自动导引车如图2-35所示。

图2-35 自动导引车

2. 自动导引车的作用

应用自动导引车代替传统的人工搬运方式，大大促进了企业的技术进步，改善了工作条件和工作环境，提高了自动化生产水平，有效地解放了劳动生产力，减轻了工人的劳动强度，缩减了人员配备，优化了生产结构，节约了人力、物力、财力。

3. 自动导引车的类型

（1）不同类型的自动导引车具有不同的导引、导航方式：电磁导引、光学导引和磁带导引、坐标导引、复合导引，激光导航、惯性导航、视觉导航、GPS导航等。

（2）根据装卸物料方式不同，自动导引车可分为料斗式、轨道输送式、直升降式、车式。

4. 选择自动导引车应注意的事项

自动导引车的应用代替传统的人工搬运方式，大大提高了劳动生产率及物流系统的自动化水平，以及生产全过程中各个环节的准确性，降低了生产成本，增强了生产过程中的灵活性，更能适应现代化的管理方式。

应以满足用户生产指标及为用户将来的发展留下余地为原则，并且根据工艺要求、需搬运产品的重量尺寸，选择AGV的导引方式、小车尺寸、承载能力、充电方式。在已有的空间内，应按照系统要求，安排最佳物流路线，达到路径最短、简洁流畅的目的，尽量避免外界干扰，以便提高效率，降低运营成本。

项目二 仓储设施设备的配置与使用

知识拓展

3S 技术

3S 技术是遥感技术（remote sensing, RS）、地理信息系统（geography information system, GIS）和全球定位系统（global positioning system, GPS）的统称，是空间技术、传感器技术、卫星定位与导航技术和计算机技术及通信技术相结合，多学科高度集成的对空间信息进行采集、处理、管理、分析、表达、传播和应用的现代信息技术。以 RS、GIS、GPS 为基础，将 RS、GIS、GPS 三种独立技术中的有关部分有机集成起来，构成一个强大的技术体系，可实现对各种空间信息和环境信息进行快速、机动、准确、可靠的收集、处理与更新。

自我测试

一、填空题

1. 托盘的特点有：_____、_____、_____。
2. 托盘货物的装盘堆码方式有：_____、_____、_____、_____。
3. 按用途来分，集装箱分为：_____、_____、_____、_____、_____、_____、_____。
4. 按装载单元荷载量分类，货架可分为：_____、_____、_____。
5. 根据装卸物料方式不同，自动导引车可分为：_____、_____、_____、_____。

二、单选题

1. 用于集装、堆放货物以便货物装卸搬运和运输的水平平台装置是（ ）。
   A. 货架　　　　B. 起重机　　　　C. 叉车　　　　D. 托盘
2. （ ）是专门用于存放堆码在托盘上的货物的传统货架。
   A. 移动式货架　　　　　　　　B. 悬臂式货架
   C. 托盘式货架　　　　　　　　D. 旋转式货架
3. （ ）适用于保管管材、型钢、铝型材、塑钢材等长大的物料。
   A. 托盘式货架　　　　　　　　B. 阁楼式货架
   C. 抽屉式货架　　　　　　　　D. 悬臂式货架
4. 装载单元每层通常承载在 150 kg 以下的货架是（ ）。
   A. 轻型货架　　B. 中型货架　　C. 重型货架　　D. 起重型货架
5. 尤其适用于多品种小件货物的存储保管的货架种类是（ ）。
   A. 自动货架　　B. 旋转式货架　　C. 移动式货架　　D. 托盘式货架
6. 不保证货物先入先出的货架是（ ）。
   A. 重力式货架　　B. 移动式货架　　C. 托盘式货架　　D. 压入式货架
7. 专门用来堆码货垛或提升物品的机械是（ ）。
   A. 堆垛机　　B. 叉车　　C. 托盘搬运车　　D. 手推车

8. 能在某一位置自动进行货物的装载,然后行走到另一位置完成货物的卸载的物料搬运设备装置是(   )。
   A. 输送机   B. 起重机   C. 叉车   D. 自动导引车
9. 货架每层的通道上,都安装有一定坡度的、带有轨道的导轨,入库的单元货物在重力的作用下,由入库端流向出库端,这种货架是(   )。
   A. 重力式货架   B. 旋转式货架
   C. 阁楼式货架   D. 驶入式货架

三、多选题

1. 托盘的特点包括(   )。
   A. 机械化程度高   B. 操作效率高
   C. 货物防盗性能好   D. 操作方便
   E. 投资少,收益快
2. 托盘货物的紧固方法有(   )。
   A. 捆扎   B. 粘接紧固   C. 加框架紧固   D. 网罩紧固
   E. 专用金属卡固定
3. 货架的基本功能是(   )。
   A. 便于存储规格复杂多样的货物   B. 有效保护货物
   C. 提高仓库空间的利用率   D. 减少装卸搬运的投入
   E. 有利于实现仓储系统的自动化管理
4. 旋转式货架有多种形式,按照旋转角度的不同,可以分为(   )两种。
   A. 垂直旋转式货架   B. 整体旋转式
   C. 分层旋转式   D. 水平旋转式货架   E. 阁楼式货架
5. 按照托盘的构成材料来分,托盘可以分为(   )。
   A. 木托盘   B. 塑料托盘   C. 金属托盘   D. 纸托盘
   E. 复合材料托盘
6. 集装箱的定义中包含的因素有(   )。
   A. 具有足够的强度,在有效使用期内可以反复使用
   B. 适于一种或多种运输方式运送货物,途中无需倒装
   C. 设有供快速装卸的装置,便于从一种运输方式转移到另一种运输方式
   D. 便于箱内货物装满和卸空
   E. 内容积等于或大于 1 m^3 (35.3 ft^3)
7. 叉车的主要性能参数包括(   )。
   A. 额定起重量   B. 载荷中心距   C. 叉车全高   D. 最大起升高度
   E. 自由起升高度和最小转弯半径
8. 仓库中常用的叉车有(   )。
   A. 平衡重式叉车 B. 前移式叉车 C. 侧面式叉车 D. 转柱式叉车
   E. 窄通道叉车
9. 移动式货架的优点有(   )。

A. 减少了通道数（只留一条通道位置即可），提高了仓库利用率
B. 货物存取方便，可先进先出，易于控制，安全性好
C. 建造成本较高，维护比较困难
D. 主要适用于仓库面积有限，数量众多的货物的存储
E. 不用时可叠放

10. 重力式货架的缺点是（　　）。
A. 适用于大批量、少品种的配送中心使用
B. 货物进出库作业时，叉车或堆垛机的行程最短
C. 投资成本高
D. 对托盘及货架的加工技术要求高
E. 绝对保证货物的先进先出

四、问答题

1. 简述仓库中常用的货架种类、特点及用途。
2. 仓库中常用的叉车有哪些？其各自有什么特点？
3. 什么是重力式货架？它有哪些特点？重力式货架的结构原理是什么？
4. 输送机有哪些类型？其各自有什么特点？
5. 自动导引车有哪些类型？它有什么作用？选择自动导引车应注意哪些事项？

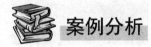
案例分析

沃尔玛快速响应的物流信息技术

沃尔玛之所以成功，很大程度上是因为它至少提前 10 年（与竞争对手比较）将尖端科技和物流系统进行了巧妙搭配，控制公司的物流，提高配送效率，以速度和质量赢得用户的满意度和忠诚度。

（1）全球第一个物流数据的处理中心。沃尔玛在全球第一个实现集团内部 24 小时计算机物流网络化监控，使采购库存、订货、配送和销售一体化。例如，顾客到沃尔玛店里购物，通过 POS 机打印发票，负责生产计划、采购计划的人员及供应商的计算机上就会同时显示信息，各个环节的人员就会基于所收到的信息及时完成本职工作，从而减少了很多不必要的时间浪费，加快了物流的循环。

（2）独领风骚的卫星通信系统。早在 20 世纪 80 年代，沃尔玛就建立起自己的商用卫星通信系统。在强大的技术支持下，如今的沃尔玛已形成了"四个一"（"天上一颗星"——通过卫星传输市场信息；"地上一张网"——有一个便于用计算机进行管理的采购供销网络；"送货一条龙"——通过与供应商建立的计算机化连接，供货商自己就可以对沃尔玛的货架进行补货；"管理一棵树"——利用计算机网络把顾客、分店或山姆会员店和供货商像一棵大树一样有机地联系在一起）。

（3）射频识别技术。射频识别（RFID）技术是一种非接触式的自动识别技术，它通过射频信号自动识别目标对象并获取相关数据，识别工作无须人工干预，可在各种恶劣环境中

工作。沃尔玛在全世界已安装了约 5 000 个 RFID 系统，实际年销售额约为 9.64 亿美元。凭借这类物流信息技术，沃尔玛如虎添翼，取得了长足的发展。沃尔玛运用科技手段促进业务发展为各界树立了成功的典范。

在高科技的基础上，沃尔玛可以把成本降到最低，实现"天天平价"的目的。同时，其与供应商的关系更加密切：供应商可以进入沃尔玛的这套电子数据交换系统中，了解自己的产品销售情况，从而有计划地组织生产，大大降低因盲目生产导致产品积压而带来的损失。

资料来源：http://wlzb.chinawuliu.com.cn/zylt/ShowArticle.asp？ArticleID＝1013。

问题：1. 沃尔玛运用哪些物流信息技术控制公司的物流，提高配送效率？
　　　2. 在强大的技术支持下，如今的沃尔玛已形成了哪"四个一"？
　　　3. 什么是 RFID？它在仓储与配送中有什么作用？

项目实施

情境实训一　仓储设施设备的选择和购置

一、情境描述

根据陆通物流配送中心业务定位，王刚、赵强、林森三人认为仓储应当以先进的技术、优秀的管理为基础，因而他们在仓储设施设备的购置上遵循的原则是"实用性强、效率高、成本低"。对于仓储设施设备应定期投入资金购买，但目前应先少量购买，能使仓储活动运转起来即可。

二、实训目的

能够解释常用仓库设备的原理、用途等；熟悉仓储设施设备配置原则；合理选择仓库设备。

三、实训内容

装卸搬运设备的配置；自动分拣设备的配置；集装单元设备的配置；货架设备的配置等。

四、实训条件

1. 采购方式（电子采购）。
2. 采购的原则：质量较高，价格合理等。
3. 采购品种（进什么货）：采购商品的品种目录及其用途。
4. 采购渠道（从哪里进货）：采购渠道建议，如从生产厂家进货、从批发商进货，或者从零售商买入。

五、实训步骤

1. 设备购置分析。在具体操作过程中，有太多的设备系统可以选择。例如，对于简单的一个收货、上架作业，可以选择的设备就包括动力输送系统、无动力输送系统、伸缩输送机、平衡重式叉车、前移式叉车、手动液压托盘车等。具体到某一种设备，如叉车，又有多种品牌可供选择。在这种情况下，详细列明作业分析要素是一个有效的办法。在卸货作业分析中，应列举机械要求、空间需求，以确认没有遗漏任何要素，再以此为出发点，着手制订设备/系统方案。

2. 制订设备选择方案。设备规划的目的不是确定设备的详细规格，而是确定设备的一般分类。例如，对于货架设备，首先要确定选择托盘式货架还是悬臂式货架；然后，再制订更详细的规格形式，如镀锌还是表面喷塑工艺。平时必须注意关于各项物流设备知识的积累。对于比较复杂的系统需求，求助于专业的物流规划顾问是世界范围内的通行做法。

3. 评估备选设备方案。方案评估过程中，最重要的一点是定量（经济评估）与定性分析相结合。对于设备方案的经济评估，首先是成本计算。通常，成本分两类：投资成本和年运行成本。最普遍的投资成本是设备的采购费用。年运行成本是使用设备过程中不断发生的费用。典型的年运行成本项目包含物流作业人员的工资、设备维护费用、税和保险费等。

4. 选择设备和供货商。通常这个阶段的重要工作是说明设备需求的详细规格，以及接触供应商，详细咨询供应商资质及设备的说明。

5. 设备购置。

（1）根据仓库设置情况、仓储运作活动等设计设备购置方案，包括每种设备的购置数量、费用预算等。

（2）采购方式是电子采购。上网寻找供应商，与其进行谈判，每种设备或商品要求货比三家，尝试与多家供应商联系，并分别获得不同批量下的报价。

（3）查看现在的仓库装卸搬运设备、自动分拣设备、集装单元设备、货架设备的配置等，下载设备图片（或是商品图片）制成幻灯片（PPT）。

（4）组织学生展示收集到的相关设备的信息，相互交流并进行问答，让学生深入了解设备的用途、价格等。

六、作业题

1. 收集不同种类的货架图片和价格信息，制成PPT。
2. 收集不同种类的托盘、集装箱图片和价格信息，制成PPT。
3. 收集不同种类的装卸搬运设备，如巷道堆垛机、搬运车等的图片和价格信息，制成PPT。
4. 收集不同种类的计量检验设备的图片和价格信息，制成PPT。
5. 根据仓储需要，将所有购买的仓储设施设备的名称及价格信息、厂家等内容编制成一览表，并进行仓储设施设备的成本核算。

情境实训二　仓储设施设备认知和使用

一、情境描述

在仓储设施设备购买后,陆通物流配送中心要求仓库相关员工学会其操作方法。

二、实训目的

1. 了解仓库常用设备的原理、用途等,熟悉仓储日常作业。
2. 了解仓库中的各种装卸搬运设备,如叉车、起重机等的结构特点、管理方式、正确操作方法及不合理操作的常见表现形式。
3. 了解仓库中的各种承载器具,如托盘、集装箱等的结构特点、使用及管理方式。
4. 掌握仓库常用设备的基本结构、特点和使用原理,并能够进行基本操作和管理,了解仓储设备正常运转的含义及影响因素,掌握基础设施设备的操作规范。

三、实训内容

仓库各种货架的结构及使用方法;仓库各种承载器具的结构及使用方法;仓库各种装卸搬运设备的结构及使用方法。

四、实训条件

教师讲解各种设备的使用方法;播放各种设备的使用视频;组织学生到物流实训室的叉车及货架库区观摩;进行手动液压叉车、电动叉车、起重机、堆垛机、托盘、集装箱等的实践操作。

五、实训步骤

1. 教师带领学生到物流实训室(实训基地),并强调本次实训的注意事项。
2. 教师带领学生认识仓储设施设备,介绍自动化立体仓库、AGV、RF、叉车、液压推高机、堆垛机、手动和自动打包机等设备的性能及用途等,示范设备的操作,强调操作要领和易出现操作不当或失误的环节与位置。
3. 将学生分成若干个小组,每组大约10人,每组承担一个类别的设备的实训任务,根据教师的要求,熟悉各类设备:①各种货架的认知及使用;②托盘的认知及使用;③叉车、起重机的认知及使用。
4. 学生记录本次实训主要内容,各小组经讨论提出问题,教师按时间分配及时解答。
5. 做好实训记录,总结学习的收获及心得体会。

六、作业题

1. 能够熟练使用手动液压叉车。
2. 列举几种仓储设施设备的性能特点及操作规范。
3. 撰写一份电子版的实训总结报告。

情境实训三　自动化立体仓库的设备使用

一、情境描述

陆通物流配送中心计划设计自动化立体仓库，请确定自动化立体仓库的面积、高度、所需设备等，并学会操作自动化立体仓库的设备。

二、实训目的

掌握自动化立体仓库的构成及其优缺点；了解自动化立体仓库的各种设备工作原理、流程等；熟悉操作自动化立体仓库的商品出入库流程。

三、实训内容

1. 学习自动化立体仓库的有关知识。
2. 了解自动化立体仓库的设备构成。学习立体货架、出入库托盘、堆垛机、输送机、条码阅读系统、通信系统、自动控制系统、计算机监控系统、中央计算机管理系统及其他辅助设备的功能。
3. 让学生动手操作自动化立体仓库的模拟设备。

四、实训条件

1. 利用网络搜集自动化立体仓库的有关内容，学习其构成及使用说明。
2. 物流实训室（或自动化立体仓库企业）。
3. 自动化立体仓库模拟操作。

五、实训步骤

学习自动化立体仓库的设备的功能和作用；上网搜集各种自动化立体仓库的优缺点；了解自动化立体仓库的入库、出库操作流程。

六、作业题

1. 上网搜集各种自动化立体仓库的图片，并学习各种类型自动化立体仓库的功能和作用。
2. 请写出自动化立体仓库的入库和出库操作流程。
3. 为陆通物流配送中心的自动化立体仓库编写建设方案（包括占地面积、高度设计、设施设备的购买和预算）。

项目三

货物入库作业管理

【项目说明】

仓储作业管理以存储、保管活动为中心,从仓库接收商品入库开始。仓储商务管理是仓储经营者以营利为目的,利用现有仓储能力为他人储存和保管仓储物及提供相关增值服务的筹划与管理活动。仓储商务管理的效率与质量,直接决定着仓储企业的市场开拓能力与经营能力。本项目主要对仓储商务管理的内容、方法、仓储合同管理、仓单的内容进行阐述。货物入库作业是仓储业务的头道工序,学习入库货物的接货、装卸搬运、验收入库等作业流程,做好储存计划,为其在仓库中存储打下良好的基础。

仓储作业过程实际上包含了实物流过程和信息流过程,自动化与信息化是仓储管理与作业现代化的两大标志。本项目通过对条码技术、无线射频识别技术、仓储管理系统等几种仓储自动化和信息化技术的介绍,旨在让学生在了解各种自动化技术的同时,对仓储作业管理有进一步的认识。

【知识目标】

1. 掌握仓储商务管理的概念、主要内容。
2. 掌握仓储合同条款的签订及合同当事人的权利与义务。
3. 明确仓单的概念、性质、功能、形式与内容。
4. 熟悉货物接运、验收入库作业流程。
5. 了解条码技术、无线射频识别技术等仓库信息技术的原理及应用。

【能力目标】

1. 能够描述仓储合同签订的过程,正确书写和签订仓储合同。
2. 能够在短时间内顺利完成仓单的签发过程和仓单的使用。
3. 具备入库作业的操作能力。
4. 能够应对和处理实际工作中货物入库作业可能出现的问题。
5. 具备基本的信息系统操作能力。

项目三 货物入库作业管理

"沱沱工社"的冷链物流平台

"沱沱工社"建立"有机,天然,高品质"食品销售的垂直生鲜电商平台,整合了新鲜食品生产、加工、网络销售及冷链日配等各相关环节,成为中国有名的生鲜电商企业之一,满足了北京、上海等一线城市的中高端消费者对安全食品的需求。沱沱工社自建有近万平方米集冷藏、冷冻库和加工车间为一体的现代化仓储配送物流中心,打造冷链物流配送平台。冷链的最终目的是保证食品品质,解决食品安全问题。基于这个前提,沱沱工社在北京自建供应链体系,并搭建了全程冷链宅配体系。

沱沱农场每日采摘新鲜蔬菜,并在产地进行预冷,预冷之后进行加工包装,然后通过冷藏车运到位于顺义的物流中心,整个过程是完全标准化作业。另外,沱沱工社对其他供应商的商品也进行严格把控,监督其配置专业冷藏设备及采用冷链措施运输。商品到达物流中心后,需进行品质检验,所有蔬菜水果等需进入实验室进行农残检验。符合标准的商品才能入库。

通过沱沱工社严格的验收入库流程,商品进入四温区存储库区。存储库区外面为低温车间(0~4℃),果蔬在低温车间进行人工加工、分拣、包装。在客户下订单之后,系统会按照客户所订商品的特性,自动拆分为三个温区的订单,工作人员进入对应温区的车间进行订单的拣货、配货、扫描、打包。在这个过程中,调度中心全程进行温度监控,同时每个环节都有品控抽检,以确保冷链状态不变化,确保商品品质不发生变化。

各温区的订单对应相应的中转冷藏车辆,由中转冷藏车辆运输到分拨中心,再由分拨中心发送到配送站点。配送站点均在室内作业,并配备专业的冷藏设备,保证配送货品处于低温状态。最后由站点通过最后一公里冷链宅配物流直接送到客户手中。整个过程采用双重保温,即冷藏车车厢保持合适的低温状态,商品温度则由专业的中转包装箱控制。末端配送的电动三轮车也采用类似做法,三轮车内部经过改装,具备保温效果,内置冷媒,降低环境温度,商品温度由专业冷藏箱控制。以上所述双重温度的保障实现了生鲜食品的全程冷链配送。

资料来源:https://wenku.baidu.com/view/ed7d1b70804d2b160b4ec080.html?sxts=1523495039854.

问题与思考:

1. 货物接运的方式有几种?货物接运的步骤是怎样的?
2. 装卸搬运作业的构成有哪些?装卸搬运合理化应遵循哪些原则?
3. 结合案例分析沱沱工社在打造新鲜食品冷链物流过程中是怎样进行货物接运及入库作业的?

项目任务

任务一　仓储合同概述

仓储商务管理是仓储经营者以营利为目的,利用现有仓储能力为他人储存和保管仓储物及提供相关增值服务的筹划与管理活动。仓储商务管理的主要内容有:市场调查和市场宣传、积极营销和商机选择、商务谈判、仓储合同的订立、保管人接收货物和保管货物、客户关系管理等。本任务重点介绍仓储合同。

一、仓储合同的概念和特征

1. 仓储合同的概念

仓储合同是存货人和保管人为加速货物流通、妥善保管货物、提高经济效益而明确相互权利和义务关系的协议。在仓储合同关系中,存入货物的一方是存货人,保管货物的一方是保管人,交付保管的货物为仓储物,又称标的物。

2. 仓储合同的特征

(1) 标的物必须为动产。存货人应当将仓储物交付保管人,由保管人按照合同约定进行储存和保管。因此,依合同性质而言,存货人交付的仓储对象必须是动产。换言之,不动产不能成为仓储合同的标的物。

(2) 保管人必须是仓库营业人。保管人必须是拥有仓储设备并从事仓储保管业务的仓库营业人。仓库营业人,可以是法人,也可以是个体工商户、合伙企业、其他组织等,必须具备仓储设备和从事仓储保管业务的资格。仓储设备是指可以用于储存和保管货物的必要设施,这是保管人从事仓储经营业务必不可少的基本物质条件。仓储设备须充分保证仓库实现对存货人所存放货品进行保管的基本目的,即应当至少满足储藏和保管物品的需要。从事仓储保管业务的资格是指保管人必须取得专门从事或者兼营仓储业务的营业许可,这是国家对保管人从事仓储保管业务的行政管理要求。在我国,保管人应当是在工商行政管理机关登记,从事仓储保管业务,并领取营业执照的法人或其他组织。

(3) 仓储合同是有偿合同。《中华人民共和国合同法》(以下简称《合同法》)第三百八十一条规定:"仓储合同是保管人储存存货人交付的仓储物,存货人支付仓储费的合同。"在第三百八十六条所规定的仓单的重要事项中仓储费为重要一项。第三百九十二条规定,如果存货人或者仓单持有人逾期提取仓储物,那么保管人应当加收仓储费。因此,仓储合同为双务性、有偿性的合同。

(4) 仓储合同为诺成合同。仓储合同为诺成合同,即双方当事人意思表示一致就可成立、生效的合同。《合同法》第三百八十二条规定:"仓储合同自成立时生效。"该条款确认了仓储合同为诺成合同,而不是等到仓储物交付时仓储合同才生效。

(5) 仓单是物权凭证。仓储合同约定存货人的货物已交付或行使返还请求权以仓单为凭证。仓储合同为非要式合同,既可以采用书面形式,又可以采用口头形式。在仓储合同中，存货人按照合同约定将仓储物交付保管人时，保管人应当给付仓单。仓单是表示一定数量、品种的货物已经交付的法律文书，是有价证券的一种，其性质当为记名的物权凭证。

二、仓储合同的订立

仓储合同的订立，是存货人与保管人之间依意思表示而实施的能够引起权利与义务关系发生的民事法律行为。根据《合同法》的规定，只要存货人与保管人之间依法就仓储合同的有关内容经过要约与承诺的方式达成意思表示一致，仓储合同即告成立。签订仓储合同一般要经过以下三步。

（1）要约。所谓要约，就是一方当事人向另一方当事人发出的以订立合同为目的而提出的合同条件。要约是特定的合同当事人所为的意思表示，它以具体的、足以使合同成立的主要条件为内容，向要约人希望与之缔结合同的相对人发出，并且表明一经对方承诺即受约束。

在仓储合同中，一般来说，要约的内容至少应当包括以下内容：标的物的数量、质量、仓储费用。即使没有具体的关于数量、质量和仓储费用表述，也应当可以通过具体的方式来确定这些内容。根据仓储合同的特点和现实环境，仓储合同的要约最好是书面发出，特别是对于大批货物的储存与保管，更要提出可行的储存计划。

（2）承诺。承诺是受要约人完全同意要约内容的意思表示。承诺必须是在要约的有效期限内作出，并与要约的内容完全一致。除受要约人之外的任何第三人所作的承诺不是法律上的承诺，而仅仅是一项要约，就像迟到的承诺只是要约一样。受要约人对要约内容的任何扩充、限制或者其他变更，都只能构成一项新要约，而非有效的承诺。

在仓储合同订立过程中，保管人一经承诺，仓储合同即告成立，且同时生效。也就是说，仓储合同是诺成合同，合同的成立与生效同时发生，该效力的发生基于一个有效的承诺。

（3）签约。由双方的法人代表签字，单位盖章。如果法人代表授权本单位的经办人员代理签订合同时，代理人应事先取得本单位的委托证明。如果法人代表之间代理签订合同，代理单位必须事先取得委托单位的委托证明，并根据授权范围以委托单位的名义签订，才对委托单位直接产生权利和义务。

三、仓储合同的条款

仓储合同为非要式合同，没有严格的条款规定，当事人根据需要商定合同事项。一般的具体条款如下。

（1）存货人、保管人的名称和地址。合同当事人是履行合同的主体，需要承担合同责任，需要采用完整的企业注册名称和登记地址或者主办单位地址。主体为个人的必须明示个人的姓名和户籍地或常住地（临时户籍地）。有必要时可在合同中增加通知人，但通知人不是合同当事人，仅仅履行通知当事人的义务。

（2）仓储物的品名或品类、数量、质量、包装。在仓储合同中，要明确地标明仓储物的品名或品类。货物的数量应使用标准计量单位，而且计量单位应精确到最小的单位，比如以包、扎、捆、把等计算的，就必须明确每包、扎、捆、把有多重，或者说明有多少根、块。总之，应避免对计量单位产生不同的理解，清除歧义。仓储物的质量评定应当使用国家或有关部门规定的质量标准，也可以使用经过批准的企业标准，还可以使用行业标准。上述评定标准均可以由存货人与保管人在仓储合同中约定，而在没有评定标准时，双方当事人可自行约定评定标准。如果双方在仓储合同中没有约定评定标准，则依据《合同法》第六十一条，可以协议补充，不能达成补充协议的，按照合同有关条款或者交易习惯确定。至于仓储物的包装，一般应由存货人负责，有国家或专业标准的，应按照国家或者专业标准的规定执行；没有国家或专业标准的，应根据仓储物便于保管的原则由存货人与保管人商定。

(3) 仓储物验收的内容、标准、方法、时间。保管人验收仓储物的项目有：仓储物的品种、规格、数量、外包装状况，以及无须开箱、拆捆而直观可见可辨的质量情况。包装内的货物品名、规格、数量，以外包装或货物上的标记为准；外包装或货物上无标记的，以供货方提供的验收资料为准。散装货物按国家有关规定或合同规定验收。货物验收期限是指自货物和验收资料全部送达保管人之日起，至验收报告送出之日止。货物验收期限的起止日期均以运输或邮政部门的戳记或送达的签收日期为准。依照惯例验收期限，国内货物不超过10日，国外到货不超过30日，法律另有规定或当事人另有约定的除外。超过验收期限所造成的实际损失，由保管人负责。如果保管人未能按照合同约定或者法律法规规定的项目、方法和期限验收仓储物或验收仓储物不准确，应当承担由此造成的损失。存货人未能提供验收资料或提供资料不齐全、不及时，所造成的验收差错及延误由存货人负责。

(4) 仓储条件和要求。合同双方当事人应根据货物性质、要求的不同，在合同中明确规定仓储条件。如仓储条件不能达到存货人要求，则保管人不能接受存货人的请求。对某些比较特殊的货物，如易燃、易爆、易渗漏、有毒等危险物品，保管人在对其进行保管时，应当使用专门的仓库、设备，并配备有专业技术知识的人员负责管理。必要时，存货人应向保管人提供货物储存、保管、运输等方面的技术资料，防止发生货物毁损、仓库毁损和人身伤亡事故。存货人在交存特殊货物时，应当明确告知保管人货物有关保管条件、保管要求。否则，保管人可以拒绝接收存货人所交付的危险货物。

(5) 货物进出库手续、时间、地点、运输方式。仓储合同的当事人双方，应当重视货物入库环节，防止未来发生纠纷。因此，在仓储合同中要明确入库应办理的手续、理货方法、入库的时间和地点，以及货物运输、装卸搬运的方式等内容。出库时间由仓储合同的当事人双方约定，当事人对储存期间没有约定或者约定不明确的，存货人可以随时提取仓储物，保管人也可以随时要求存货人提取仓储物，但是应当给予必要的准备时间。另外，提货时应办理的手续，验收的内容、标准、方式、地点、运输方式等也要明确。

(6) 仓储物的损耗标准及损耗的处理。仓储物的损耗标准是指货物在储存过程中，由于自然原因（如干燥、风化、散失、挥发、黏结等）和货物本身的性质等原因，不可避免地要发生一定数量的减少、破损，因此由合同当事人双方事先商定一定的货物自然减量标准和破损率等。在确定仓储物的损耗标准时，要注意易腐货物的损耗标准应该高于一般货物的损耗标准。除了对货物按照仓储条件和要求进行保管外，损耗标准应当根据储存时间的长短来确定。损耗的处理是指仓储物实际发生的损耗超过标准规定或没有超过标准规定的情况，应当如何处理的问题。例如，仓储物出库时与入库时实际验收数量不一致，在损耗标准范围内的视为货物完全交付；如果损耗数量超过约定的损耗标准，应核实后作出验收记录，由保管人负责处理。

(7) 计费项目及计算标准、结算方式、开户银行、账号、支付时间。计费项目包括：保管费，转仓费，出入库装卸搬运费，车皮、站台、专用线占有、包装整理、商品养护等费用。在此项条款中除明确上述费用由哪一方承担外，还应明确各种费用的计算标准、结算方式、开户银行、账号、支付时间等。

(8) 责任划分和违约处理。仓储合同可以从货物入库、货物验收、货物保管、货物包装、货物出库等方面明确双方当事人的责任，同时应规定违反仓储合同时应承担的违约责任。承担违约责任的方式包括支付违约金、损害赔偿及采取其他补救措施。

(9) 仓储合同的有效期限。仓储合同的有效期限，即货物的保管期限。某些货物由于本身的特性，不能长时间存放，如药品、胶卷、化学试剂等，一般都注明了有效使用期限。根据有效使用期限确定的储存保管期限，称为有效储存期。对于仓库保管人员来说，保管某种商品时不仅要注意仓库温度、湿度的变化，还应注意其有效储存期；特别是对一些临近失效期的产品，应及时通知存货人按时出库，出库前还要注意留出产品调运、供应和使用的时间，以使其在失效之前能够进入市场，投入使用。根据有关规定，当储存的货物临近失效期时，如果保管人未通知存货人及时处理，则超过有效储存期所造成的货物损失，保管人负有赔偿责任。保管人通知存货人后，如果存货人不及时处理，以致超过有效储存期而造成货物损坏、变质的，保管人不负赔偿责任。

(10) 变更和解除仓储合同。仓储合同的当事人如果其中一方需要变更或解除仓储合同，必须事先通知另一方，双方达成一致即可变更或解除仓储合同。变更或解除仓储合同的建议和答复，必须在法律规定或者仓储合同约定的期限内提出或给出。如果发生了法律或仓储合同中规定的可以单方变更或解除仓储合同的情形，那么拥有权利的一方可以变更或解除仓储合同。

(11) 争议的解决方式。仓储合同的当事人应在仓储合同中明确规定当双方发生争议时的解决方式。一般有3种方法：一是双方友好协商，二是由仲裁机构进行仲裁，三是诉诸法院按法律裁决。

四、仓单

1. 仓单的概念和性质

(1) 仓单的概念。仓单是保管人在接受仓储物后签发的表明一定数量的保管物已经交付仓储保管的法律文书。《合同法》规定，存货人交付仓储物时，保管人应当给付仓单。

(2) 仓单的性质。

① 仓单是仓储合同的证明。仓单是存货人与保管人双方订立的表明仓储合同存在的一种证明，只要签发了仓单，就证明仓储合同的存在。保管人在收到仓储物后根据仓储合同标的物的品种、数量、质量、包装、件数及仓储合同其他条款签发仓单，对以上所提事项应当准确、详细记载，以防止发生争议。

② 仓单是保管人承担责任的证明。签发仓单表明保管人已接受了仓单上所记载的仓储物，对仓储物承担保管责任，保证在仓储期满向仓单持有人交还仓单上所记载的仓储物，并对仓储物在仓储期间发生的损害或灭失承担赔偿责任。

③ 仓单是物权凭证。持有仓单就意味着具有仓储物的所有权,但这种所有权是一种确定的物权,只表示占有该仓单上所描述的具体"物",并不意味着固定的价值。如果是可背书转让的仓单,只要存货人在仓单上背书并经保管人签字或者盖章,提取仓储物的权利即可发生转让。

④ 仓单是金融工具。由于具有物权功能,仓单也代表着仓储物的价值,为有价证券。仓单所代表的价值使其可以作为一定价值的担保,即仓单可以作为抵押、质押、财产保证的金融工具和其他的信用保证。在期货交易市场上,仓单交易是交易的最核心部分。

2. 仓单的内容

根据《合同法》第三百八十六条的规定,保管人应当在仓单上签字或者盖章。仓单包括下列事项:

①存货人的名称或者姓名和住所;②仓储物的品种、数量、质量、包装、件数和标记;③仓储物的损耗标准;④储存场所;⑤储存期间;⑥仓储费;⑦仓储物已经办理保险的,其保险金额、期间以及保险人的名称;⑧填发人、填发地和填发日期。

仓单目前由各仓储单位自行编制,因此没有统一的格式。某仓储企业仓单的正、反面分别如表3-1、表3-2所示。

表3-1 某仓储企业仓单的正面

存货人	名称			
	地址			
	电话		传真	
	账号		批号	
保管人	名称			
	地址			

兹收到下列货物,依本公司储货条款储存

发单日期:			起租日期:		
标志及号码	数量	所报货物	每件收费	每月仓租	进仓费	出仓费
总件数:			总件数(大写):		

经手人:

核对人:

备注:

项目三 货物入库作业管理

表3-2 某仓储企业仓单的反面

存货记录					
日 期	提单号码	提货单位	数 量	结 余	备 注

储货条款
一、本仓单所载货物种类、标志、箱号等，均按照储货人所称填写，本公司对货物内容、规格等概不负责。
二、在货物入仓交接过程中，若发现与储货人填列内容不符，本公司有权拒收。
三、本仓库不储存危险物品，储货人保证入库货物绝非为危险物品，如果因储货人的货物品质危及本公司其他货物，造成损失时，储货人必须承担因此而产生的一切经济赔偿责任。
四、本仓单有效期为一年，过期自动失效。已提货之分仓单和提单档案保留期亦为一年。期满尚未提清者，储货人须向本公司换领新仓单。本仓单须经本公司加印硬印方为有效。
五、储货人凭背书之仓单或提货单出货。本公司收回仓单和分提单，证明本公司已将该项货物交付无误，本公司不再承担责任。

任务二 仓储合同的履行

一、仓储合同当事人的权利和义务

仓储合同当事人的权利和义务是指仓储合同当事人在履行仓储合同过程中有权要求对方采取的行为和自身需要进行的行为或不行为。仓储合同当事人的权利和义务来自仓储合同的约定和法律的规定。

1. 存货人的权利和义务
1) 存货人的权利
（1）查验、取样权。在仓储保管期间，存货人有对仓储物进行查验、取样的权利，能提取合理数量的样品进行查验。查验可能会影响保管人的工作，取样还会造成仓储物的减量，但存货人合理进行的查验和取样，保管人不得拒绝。
（2）保管物的领取权。当事人对保管期间没有约定或约定不明确的，保管人可以随时要求寄存人领取保管物；约定明确的，保管人无特别事由，不得要求寄存人提前领取保管物，但存货人可以随时领取保管物。
（3）获取仓储物孳息的权利。《合同法》第三百七十七条规定："保管期间届满或者寄存人提前领取保管物的，保管人应当将原物及其孳息归还寄存人。"可见，如果仓储物在保管期间产生了孳息，存货人有权获取该孳息。
2) 存货人的义务
（1）告知义务。存货人的告知义务包括两个方面：对仓储物的完整告知和瑕疵告知。完整告知是指在订立仓储合同时存货人要完整细致地告知保管人仓储物的准确名称、数量、包装方式、性质、作业保管要求等涉及验收、作业、仓储保管和交付的资料，特别是危险货物，存货人还要提供详细的说明资料。存货人寄存货币、有价证券或者其他贵重物品的，应当向保管人声明，由保管人验收或者封存，存货人未声明的，该物品毁损、灭失后，保管人可以按照一般物品予以赔偿。存货人未明确告知的仓储物属于夹带品，保管人可以拒绝接受。

瑕疵包括仓储物及其包装的不良状态、潜在缺陷、不稳定状态等已存在的缺陷或将会发生损害的缺陷。保管人了解仓储物所具有的瑕疵可以采取有针对性的操作和管理，以避免发生损害和危害。因存货人未告知仓储物的性质、状态造成的保管人验收错误、作业损害、保管损坏，由存货人承担赔偿责任。

（2）妥善处理和交存仓储物。存货人应对仓储物进行妥善处理，根据性质进行分类、分储，根据合同约定妥善包装，使仓储物适合仓储作业和保管。存货人应在合同约定的时间向保管人交存仓储物，并提供验收单证。交存仓储物不是仓储合同生效的条件，而是存货人履行的义务。存货人未按照约定交存仓储物，构成违约。

（3）支付仓储费和偿付必要费用。存货人应根据合同约定按时、按量地支付仓储费，否则构成违约。如果存货人提前提取仓储物，保管人不减收仓储费。如果存货人逾期提取，保管人应加收仓储费。由于未支付仓储费，保管人有对仓储物行使留置权的权利，即有权拒绝将仓储物交还存货人或应付款人，并可通过拍卖留置的仓储物等方式获得款项。仓储物在仓储期间发生的应由存货人承担责任的费用支出或垫支费，如保险费、货物自然特性的损害处理费、有关货损处理费、运输搬运费、转仓费等，存货人应及时支付。

（4）及时提货。存货人应按照合同约定，按时将仓储物提离。保管人根据合同约定安排仓库的使用计划，如果存货人未将仓储物提离，会造成保管人已签订的下一个仓储合同无法履行。

2. 保管人的权利和义务

1）保管人的权利

（1）收取仓储费的权利。仓储费是保管人订立仓储合同的目的，是对仓储物进行保管所获得的报酬，是保管人的合同权利。保管人有权按照合同约定收取仓储费或在存货人提货时收取仓储费。

（2）保管人的提存权。储存期届满，存货人或者仓单持有人不提取货物的，保管人可以催告其在合理期限内提取，逾期不提取的，保管人可以提存仓储物。提存是指债权人无正当理由拒绝接受履行或下落不明，或数人就同一债权主张权利，债权人一时无法确定，致使债务人难以履行债务，经公证机关证明或法院的裁决，债务人可将履行的标的物提交有关部门保存。一经提存即认为债务人已经履行了其义务，债权债务关系即行终止。债权人享有向提存物的保管机关要求提取标的物的请求权，但须承担提存期间标的物损毁灭失的风险并支付因提存所需要的保管或拍卖等费用，且提取请求权自提存之日起5年内不行使而消灭。提存程序一般来说，首先应由保管人向提存机关呈交提存申请书。在提存申请书上应当载明提存的理由、标的物的名称、种类、数量，以及存货人或提单所有人的姓名、住所等内容。其次，保管人应提交仓单副联、仓储合同副本等文件，以此证明保管人与存货人或提单持有人的债权债务关系。此外，保管人还应当提供证据证明自己催告存货人或仓单持有人提货而对方没有提货，致使该批货物无法交付其所有人。

（3）验收货物的权利。验收货物不仅是保管人的义务，也是保管人的一项权利。保管人有权对货物进行验收，在验收中发现货物溢短，对溢出部分可以拒收，对于短少部分有权向存货人主张违约责任。对于货物存在的不良状况，有权要求存货人更换、修理或拒绝接受，否则需如实编制记录，以明确责任。

2）保管人的义务

（1）提供合适的仓储条件。仓储人经营仓储保管的先决条件就是具有合适的仓储条件，有从事保管货物的保管设施和设备，包括适合的场地、容器、仓库、货架、作业搬运设备、计量设备、保管设备、安全保卫设施等条件。同时还应配备一定的保管人员、商品养护人员，制定有效的管理制度和操作规程等。保管人所具有的仓储条件还要适合所要进行保管的仓储物的相对仓储保管要求，如保存粮食的粮仓、保存冷藏货物的冷库等。保管人若不具有仓储条件，则构成根本违约。

（2）验收货物。保管人应该在接受仓储物时对货物进行理货、计数、查验，在合同约定的期限内检验货物质量，并签发验货单证。验收货物按照合同约定的标准和方法，或者按照习惯的、合理的方法进行。保管人未验收货物推定为存货人所交存的货物完好，保管人也要返还完好无损的货物。

（3）签发仓单。保管人在接受货物后，根据合同约定或者存货人的要求，及时向存货人签发仓单。在储存期届满时，根据仓单的记载向仓单持有人交付货物，并承担仓单所明确的责任。保管人根据实际收取的货物情况签发仓单。保管人应根据合同条款确定仓单的责任事项，避免将来向仓单持有人承担超出仓储合同所约定的责任。

（4）合理化仓储。保管人应在合同约定的仓储地点存放仓储物，并充分使用先进的技术、科学的方法、严格的制度，高质量地做好仓储管理。使用适合于仓储物保管的仓储设施和设备，如容器、货架、货仓等，从谨慎操作、妥善处理、科学保管和合理维护等各方面做到合理化仓储。保管人对于仓储物的保管承担严格责任，因其保管不善所造成的仓储物在仓储期间发生损害、灭失，除非保管人能证明损害是由于货物性质、包装不当、超期及其他免责原因造成的，否则保管人要承担赔偿责任。

（5）返还仓储物及其孳息的义务。保管人应在约定的时间和地点向存货人或仓单持有人交还约定的仓储物。仓储合同没有明确存期和交还地点的，存货人或仓单持有人可以随时要求提取，保管人应在合理的时间内交还仓储物。作为一般仓储合同，保管人在交返仓储物时，应将原物及其孳息、残余物一同交还。

（6）危险告知义务。当仓储物出现危险时，保管人应及时通知存货人或仓单持有人，并有义务采取紧急措施处置，防止危害扩大。在货物验收时发现不良情况、发生不可抗力损害、仓储物变质、仓储事故的损坏，以及其他涉及仓储物所有权的情况，都应该告知存货人或仓单持有人。

二、违约责任和免责

1. 仓储合同违约行为的表现形式

（1）拒绝履行。拒绝履行是指仓储合同的一方当事人无法律或约定根据而不履行义务的行为。单方毁约、没有履行义务的行为、将应当交付的仓储物作其他处分等，均可以推断为不履行义务的表现。例如，在储存期限届至，保管人履行了储存与保管义务，存货人不支付仓储费；保管人在约定的期限内不返还仓储物或将仓储物挪作他用等。如果仓储合同的义务人拒绝履行义务，权利人有权解除合同；给权利人造成损失的，权利人有权请求义务人赔偿其损失。

（2）履行不能。仓储合同的履行不能是指当事人应履行义务的一方无力按仓储合同约定的内容履行义务。仓储合同不同种类的履行不能，其后果亦不相同。但总的来说，履行不能产生以下法律后果。①权利人可以请求赔偿损失。由于保管人的违约导致履行不能，存货人可以要求解除合同，追究保管人的违约责任。如果是因存货人违约导致履行不能，保管人可追究存货人的违约责任。②属一时履行不能的，权利人可请求赔偿损失、解除合同、追究义务人的违约责任；可以继续履行的，则可要求继续履行并追究其迟延责任。

（3）履行迟延。因可归责于义务人的原因，未在履行期限内履行义务的行为，为履行迟延。对于仓储合同，保管人未在合同规定的期限内返还仓储物，存货人未按时将货物入库，未在约定的期限内支付仓储费用等行为均属于履行迟延。履行迟延具有以下特征：

① 义务人未在履行期限内履行义务；
② 义务人有履行能力（如果义务人无履行能力，则属于履行不能）；
③ 其行为具有违法性。

义务人履行迟延，经催告后在合同期限内仍未履行，权利人可以解除合同、请求义务人支付违约金和赔偿损失。

（4）履行不当。履行不当，即未按法律规定、合同约定的要求履行义务的行为。对于仓储合同，义务人在货物的入库、验收、保管、包装、出库等任何一个环节未按法律规定或合同约定履行义务，即属履行不当。由于履行不当不属于真正的履行，因此作为仓储合同权利主体的一方当事人可以请求补正，要求义务人承担违约责任，支付违约金并赔偿损失，此外还可以根据实际情况要求解除合同。

2. 仓储合同的违约责任及其承担方式

仓储合同的违约责任是指仓储合同的当事人在存在违约行为时依照法律或者双方的约定而必须承担的民事责任。通过法定的和合同约定的违约责任的承担，增加违约成本，弥补被违约方的损失，减少违约的发生，有利于市场的稳定和秩序。违约责任往往以弥补对方的损失为原则，违约方需对对方的损失，包括直接造成的损失和合理预见的利益损失给予补偿。违约责任的承担方式有支付违约金、损害赔偿、继续履行、采取补救措施等。

（1）支付违约金。违约金是指一方违约应当向另一方支付的一定数量的货币。就其性质而言，违约金是"损失赔偿额的预定"，具有赔偿性，同时又是对违约行为的惩罚，具有惩罚性。在仓储合同中，赔偿性违约金是指存货人与保管人对违反仓储合同可能造成的损失而预定的赔偿金额。当一方当事人违约给另一方当事人造成某种程度的损失，而且这种损失的数额超过违约金数额时，违约的一方当事人应当依照法律规定实行赔偿，以补足违约金不足部分。惩罚性违约金，是指仓储合同的一方当事人违约后，不论其是否给另一方当事人造成经济损失，都必须支付的违约金。违约金分为法定违约金和约定违约金两种。法定违约金是指法律或法规有明确规定的违约金。约定违约金是指仓储合同当事人在签订合同时协商确定的违约金。

（2）损害赔偿。损害赔偿是指合同的一方当事人在不履行义务或履行义务不符合约定的情形下，在违约方履行义务或者采取其他补救措施后对方还有其他损失时，违约方承担赔偿损失的责任。作为承担违反合同责任的形式之一，损害赔偿最显著的性质特征为补偿性。在合同约定有违约金的情况下，损害赔偿的赔偿金是用来补偿违约金的不足部分，如果违约金已能补偿经济损失，就不再支付赔偿金。但是如果合同没有约定违约金，只要造成了损失，就应向受害方支付赔偿金。由此可见，赔偿金是对受害方实际损失的补偿，是以弥补损失为原则的。

(3) 继续履行。继续履行是指一方当事人在不履行义务时，对方有权要求违约方按照合同规定的标的履行义务，或者向法院请求强制违约方按照合同规定的标的履行义务，而不得以支付违约金和赔偿金的办法代替履行义务。通常来说，继续履行有下列的构成要件：①仓储合同的一方当事人有违约行为；②非违约方要求继续履行；③继续履行不违背合同本身的性质和法律法规；④违约方能够继续履行。在仓储合同中，要求继续履行作为非违约方的一项权利，即是否需要继续履行，取决于仓储合同的非违约方，他可以请求支付违约金、赔偿金，也可以要求继续履行。

(4) 采取补救措施。所谓补救措施，是指在违约方给对方造成损失后，为了防止损失的进一步扩大，由违约方依照法律规定承担的违约责任形式。例如，仓储物的更换、补足数量，等等。广义而言，各种违反合同的责任承担方式，如损害赔偿、违约金、继续履行等，都是违反合同的补救措施，都是为了使一方当事人的合同利益在遭受损失的情况下能够得到有效的补偿与恢复。因此，这里所称的采取补救措施仅是狭义上的，是上述补救措施之外的其他措施。在仓储合同中，这种补救措施表现为当事人可以选择偿付额外支出的保管费、保养费、运杂费等方式，一般不采取实物赔偿方式。

3. 仓储合同的免责

免除民事责任，是指不履行合同或法律规定的义务，致使他人财产受到损害时，由于有不可归责于违约方的事由，法律规定违约方可以不承担民事责任的情况。仓储合同免责具体包括以下情况。

(1) 不可抗力。不可抗力是指当事人不能预见、不能避免并且不能克服的客观情况。它包括自然灾害和某些社会现象。前者如火山爆发、地震、台风、冰雹和洪水侵袭等，后者如战争、罢工等。因不可抗力造成仓储合同不能履行或不能完全履行，违约方不承担民事责任。

(2) 仓储物自然特性。根据《合同法》及有关规定，由于仓储物本身的自然性质和合理损耗，造成货物损失的，当事人不承担责任。

(3) 存货人的过失。由于存货人的原因（如包装不符合约定、未提供准确的验收资料、隐瞒和夹带、存货人的错误指示和说明等）造成仓储物的损害，保管人不承担赔偿责任。

(4) 合同约定的免责。基于当事人的利益，双方在仓储合同中约定免责事项，对负责事项造成的损失，不承担互相赔偿责任。例如，约定货物入库时不验收重量，则保管人不承担重量短少的赔偿责任；约定不检验货物内容质量的，保管人不承担非作业保管不当的内容变质损坏责任。

三、仓储合同的变更与解除

1. 仓储合同的变更

仓储合同的变更是指对双方已经合法成立的仓储合同内容在原合同的基础上进行修改或者补充。例如，对仓储物数量的增加或减少；对履行期限的推迟或提前；对其他权利义务条款的修改、补充、限制等。仓储合同当事人一方因为利益需要，向另一方提出变更合同的需求，并要求另一方在期限内答复，另一方在期限内答复同意变更，或者在期限内未做答复，则合同发生变更，双方按照变更后的条件履行。如果另一方在期限内明确拒绝变更，则合同不能变更。

2. 仓储合同的解除

仓储合同的解除是指仓储合同订立后，在未履行或尚未全部履行时，一方当事人提前终止合同，从而使原合同设定的双方当事人的权利义务归于消灭。它是仓储合同终止的一种情形。

仓储合同的解除主要有两种方式：一是存货人与保管人协议解除合同。存货人与保管人协议解除合同是指双方当事人通过协商或者通过行使约定的解除权而导致仓储合同的解除。二是法定解除合同。仓储合同的法定解除是指仓储合同有效成立后，在尚未履行或尚未完全履行之前，当事人一方行使法律规定的解除权而使合同效力归于消灭。仓储合同一方当事人所享有的这种解除权是由法律明确规定的，只要法律规定的解除条件成立，依法享有解除权的一方就可以行使解除权。

仓储合同解除后，尚未履行的部分，终止履行；已经履行的部分，根据履行情况和合同性质，当事人可以要求采取补救措施，如保管人可要求存货人偿付额外支出的仓储费、保管费、运杂费等；而存货人则可要求保管人恢复原状，返还原物。此外，仓储合同解除后，存货人或保管人应当承担由于合同解除而给对方造成的损失。

任务三　货物接运、入库作业管理

货物接运是货物入库业务流程的第一道作业环节，也是货物仓库直接与外部发生的经济联系。它的主要任务是及时而准确地向交通运输部门提取入库货物，要求手续清楚，责任分明，为仓库验收工作创造有利条件。因为接运工作是仓库业务活动的开始，是货物入库和保管的前提，所以接运工作好坏直接影响货物的验收和入库后的保管和保养。因此，在接运由交通运输部门（包括铁路）转运的货物时，必须认真检查，分清责任，取得必要的证件，避免将一些在运输过程中或运输前就已经损坏的货物带入仓库，造成验收中责任难分和在保管工作中的困难或损失。

一、货物接运

1. 接运方式

货物接运人员要根据不同的接运方式，处理接运中的各种问题。接运方式大致有以下4种：专用线接运，车站、码头提货，仓库自行接货，库内接货。

（1）专用线接运。专用线接运是一种铁路部门将转运的物品直接送到仓库内部专用线的接运方式，其步骤如下。

① 接到专用线到货通知后，应立即确定卸货货位，力求缩短场内搬运距离；组织好卸车所需要的机械、人员及有关资料，做好卸车准备。

② 车皮到达后，引导对位，进行检查。看车皮封闭情况是否良好（卡车、车窗、铅封、苫布等有无异状），根据运单和有关资料核对到货品名、规格、标志，清点件数；检查包装是否有损坏或有无散包；检查是否有进水、受潮或其他损坏现象。在检查中如果发现异常情

况，应请铁路部门派员复查，做出普通或商务记录，记录内容应与实际情况相符，以便交涉。

③ 卸车时要注意为货物验收和入库保管提供便利条件，分清车号、品名、规格，不混不乱；保证包装完好，不碰坏，不压伤，更不得自行打开包装。应根据货物的性质合理堆放，以免混淆。卸车后在货物上应标明车号和卸车日期。

④ 编制卸车记录，载明卸车货位规格、数量，连同有关证件和资料，尽快向保管人员交代清楚，办好内部交接手续。

（2）车站、码头提货。到车站提货，应向车站出示"领货凭证"。如果"领货凭证"发货人未予寄到，也可凭单位证明或在货票存查联上加盖单位提货专用章，将货物提回。到码头提货手续与车站提货稍有不同。提货人要事先在提货单上签名并加盖公章或附单位提货证明，到货运港口取回货物运单，即可到指定的库房提取货物。提货时应根据运单和有关资料认真核对物资的名称、规格、数量、收货单位等，仔细进行外观检查，如包装是否铅封完好，有无水渍、油渍、受潮、污损、锈蚀、破损等。如果发现与运单记载不相符合，应立即会同承运部门共同查清，并开具文字证明；对短缺、损坏等情况，应追究承运部门责任，并做好货运记录。

（3）仓库自行接货。仓库直接到供货单位提货称自提。这种方式的特点是提货与验收同时进行。仓库根据提货通知，要了解所提货物的性质、规格、数量，准备好提货所需的设备、工具、人员；到供货单位当场进行物品验收，点清数量，查看外观质量，做好验收记录；提货回仓库后，交验收员或保管员复验。

（4）库内接货。库内接货是供货单位直接将物品送达仓库的方式，又称送料。当货物到达后，保管员或验收员直接与送货人员进行接收工作，当面验收并办理交接手续。如果有差错，要立即记录，让送货人员签章。

2. 接运步骤

（1）核对凭证。物品运抵仓库后，仓库收货人员首先要检验物品入库凭证，然后按物品入库凭证所列的收货单位、货物名称、规格数量等具体内容与物品的各项标志核对。如发现有错误，应当做好记录，退回或另行存放，待联系后处理。经复核无误后可进行下一道工序。

（2）检查包装。对每件物品的包装和标志要进行认真查看。检查包装是否完整、牢固，有无破损、受潮、水渍、油污等异状。物品包装的异状往往是物品受到损害的一种外在现象。如果发现异状包装，必须单独存放，并打开包装，详细检查内部物品有无短缺、破损和变质，确保入库储存安全。

（3）大数点收。大数点收是按照物品的大件包装（运输包装）进行数量清点。点收的方法有两种，一是逐件点数汇总，二是集中堆码点数。大数点收应注意以下事项。

① 件数不符。在大数点收过程中，如件数与通知单据所列不符，经复点确认后，应立即在送货单各联上批注清楚，应按实际数字签收，由收货人员和承运人共同签章。经验收核对，由保管人员将查明短少物品的品名、规格和数量通知运输部门、发货单位和货主。

② 包装异状。收货中如发现物品包装有异状时，收货人员应会同送货人员开箱、拆包检查，查明确有残损或细数短少情况，由送货人员出具入库物品异状记录，或在送货单据上注明。同时，要通知保管人员另行存放，不要与同类物品混杂在一起。如入库物品包装损毁

严重，不能修复，并且因此无法保证储存物品的安全，应联系货主或供货单位派人协助整理。

③ 物品串库。在点收本地入库物品时，如发现货与单不符，有部分物品错送来库的情况（俗称串库），收货人员应将这部分与单不符的物品另行堆放，交由送货人员负责带回，并在签收时如数减除。

④ 物品异状损失。接货时发现物品异状或损失的，经双方共同清点，情况属实，应按章索赔，同时要妥善保管有关凭证。

(4) 接运记录。在完成物品接运过程的同时，对每一步骤应有详细的记录。接运记录要详细列明接运物品到达、接运、交接等各个环节的情况，分清责任，追踪有关资料，促进验收、索赔、交涉等工作的顺利进行。接运工作全部完成后，所有的接运资料，如接运记录、运单、运输普通记录、货运记录、损耗报告单、交接证、索赔单、提货通知单及其他有关文件资料应分类输入计算机系统，以备复查，同时要保管好原始资料。表3-3为接运记录单。

表3-3 接运记录单

到达记录								接运记录					交接记录			
序号	通知到达时间	运输方式	发货站	发货人	运单号	车号	货物名称	件数	重量	日期	件数	重量	缺损情况	接货人	日期	提货单编号	附件	收货人

(5) 办理交接手续。入库物品经过上述工序，就可以与接货人员办理物品交接手续。交接手续通常由仓库收货人员在送货单上签名盖章表示物品收讫。如果上述程序发现差错、破损等情况，必须在送货单上详细注明或由接货人员出具差错、异状记录，详细写明差错的数量、破损情况等，以便与运输部门分清责任，并作为查询处理的依据。

二、卸车检查

1. 卸车前的检查工作

卸车前的检查工作十分重要。通过检查可以防止误卸和分清物资运输事故的责任。若发现问题，应及时与车站联系，进行相应处理。卸车前的检查工作主要内容如下：

① 核对车号；
② 检查门、车窗有无异状，货封是否脱落、破损，或印纹不清、不符等；
③ 核对物资名称、箱件数，与物资运单上填写的名称、箱件数是否相符；
④ 盖有篷布的敞车，应检查覆盖状况是否严密完好，尤其应该查看有无雨水渗漏的痕迹和破损、散捆等。

2. 卸车中应注意的问题

① 必须按照车号、品名、规格分别堆码。做到层次分明，便于清点，并标明车号及卸车日期。
② 注意外包装的指示标志，要正确钩挂、铲兜、升起、轻放，防止包装和物资损坏。

③ 妥善处理苫盖，防止受潮和污损。

④ 对品名不符、包装破损、受潮或损坏的物资，应另外堆放，写明标志，并会同承运部门进行检查，编制记录。

⑤ 力求与保管人员共同监卸，争取做到卸车和物资件数清点同步进行。

⑥ 卸后货垛之间留有通道，并要与电杆、消防栓保持一定的距离；要与专用线铁轨外侧距离1.5 m以上。

⑦ 正确使用装卸机具、工具和安全防护用具，确保人身和物资安全。

三、装卸搬运作业

在整个物流过程中，装卸搬运是不断出现和反复进行的活动。在全部物流活动中，只有装卸搬运活动伴随物流活动的始终。它出现的频率高于其他各种物流活动，同时每次装卸搬运都要占用较长的时间和消耗很多的劳动。因此，开展装卸搬运的研究，实现装卸搬运合理化，对物流系统整体功能的发挥，降低物流费用，提高物流速度，都具有极其重要的意义。

1. 装卸搬运的概念、特点

（1）装卸搬运的概念。装卸是物品的装上和卸下，改变物品的空间状态或位置；搬运是物品在小范围内的位移，改变物品的空间距离。两者往往伴生存在、交替动作，统称装卸搬运。有时人们说装卸时含有搬运，说搬运时含有装卸。

（2）装卸搬运的特点。

① 装卸搬运是附属性、伴生性的活动。装卸搬运是物流每一项活动开始及结束时必然发生的活动，因而有时常被人们所忽视。例如，一般而言的"汽车运输"，就实际包含了相随的装卸搬运，仓库中泛指的保管活动，也含有装卸搬运活动。

② 装卸搬运是支持性、保障性活动。装卸搬运的附属性不能理解成被动的，实际上，装卸搬运对其他物流活动有一定的决定性作用。装卸搬运会影响其他物流活动的质量和速度。例如，装车不当，会引起运输过程中的损失；储放不当，会引起货物转换到下一步运输的困难。许多物流活动只有在有效的装卸搬运支持下，才能实现高效率。

③ 装卸搬运是衔接性的活动。在任何其他物流活动互相过渡时，都是以装卸搬运来衔接，因而装卸搬运往往成为整个物流的"瓶颈"，是物流各功能之间能否形成有机联系和紧密衔接的关键。建立一个有效的物流系统，关键在于装卸搬运活动的高效。比较先进的系统物流方式——综合运输方式就是着力解决这种衔接而实现的。

2. 装卸搬运作业的构成

装卸搬运作业包括对输送设备（如辊道、车辆）的装入、装上、取出和卸下作业，也包括对固定设备（如保管货架等）的出库、入库作业。

（1）堆放、拆垛作业。堆放（装上、装入）作业是指把货物移动或举升到装运设备或固定设备的指定位置，再按所要求的状态放置的作业。拆垛（卸下、取出）作业是堆放的逆向作业。例如，用叉车进行叉上叉下作业，将货物托起并放置到指定位置，如卡车车厢、集装箱内、货架或地面上等；又如，利用吊车进行吊上吊下作业，将货物从轮船货仓、火车车厢、卡车车厢吊出或吊进。

（2）分拣、配货作业。分拣是在堆放作业前后或配送作业之前把货物按品种、出入先后、货流进行分类，再放到指定地点的作业。配货是把货物从预定的位置按品种、下一步作业种类、发货对象进行分类的作业。一般情况下，分拣、配货作业多以人工完成，但是由于多品种、小批量的物流形态日益发展，对分拣、配货速度要求越来越高，以高速分拣机为代表的机械化作业应用逐渐增多。

(3) 搬送、移送作业。搬送、移送作业是为了进行装卸、分拣、配送活动而发生的移动物资的作业，包括水平、垂直、斜行搬送，以及几种组合的搬送。在水平搬运方式中，广泛应用辊道输送机、链条输送机、悬挂输送机、带式输送机，以及手推车、无人搬运车等设备。从方式来分，该项作业有连续式和间歇式。对于粉体和液体，也可以用管道进行输送。

3. 装卸搬运分类

1) 按作业场所来分

(1) 车间装卸是指车间内工序之间，如原材料、在制品、半成品、零部件、产成品等的取放、分拣、包装、堆码、输送等作业。

(2) 仓库装卸是指在仓库、堆场、物流中心等处，配合出库、入库、维护保养等活动进行的装卸，并且以堆垛、上架、分拣、配货、取货等操作为主。

(3) 铁路装卸是指对火车车皮的装进及卸出，特点是一次作业就实现一车皮的装进或卸出，很少有像仓库装卸时出现的整装零卸或零装整卸的情况。

(4) 港口装卸包括码头前沿的装船，也包括后方的支持性装卸，有的港口装卸还采用小船在码头与大船之间"过驳"的办法，因而其装卸的流程较为复杂，往往经过几次的装卸搬运作业才能最后实现船与陆地之间货物过渡的目的。

(5) 汽车装卸，一般一次装卸批量不大。由于汽车的灵活性，可以少搬运或根本省去搬运活动，而直接、单纯利用装卸作业达到车与物流设施之间货物过渡的目的。

(6) 飞机装卸，一般一次装卸批量不大。

2) 按主要运动形式来分

(1) 垂直装卸，吊上吊下方式，采用各种起重机械从货物上部起吊，依靠起吊装置的垂直移动实现装卸，并在吊车运行的范围内或回转的范围内实现搬运或依靠搬运车辆实现小搬运。由于吊起及放下属于垂直运动，这种装卸方式属垂直装卸。

(2) 水平装卸，叉上叉下方式，采用叉车从货物底部托起货物，并依靠叉车的运动进行货物位移，搬运完全靠叉车本身，货物可不经中途落地直接放置到目的处。这种方式垂直运动不大而主要是水平运动，属水平装卸方式。

滚上滚下方式主要指港口装卸的一种水平装卸方式。利用叉车或半挂车、汽车承载货物，连同车辆一起开上船，到达目的地后再从船上开下，称滚上滚下方式。利用叉车的滚上滚下方式，在船上卸货后，叉车必须离船。利用半挂车、平车或汽车，则拖车将半挂车、平车拖拉至船上后，拖车开下离船而载货车辆连同货物一起运到目的地，再将原车开下或拖车上船拖拉半挂车、平车开下。滚上滚下方式需要有专门的船舶，对码头也有不同要求，这种专门的船舶称"滚装船"。

3) 按搬运对象来分

(1) 单件作业，逐件进行，是人力作业。对于长大笨重、形状特殊的货物，或者集装化将增加危险性的货物采用单件作业方式。

(2) 集装作业，将货物集零为整（集装化）后再进行装卸搬运。这种方法又可按集装化方式不同，分为集装箱作业法、托盘作业法、货捆作业法、滑板作业法、挂车作业法（驮背式运输）。

（3）散装作业，对诸如煤炭、矿石、建材等大宗货物通常采用散装、散卸方法。随着粮食、水泥、化肥、化工原料等的作业量增大，为提高装卸效率、降低成本而趋向采用散装、散卸的方法。

4）按装卸设备作业原理来分

（1）连续装卸，主要是针对同种大批量散装货物或小件杂货通过连续输送机械连续不断地进行作业，中间无停顿，货间无间隔。在装卸量较大、装卸对象固定且不易形成大包装的情况下，适合采取这一方式。连续式恰恰与间歇式相反，其作业过程中不存在空程阶段。对于连续装卸搬运设备，如果是装卸搬运成件包装货物，则应注意在设备能力限制范围内，提高单件重量，缩短货物之间的间距，提高输送带的运行速度；如果是散装货物时，则应注意提高输送带的运行速度。

（2）间歇装卸，有较强的机动性，装卸地点可在较大范围内变动，主要适用于货流不固定的各种货物，尤其适用于包装货物、大件货物，散粒货物也可采取此种方式。

4. 装卸搬运合理化

1）装卸搬运合理化的标志

（1）装卸搬运次数最少；

（2）装卸搬运距离最短；

（3）各作业环节衔接较好；

（4）库存物资的装卸搬运活性指数较高、可移动性强。

2）合理选择装卸搬运机械

装卸搬运机械是指用来搬移、升降、装卸和短距离输送物料或货物的机械。装卸搬运机械按作业性质分类主要包括以下几种。

（1）装卸机械。例如，电动葫芦、单梁起重机、悬臂吊等。

（2）搬运机具。例如，搬运车、手推车、托盘、输送机等。

（3）装卸搬运机械。例如，叉车、铲车、跨运车、龙门式起重机、气力输送机等。

3）装卸搬运合理化应遵循的原则

由于装卸搬运作业仅是衔接运输、保管、包装、配送、流通加工等各物流环节的活动，本身不创造价值，因此应尽量节约时间和费用。在装卸搬运合理化方面，可遵循以下原则。

（1）省力化原则。所谓省力，就是节省动力和人力。因为货物的装卸搬运不产生价值，作业的次数越多，货物破损和发生事故的频率越大，费用越高，因此首先要考虑尽量不装卸搬运或尽量减少装卸搬运次数。集装化装卸、多式联运、集装化运输、托盘一贯制物流等都是有效的做法；利用货物本身的重量和落差原理，如滑槽、滑板等工具的运用；减少从下往上的搬运，多采用斜坡式，以减轻负重；水平装卸搬运，如仓库的作业台与卡车车厢处于同一高度，手推车直接进出；卡车后面带尾板升降机，仓库作业月台设装卸货升降装置等。

（2）防止和消除无效装卸搬运作业。所谓无效装卸搬运作业，是指在装卸搬运作业活动中超出必要的装卸、搬运量的作业。短距化，即以最短的距离完成装卸搬运作业。例如，生产流水线把各道工序连接在输送带上，通过输送带的自动运行，使各道工序的作业人员以最短的动作距离实现作业，大大地节约了时间，减少了人的体力消耗，大幅度提高了作业效率。挖掘机也是短距化装卸搬运机械,可缩短装卸搬运距离,不仅省力、节能,又能使作业快速、高效。

(3) 提高搬运活性化。搬运活性化是指"从物的静止状态转变为装卸状态的难易程度",即货物的码放状态是否适合装卸搬运。根据物料所处的状态,即物料装卸、搬运的难易程度,可分为不同的级别:

0级——物料杂乱地堆在地面上的状态;

1级——物料装箱或经捆扎后的状态;

2级——箱子或被捆扎后的物料,下面放有枕木或其他衬垫后,便于叉车或其他机械作业的状态;

3级——物料被放于台车上或用起重机吊钩钩住,即刻移动的状态;

4级——被装卸、搬运的物料,已经被启动、直接作业的状态。

可见,零散地放置在地面上的物品活性指数最低,而码放在传送带上的物品活性指数最高。在放置物品时一定要考虑装卸搬运的活性,以利于今后的装卸搬运活动。

(4) 合理利用机械。为了提高生产率、安全性、服务性和作业的适应性等,应将人力操作转由机械来实现。机械化程度一般可分为3个阶段:第一个阶段是使用简单的装卸器具阶段;第二个阶段是使用专用高效的装卸机具阶段;第三个阶段是依靠计算机实现自动化阶段。

(5) 连续化原则。连续化装卸搬运的例子很多,如输油或输气管道、气力输送设备、皮带传送机、辊道输送机、旋转货架等都是连续化装卸搬运的有力证明。

(6) 保持物流的均衡顺畅。所谓顺畅,就是作业场所无障碍,作业不间断,作业通道畅通。例如,叉车在仓库中作业,应留有安全作业空间,转弯、后退等动作不应受面积和空间限制;人工进行货物搬运,要有合理的通道,脚下不能有障碍物,头顶留有空间,不能人撞人、人挤人;用手推车搬运货物,地面不能坑坑洼洼,不应有电线、工具等杂物影响小车行走;人工操作电动葫芦起重机,地面防滑、行走通道两侧的障碍等问题均与作业顺畅与否相关。机械化、自动化作业途中,停电、线路故障、作业事故的预防等都是确保装卸搬运作业顺畅和安全的因素。

(7) 集装单元化原则。单元化装卸搬运是提高装卸搬运效率的有效方法,如集装箱、托盘等单元化设备的利用等都是单元化的例证。在装卸作业过程中,根据不同物资的种类、性质、形状、重量的不同来确定不同的装卸作业方式。进行"集装处理",实现单元组合化装卸,可以充分利用机械进行操作。

(8) 人格化原则。装卸搬运是重体力劳动,很容易超过人的承受限度。如果不考虑人的因素或不够尊重人格,容易发生野蛮装卸、乱扔乱摔现象。搬运的东西在包装和捆包时应考虑人的正常能力和拿、放的方便性,也要注重安全性和防污染性等。

(9) 提高综合效果。物流过程中,运输、仓储、包装和装卸搬运各环节的改善,必须考虑综合效益,不能仅从单方面考虑。

四、货物验收

1. 货物验收的概念

货物验收是按照验收业务作业流程、核对凭证等规定的程序和手续,对入仓物资进行数量和质量检验的经济技术活动的总称。货物验收有利于维护企业的自身利益,是做好商品保管、保养的基础。

2. 货物验收作业流程

货物验收包括验收准备、核对凭证和检验实物等3个作业环节。

1) 验收准备

仓库接到到货通知后,应根据到货商品的特性做好验收前的准备工作。良好的验收准备是保证整个验收工作顺利进行的前提。

(1) 人员准备。安排好负责验收工作的检验人员,对于技术特性复杂的商品,要及时和用货单位的专业技术人员进行有效沟通。

(2) 文件准备。准备好待验商品的有关文件,如技术标准、订购合同等。

(3) 器具准备。准备好验收用的检验工具,如衡器、量具等,并校验正确。

(4) 防护准备。对有些特殊商品的验收,如毒害品、腐蚀品、放射品等的检验,需要相应的防护用品准备。

2) 核对凭证

入库商品必须具备下列凭证。

(1) 入库通知单和订货合同副本,这是仓库接受商品的凭证。

(2) 供货单位提供的材质证明书、装箱单、磅码单、发货明细表等。

(3) 承运单位提供的运单,若商品在入库前发现残损情况,还要有承运单位提供的货运记录,作为向责任方交涉的依据。

核对凭证,也就是将上述凭证加以整理,全面核对。

3) 检验实物

所谓检验实物,就是根据相关凭证对商品进行数量和质量检验。

(1) 确定抽检比例。在业务量比较大的仓储企业,商品通常是整批、连续到货,而且品种、规格复杂,在有限的时间内不可能逐件查看,这就需要确定一个合理的抽查比例。

① 全验。全验需要耗费大量人力、物力和时间,检验成本高,但可以保证验收质量。在商品批量小、规格复杂、包装不整齐的情况下,可采用此法。数量和外观质量一般要求全验。

② 抽验。物资质量和储运管理水平的提高及数理统计的发展,为抽验方式提供了物质条件和理论基础。对于大批量、同包装、同规格、信誉较高的存货单位的物资,可采用抽验的方式检验。若在抽验中发现问题较多时,应扩大抽验范围,直至全验。

(2) 数量检验。数量检验一般包括检斤、计件、检尺求积等形式,是由仓库保管职能机构组织进行的。

① 检斤。检斤是指对以重量计量的物资进行数量检验时的称重,以确定其毛重和净重。值得注意的是,按理论换算重量的物资,先要通过检尺,然后按照规定换算方法和标准换算成重量验收,如金属材料中的板材、型材等。所有检斤的物资都应填写磅码单。

② 计件。计件是指对以件数计量的商品进行件数的清点。一般情况下,计件物资应逐一点清。固定包装物的小件商品,如果包装完好,则不需要打开包装。国内物资只检查外包装,不拆包检验。进口物资按合同和惯例检验。

③ 检尺求积。检尺求积是指对以体积计量的商品先检尺、后求积所做的数量检验,如木材等货物,根据实际检验结果填写磅码单。

(3) 质量检验。质量检验的形式分为外观检验、尺寸检验、理化检验。仓库一般只做外观检验和尺寸检验，理化检验则由仓库检验技术人员取样，委托专门检验机构或由货方技术人员完成。质量检验包括外观质量检验和内在质量检验。

① 外观质量检验。商品的外观质量检验是指通过外观来判断质量，简化了仓库的质量验收工作，避免了各部门反复进行复杂的质量检验，节约了成本。对于经过外观质量检验的商品都应填写检验记录单。外观质量检验主要包括如下内容。

a) 包装检验。通过人的感觉器官，检验物资的外包装或装饰有无被撬开、开封、污染、破损、水渍等情况，检查外包装的牢固程度。

b) 物资外观检验。对无包装的商品，直接查看其表面，检查是否有撞击、变形、生锈、破碎等损害。

c) 物资的重量尺寸检验。由仓库的技术管理职能机构组织专业人员对入仓物资的单件重量、货物尺寸进行测量，确定货物的重量。

d) 标签、标志检验。检查商品的标签、标志是否齐备，是否完整、清晰，标签、标志与商品内容是否一致。

e) 气味、颜色、手感检验。对某些特定物资必须通过物品的气味、颜色、手感来判定其是否新鲜，有无干涸、结块、溶化等现象。

f) 打开外包装检验。物品的外观有缺陷，有时可能影响其质量，当检验人员判定物品内容有受损可能时，就应该打开包装进行检验。开包检验必须有两人以上在场。检验后，根据实际情况及时封装或更换包装，并印贴已验收的标志。

② 内在质量检验。内在质量检验是对物品内在质量和物理化学性质所进行的检验，即理化检验，又称仪器检验，是借助各种试剂、仪器和设备对商品的内在质量和物理化学性质所进行的检验。对商品内在质量的检验要求一定的技术知识和检验手段，因此一般由专门的技术检验部门完成，检验后出具检验报告。

(4) 货物验收中问题的处理。仓库到货商品来源复杂，涉及商品生产、采购、运输等多个作业环节，不可避免地会出现诸如证件不齐、数量短缺、质量不符合要求等问题。因此，在进货验收过程中，要认真细致，区别不同的情况，及时进行处理，填写商品验收查询单。表3-4为物资溢余、短缺、破损查询单。

① 细数不符。在开箱、拆包核点物品细数时，如发现有多余情况，应在入库单上按实签收，并通知发货方和货主，不能做溢余处理；如发现数量减少，也应按实际数量签收，同时联系发货方和货主，不能以其他规格的溢余物品作抵充数，或以其他批次余额抵补。

② 质量问题。开箱、拆包验收时发现物品有残损或变质情况，保管员或验收人员将残损物品另列，好坏分开。签收的单据则根据货主的规定办理，可同时在一份物品入库单上分完好物品、残损物品签收，也可另设残损物品入库单。残损物品签收后，也应及时通知货主和发货方，并分开堆存，保持原状（如玻璃制品的破损原件等），以便货主检查处理。

③ 验收凭证问题的处理。到库商品应作为待检验品堆放在待验区，待证件到齐后再进行验收。证件未到之前，不能验收，不能入库，更不能发货。

这是仓库将物品验收中的具体问题用书面形式通知货主或发货方要求查明情况进行处理

的一种方式,一般分别按溢收、短缺、残损、质差等情况用不同表式填写,再由货主抄送发货方。有时仓库只提供验收中存在问题的记录材料,由货主填送表式给发货方。一般采用的表式有"来货残损、变质物品查询处理表"和"收货清点溢余、短少表"两种,其联数多少视业务需要而定。查询单不可作入库原始凭证用于登记物品账。

表3-4 物资溢余、短缺、破损查询单

发货单位		合同号		运次		车号		凭证号		质量证明书	
运输方式		发站		运单号		到站		承付日期		发货件数	
目录编号	原始凭证记录			实收数	溢收数量(金额)	短缺数量(金额)	残损数量(金额)	质差数量(金额)	规格不附数量(金额)		
	器材名称及规格	单位	数量	总价							

收料部门验收及处理意见:　　　　　　发料部门复查及处理意见:
备注:
收料单位:　　审核人:　　经办人:　　发料单位:　　签复人:　　年 月 日

五、商品的分类与编码

1. 商品分类

商品分类是将多品种商品按其性质或其他条件分别归入不同类别,进行系统的排列,以提高仓储作业效率。

1) 商品分类原则

(1) 分类形式应满足企业自身需要,选择适用并且统一的分类标准,标准一旦确定,不可随意变更。

(2) 有系统地展开,逐渐细分,层次分明。

(3) 分类具有排他性。

(4) 分类应全面,应覆盖所有商品。

(5) 分类应具有伸缩性,以适应商品的增加。

2) 商品分类方法

(1) 按商品特性进行分类。特性不同的商品所需要的保管条件差异很大,如有些商品要求对存储环境进行温湿度控制。因此,为适应商品保管的需要,可以选择按商品特性进行分类。

(2) 按商品使用目的、方法和程序进行分类。例如,需要进行流通加工的商品,可以按加工的方法不同进行分类。

(3) 为账务处理方便,可按会计科目对商品进行分类。

(4) 按交易行业对商品进行分类。

(5) 按商品的形状、尺寸、颜色和重量等进行分类。

(6) 按照运输要求,如需公路、铁路、航空运输等,对商品进行分类;在发运量大的仓库中,也可以按收货地或到货站对商品进行分类。

2. 商品编码

1) 商品编码的概念

商品编码是将商品按其分类内容进行有序编排，并用简明文字、符号或数字来代替商品的"名称""类别"。通过商品编码，可运用计算机对商品进行高效率管理，从而实现整个仓储作业的标准化管理。

2) 商品代码的结构

商品代码（简称代码）通常是由阿拉伯数字、字母或便于记忆和处理的符号组成的一个或一组字符串，其基本结构包括：

（1）代码长度，一个代码中所包含的有效字符的个数；

（2）代码顺序，代码字符排列的逻辑顺序；

（3）代码基数，编制代码时所选用的代码字符的个数，如阿拉伯数字代码的字符为0~9，代码基数为10。

3) 商品编码的原则

（1）唯一性。虽然被编码的商品可以有很多不同的名称，也可以按不同的方式对其进行描述，但在一个分类编码标准体系中，每个编码对象只有一个代码，即一个代码只代表一个商品。

（2）简易性。代码结构应尽量简单，以便于记忆，同时减少代码处理中的差错，提高信息处理效率。

（3）扩充弹性。为将来可能增加的商品留有扩充编号的余地。

（4）充足性。所采用的文字、记号或数字应足够用来编号。

（5）安全性。编码应具有安全特性，应能防止公司机密外泄。

（6）一贯性。每一种商品都有一种代码来表示，而且必须统一，具有连贯性。

（7）计算机的易处理性。便于计算机处理是商品编码的重要原则，只有通过计算机进行处理，才能真正提高商品信息传递与处理的准确性，提高商品仓储作业流程的效率。

4) 商品编码的方法

商品编码的方法很多，常见的有无含义编码和有含义编码。无含义编码通常可以采用流水顺序码来编排；有含义编码是在对商品进行分类的基础上，采用序列顺序码、层次码等编排。在仓库管理中可以采用以下6种商品编码的方法。

（1）流水编码法，又称顺序编码和延伸式编码，方法是将阿拉伯数字或英文字母按顺序往下编排。流水编码法的优点是代码简单，使用方便，易于延伸，对编码对象的顺序无任何特殊规定和要求；其缺点是代码本身不会显示任何有关商品的其他信息。流水编码多用于账号或发票编号。流水编码如表3-5所示。

表3-5 流水编码

商品编码	商品名称
1	彩电
2	冰箱
3	洗衣机
⋮	⋮
N	计算机

（2）分组编码法是按商品特性分成多个数字组，每个数组代表商品的一种特性。例如，第一组代表类别，第二组代表形状，第三组代表供应商，第四组代表尺寸。分组编码法代码结构简单，容量大，便于计算机管理，在仓库管理中使用较广。如表3-6所示，075006124为商品编码。

表3-6 分组编码

（一）

类别	形状	供应商	尺寸
07	5	006	124 mm

（二）

商品	类别	形状	供应商	尺寸大小	意义
编码 075006124	07				饮料
		5			圆瓶
			006		统一
				124	100 mm×200 mm×400 mm

（3）数字分段编码法，即把数字分段，每一段代表有共同特性的一类商品。数字分段编码如表3-7所示。

表3-7 数字分段编码

编号	商品名称
1	6只牙膏
2	12只牙膏
3	24只牙膏
4	4~5为牙膏组预留号
5	
6	黑妹牙膏
7	中华牙膏
8	
9	8~12为牙膏预留号
⋮	
12	

（4）后数位编码法，即利用编号末尾数字，对同类商品进一步分类编码。后数位编码如表3-8所示。

表3-8 后数位编码

编码	商品类别
380	服饰
390	女装
391	上衣
391.1	衬衫
391.11	白色

（5）实际意义编码法，即根据商品的名称、重量、尺寸、分区、储位、保存期限等其他实际情况来对商品进行编码。应用实际意义编码法进行商品编码的特点是通过商品编号能够迅速了解商品的内容及相关信息。实际意义编码如表3-9所示。

表3-9 实际意义编码

编码		含义
FO4915B1	FO	表示food，食品类
	4915	表示4 mm×9 mm×15 mm，尺寸大小
	B	表示B区，商品存储区号
	1	表示第一排货架

（6）暗示编码法，即用数字与文字组合编码，暗示商品的内容和有关信息。暗示编码容易记忆，又可防止商品信息外泄。暗示编码如表3-10所示。

表3-10 暗示编码

属性	商品名称	尺寸	颜色与形式	供应商
编码	BY	5	WB	10
含义	表示自行车（bicycle）	表示大小型号为5号	表示白色（white）表示小孩型（boy's）	供应商的代号

六、货物入库

1. 入库前的准备

仓库管理部门做好接收前的准备工作，可以保证物品准确、迅速、安全入库，也可以防止由于突然到货而造成的忙乱甚至拖延。

（1）编制仓储计划。仓储计划编制的主要依据是货物的市场供需变化情况，客户向仓储企业提供的货物存储申报计划，以及库场的存储能力和条件等。仓储计划的内容一般包括存储货物的种类、数量、包装、货主、入库时间和出库时间，以及储存要求。为仓储业务活动制订计划能合理安排仓容，提高仓容利用率，便于人员、设备的合理调配，有利于降低仓储费用。

（2）入库前具体准备工作。

① 加强日常业务联系。根据仓库储存情况，经常与存货单位、仓库主管部门、生产厂或运输部门联系，了解即将到库商品情况，掌握入库商品的品种、类别、数量和到库时间，据此精确安排入库的准备事项。一般来说，商品入库，存货单位或仓库主管部门要提前（至少一天）通知仓库，以便仓库做好接货的各项准备工作。仓库对其主管部门安排储存的商品不得挑剔。

② 妥善安排仓容。接到进货单，在确认有效无误后，应根据入库商品的性能、数量、类别，结合分类保管的要求，核算所需的货位面积（仓容）大小，确定存放位置，以及必要的验收场地。对于新商品或不熟悉的商品入库，要事先向存货单位详细了解商品的性质、特点、保管方法和有关注意事项，以便商品入库后做好保管养护工作。

③ 合理组织人力。根据商品进出库的数量和时间，做好收货人员和搬运、堆码等劳动力的安排工作。采用机械操作的要定人、定机，事先安排作业序列，做好准备。

④ 准备验收和装卸搬运的机具。为保证入库作业的顺利进行，根据入库商品验收内容和方法，以及商品的包装和重量，准备齐全各种点验商品数量、质量、包装，以及装卸、堆码所需的点数、称量、测试机具等用具。要做到事先检查，保证准确有效。

⑤ 准备苫垫、劳保用品。根据入库商品的性能、数量和储存场所的条件，核算所需苫垫用品的数量，据此备足所需的数量。尤其对于底层仓间和露天场地存放商品，更应注意苫垫用品的选择和准备。同时，根据需要准备好劳动保护用品。

2. 入库手续

货物的入库手续包括：登账、立卡、建档和信息登录。

（1）登账。登账即建立物品保管明细账。根据物品入库收单和有关凭证建立物品保管明细账，并按照入库物品的类别、品名、规格、批次、单价、金额等，分别立账，还要标明物品存放的具体位置。此类账用活页式，按物料的种类和编号顺序排列。在账页上还应注明货位号和档案编号，以便查对。账簿应由负责该类物料的保管员或保管组长专人负责。物品保管明细账必须严格按照物料的入、出库凭证及时登记，要按记账规则填写准确、清楚。记账发生错误时，要用红字冲销，再重新入账登记更改，不得刮、擦、挖、补。

（2）立卡。立卡即填制物品的保管卡片，也可称为料卡。物料在验收完毕、入库码垛的同时，即应建立卡片。应一垛一卡，拴挂在物料堆垛上面。卡片应按"入库通知单"所列内容逐项填写。填写时一定要准确、齐全。填写错误时，要用"划线更正法"予以更改，不得涂改、刮擦。

（3）建档。入库物料验收后，在立卡的同时，必须建立物料档案，即按物料品名、型号、规格、单价、批次等分类立账归档，集中保存记录物料数量与质量等情况的资料、证件和凭证等。建立物料档案的目的是管好物流技术资料，使其不致散失，便于给用货单位提供材质证明参考。这样，不仅调用查阅方便，同时便于了解物料在入库前及保管期的活动全貌，便于合理地保管物料，有利于研究和积累保管经验，总结管理规律，为物料的采购及供应商的选择与考评提供全面的参考资料。

（4）信息登录。物资到达物流中心经验收确认后，一般应将仓储货物有关信息录入仓库管理信息系统，通常包含以下信息。

① 物资的一般特征。物资名称、类别、规格、型号；物资的包装单位、包装尺寸、包装容器、单位重量及价格等。

② 物资的原始条码、内部编号、进货入库单据号码、储位。

③ 供应商信息。供应商名称、编号、合同号等。

④ 订单信息。订单对应号、序号、当日收货单序号。

录入以上信息后，仓库管理信息系统将自动更新和储存录入的信息，特别是物资入库数量的录入将增加在库物资账面余额，从而保证物资账面数目与实际库存数量一致，既为保管物资数量与质量提供依据，也为库存物资数量的控制和采购决策提供参考。对作业过程中产生的单据和其他原始资料应注意根据一定的标准如按不同的供应商或时间顺序等归类整理，留存备查。

任务四　仓储货物的信息处理技术

一、条码技术及其应用

条码（bar code）技术或称 BC 技术，是在计算机应用中产生并发展起来的，广泛应用于商业、邮政、图书管理、仓储、工业生产过程控制、交通等领域的一种自动识别技术，具有输入速度快、成本低、可靠性强等优点，在当今的自动识别技术中占有重要的地位。条码技术在仓储业的自动化立体仓库中发挥着重要作用，特别是对于小型物品的管理和入库不均衡的物品的管理更显示出其优越性。

1. 条码基础知识

（1）条码的概念。条码是由一组规则排列的条、空及对应的字符组成的标记。"条"指对光线反射率较低的部分，"空"指对光线反射率较高的部分，这些条和空组成的数据表达一定的信息，并能够用特定的设备识读，转换成与计算机兼容的二进制和十进制信息，是一种自动识别技术。

（2）条码的优越性。

① 可靠性强。条码的读取准确率远远超过人工记录，平均每 15 000 个字符才会出现一个错误。

② 效率高。条码的读取速度很快，相当于每秒 40 个字符。

③ 成本低。与其他自动化识别技术相比，条码技术仅仅需要一小张贴纸和相对构造简单的光学扫描仪，成本相当低廉。

④ 易于制作。条码的编写很简单，制作也仅仅需要印刷，被称为"可印刷的计算机语言"。

⑤ 构造简单。条码识别设备的构造简单，使用方便。

⑥ 灵活实用。条码符号可以手工键盘输入，也可以和有关设备组成识别系统实现自动化识别，还可和其他控制设备联系起来实现整个系统的自动化管理。

2. 常用的条码及其应用领域

（1）EAN 条码。EAN 条码是国际物品编码协会制定的一种商品用条码，通用于全世界。EAN 条码符号有标准版（EAN-13）和缩短版（EAN-8）两种。标准版表示 13 位数字，又称 EAN-13 码，缩短版表示 8 位数字，又称 EAN-8 码。两种条码的最后一位为校验位，由前面的 12 位或 7 位数字计算得出。

（2）UPC 条码。UPC 条码（universal product code）是最早大规模应用的条码，其特性是一种长度固定、连续性的条码，主要在美国和加拿大使用，由于其应用范围广泛，又称万用条码。UPC 条码仅可用来表示数字，故其字码集为数字 0～9。

（3）128 条码。目前我国所推行的 128 条码是 EAN-128 条码，EAN-128 条码是根据 EAN/UCC-128 条码定义标准将资料转变成条码符号，并采用 128 条码逻辑，具有完整性、紧密性、联结性及高可靠度的特性。辨识范围涵盖生产过程中一些补充性质且易变动之资讯，如生产日期、批号、计量等。128 条码可应用于货运栈版标签、携带式资料库、连续性资料段、流通配送标签等。

（4）交插二五条码。交插二五条码是1972年美国Intermec公司发明的一种条、空均表示信息的连续型、非定长、具有自校验功能的双向条码。它的字符集为数字字符0～9。交插二五条码是一种密度较高的条码。由于条与空均表示信息，没有条码字符间隔，故是连续型条码。由于它可表示不同个数的数字字符，它是一种非定长的条码。

（5）库德巴条码主要用于医疗卫生、图书情报、物资等领域数字和字母信息的自动识别。库德巴条码符号由左侧空白区、一个起始符、数据符、一个终止符和右侧空白区构成。条码字符间隔把各个条码字符隔开。

（6）内部条码。对未带通用商品条码的商品，进货时则根据商品编码生成内部条码，采用EAN-13码结构，其结构如表3-11所示。

表3-11 内部条码

内部标识码	商品分类 （大、中、小细类）编码	同类产品 品种流水码	校验码
2	S1S2S3S4S5S6S7S8	L1L2L3	C

连锁店和超级市场中的水果、蔬菜、鲜鱼肉等类商品，是以随机称重量销售或是分小包装形式出售的，最好使用条码电子秤，必须采用带有价格的特别内部条码，其结构如表3-12所示。

表3-12 带有价格的特别内部条码

特别内部标识码	特别商品编码	商品价格	校验码
20	H1H2H3H4H5	K1K2K3K4K5	C

（7）二维条码。

一维条码所携带的信息量有限，如商品上的条码仅能容纳13位（EAN-13码）阿拉伯数字，更多的信息只能依赖数据库的支持。离开了预先建立的数据库，这种条码就没有意义了，因此在一定程度上也限制了条码的应用范围。基于这个原因，在20世纪90年代二维条码应运而生。二维条码除了具有一维条码的优点外，同时还有信息量大、可靠性强、保密、防伪性强等优点。

二维条码是将一维条码存储信息的方式在二维空间上扩展，从而存储更多的信息，故称二维条码（2-dimensional bar code），简称二维码。目前二维条码主要有PDF417码、Code 49码、Code 16K码、Data Matrix码、Maxicode码等，主要分为堆积或层排式和棋盘或矩阵式。

二维条码作为一种新的信息存储和传递技术，从诞生之时起就受到了国际社会的广泛关注。经过几年的努力，现已应用在国防、公共安全、交通运输、医疗保健、工业、商业、金融、海关及政府管理等多个领域。

二维条码依靠其强大的信息携带能力，能够把过去使用一维条码时存储于后台数据库中的信息包含在条码中，可以直接通过阅读条码得到相应的信息，并且二维条码还有错误修正技术及防伪功能，增加了数据的安全性。二维条码可把照片、指纹编制于其中，能够有效地解决证件的可机读和防伪问题，因此广泛应用于护照、身份证、行车证、军人证、健康证、保险卡等。美国亚利桑那州等10多个州的驾驶证、美国军人证、军人医疗证等在几年前就已采用了PDF417技术,将证件上的个人信息及照片编在二维条码中,不但可以实现身份证的自动识读,而且可以有效地防止伪冒证件事件发生。菲律宾、埃及等许多国家也已在身份证或驾驶证上采用了二维条码。另外,在长途货运单、税务报表、保险登记表上也都有使用二维条码技术来解决数据输入及防止伪造、删改表格的例子。在我国部分地区,注册会计师证和汽车销售及售后服务等方面,二维条码也得到了初步的应用。二维条码如图3-1所示。

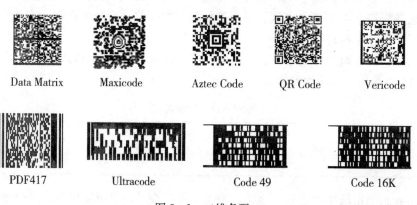

图3-1 二维条码

3. 条码技术在仓库管理中的应用

条码仓库管理是条码技术广泛应用比较成熟的传统领域,不仅适用于商业商品库存管理,同样适用于工厂产品和原料库存管理。实施条码仓库管理(盘存)电子化的作用如下。

(1)验货(收货)管理。原材料入库:前期不惊动供应商,对供应商来料,根据检验单打印条码标签,由仓库检验员在物料包装或托盘上粘贴条码,然后扫描入库,条码中应包含物料代码、入库批号、数量、入库仓位等信息;条码系统运行平稳后,仓库检验员再对所有供应商发通知,要求供应商通过EDI(电子数据交换)程序远程打印原材料条码标签,粘贴在产品外包装上。半成品入库:根据生产订单,在生产线下线时,由生产操作人员打印条码标签并粘贴在半成品上,然后扫描入库。成品入库:扫描生产订单,进行成品条码标签打印,当装满一个包装时,自动打印包装箱条码标签,并将条码粘贴到包装箱的指定位置,然后扫描入库。

(2)入库管理。搬运工(或叉车司机)只需用便携条码扫描器扫描准备入库的物料箱上的标签和准备存放此箱的货架的标签即可。入库分为间接入库和直接入库两种:间接入库指货品堆放在任意空位上后,通过条码扫描记录其地址;直接入库指将某一类货物存放在指定货架。通过入库管理,可为每一个物料箱及其存放位置建立一个记录。

(3)盘库管理。盘库管理指把库房中仓储的所有货品根据盘库原则进行物理实物盘存的操作。过程如下:工作人员首先在便携式条码数据终端(简称终端)下载要盘货品的数据,并且仓库管理人员依据盘点数据持终端到仓库现场进行实物盘点,扫描货品的条码号。终端显示哪些是要盘货品,它们存放在何地,辅助仓库管理人员根据实际库存登记盘点的实物信息,并且输入实际货品数量,并扫描其标识号进行验证。系统记录这一货品,并建立一份盘存数据档案。

(4) 出库管理。货物出库的提货作业要与同一顾客的各项货品订单结合。先将订单分解为按货箱为单位，或者按批、货盘的满载能力为单位，还可按特殊情况或容器来确定装货作业。操作工从其便携式条码数据终端上选择出库模式后，扫描提货箱上的条码，系统便确认货箱里是否含有提货单上的物品，其数量和品种是否正确等。在应发货数量与实际提货数量之间出现不一致时，系统均要求操作工输入一个原代码，对此差异作出解释，再由系统重置代码和报告。这样系统就具有一定的柔性，可让操作工在货盘不满的时候能装载更多的货物，或者在货盘已满时撤走一些货物。最后，系统把出库的货物从数据库清除，并表明此订单已完成提货。

4．常用条码扫描器

常用条码扫描器包括接触式扫描器、非接触式扫描器、手持式扫描器、固定式扫描器、固定光束式扫描器、移动光束式扫描器、激光扫描器、CCD 扫描器、光笔、全方位扫描器等，如图 3-2 所示。

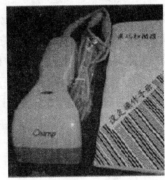

图 3-2　常用条码扫描器

二、射频识别技术

商品代码的载体一般有条形码标签和射频码标签。

1．射频识别的概念

射频识别的英文是 radio frequency identification，缩写为 RFID，即无线射频身份识别、感应式电子芯片、近接卡、感应卡、非接触卡等，是非接触式自动识别技术的一种。通过相距几厘米到几米距离内传感器发射的无线电波，可以读取电子标签内储存的信息，识别电子标签代表的物件的身份。

从概念上来讲，RFID 类似于条码扫描。对于条码技术而言，它是将已编码的条码附着于目标物，并使用专用的扫描读写器利用光信号将信息由条形磁传送到扫描读写器；而 RFID 则使用专用的 RFID 读写器及专门的可附着于目标物的 RFID 单元，利用 RF 信号将信息由 RFID 单元传送至 RFID 读写器。

2．射频识别系统的组成

一个最基本的 RFID 系统一般由以下三部分组成。

(1) RFID 标签。标签（tag）由耦合元件及芯片组成，每个标签具有唯一的电子编码。

高容量电子标签有用户可写入的存储空间,附着在物体上标识目标对象。

(2)天线。天线(antenna)在读写器及 RFID 单元间传输 RF 信号。任一 RFID 系统至少应包含一根天线(不管是内置还是外置)发射和接收 RF 信号。有些 RFID 系统是由一根天线来同时完成发射和接收的;而另一些 RFID 系统则是由一根天线来完成发射而由另一根天线来承担接收的,所采用天线的形式及数量应视具体应用而定。

(3)RFID 读写器。RFID 读写器,简称读写器,又称射频识别阅读器(RFID reader),可设计为手持式或固定式。其接收从 RFID 单元上返回的 RF 信号,并将解码的数据传输到主机系统以供处理。RFID 读写器的任务是控制 RF Transceiver(射频收发器)发射 RF 信号,通过 RF Transceiver 接收来自标签上的已编码 RF 信号,对标签的认证识别信息进行解码;将认证识别信息连带标签上其他相关信息传输到主机以供处理。有些读写器还具备其他功能,如在 ETC(电子收费)应用中,就包含采集车辆检测器,与驱动道闸、交通灯等其他设备的数字输入输出信息。RFID 读写器中的硬件部分控制着读写器的工作。用户可以通过相关控制主机或本地终端发布命令,以改变或定制其工作模式,适应具体应用的需求。

天线、RFID 读写器、收发器及主机可局部或全部集成为一个整体,或集成为少数的部件,不同制造商有各自不同的集成方法。在以上基本配置之外,还应包括相应的应用软件。

在射频识别系统中按照能量供给方式的不同,RFID 标签分为有源、无源和半有源 3 种;按照工作频率的不同,RFID 标签分为低频(LF)、高频(HF)、超高频(UHF)和微波频段(MW)的标签。目前国际上 RFID 应用以 LF 和 HF 标签产品为主;UHF 标签开始规模生产,由于其具有可远距离识别和低成本的优势,有望在未来 5 年内成为主流;MW 标签在部分国家已经得到应用。中国已掌握 HF 芯片的设计技术,并且成功地实现了产业化,同时 UHF 芯片也已经完成开发。射频识别系统如图 3-3 所示。

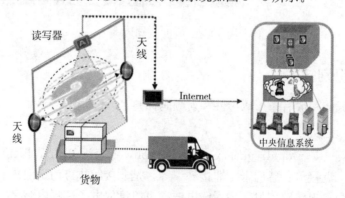

图 3-3 射频识别系统

3. RFID 的特点

1) RFID 的优点

(1)快速扫描。对于条码而言,一次只能有一个条码受到扫描;RFID 读写器可同时辨识读取数个 RFID 标签。

(2)体积小型化、形状多样化。RFID 标签在读取上并不受尺寸大小与形状限制,不需为了读取精确度而配合纸张的固定尺寸和印刷品质。此外,RFID 标签可往小型化与多样化形态发展,以应用于不同产品。

（3）抗污染能力和耐久性。传统条码的载体是纸张，因此容易受到污染，而 RFID 标签对水、油和化学药品等物质具有很强抵抗性。此外，由于条码是附于塑料袋或外包装纸箱上的，特别容易折损；RFID 卷标是将数据存在芯片中，因此可以免受污损。

（4）可重复使用。现今的条码印刷后就无法更改，RFID 标签则可以重复地新增、修改、删除其内部储存的数据，方便信息的更新。

（5）穿透性和无屏障阅读。在被覆盖的情况下，RFID 能够穿透纸张、木材和塑料等非金属或非透明的材质，并能够进行穿透性通信。而条码扫描机必须在近距离而且没有物体阻挡的情况下，才可以识读条码。

（6）数据的记忆容量大。一维条码的容量是 50 字节，二维条码可储存 2~3 000 字符，RFID 最大的容量则有数兆字节。随着记忆载体的发展，数据容量也有不断扩大的趋势。未来物品所需携带的资料量会越来越大，对 RFID 卷标扩充容量的需求也相应增加。

（7）安全性。由于 RFID 承载的是电子式信息，其数据内容可经由密码保护，使其不易被伪造及变造。近年来，RFID 因其所具备的远距离读取、高信息储存量等特性而备受瞩目。它不仅可以帮助一个企业大幅提高货物、信息管理的效率，还可以让销售企业和制造企业互联，从而更加准确地接收反馈信息，控制需求信息，优化整个供应链。

2）RFID 的缺点

（1）技术上尚未完全成熟。自动 ID 中心所做的一项调查显示，即使贴上双重 RFID 卷标，RFID 卷标牌仍有 3％无法判读；只贴一个标签的吊牌则只有 78％的正确判读。此外，RFID 标签与 RFID 读写器具有方向性及射频识别信号容易被物体所阻断，亦为射频辨识技术未来发展的一大挑战。

（2）国际标准的制定与推行问题。标准化是推动产品广泛获得市场接受的必要措施，但 RFID 读写器与 RFID 标签的技术仍未见统一，因此无法一体适用。而不同制造商所开发的卷标通信协议，适用于不同的频率，且封包格式不一。就目前来看，现在普遍使用的 134 KHz 和 13.56 MHz 因传输距离不够长而限制了 RFID 读写器和 RFID 标签间的传输距离，使得若干 RFID 标签不能有效地被读取，而跨越 UHF 频段的最大问题是现有的绝大多数 RFID 系统和卷标供货商及设备无法支持 UHF 频段。

（3）成本问题。RFID 系统不论是 RFID 卷标、RFID 读写器还是天线，会随着各大业者的应用而使制造成本大幅降低，但著名顾问公司麦肯锡分析指出，厂商不能只着眼于 RFID 未来价格下跌就垂涎不已，因为这项技术还需进行企业资源规划（ERP）软件升级，而这部分可能耗资巨大。

（4）RFID 技术的大规模应用还涉及工人失业、隐私保护及安全问题。正因为如此，目前的 RFID 技术要想在对信息有保密要求的领域展开应用，还存在障碍。此外，如何在不增加太多成本的同时提高电子标签的性能，还是一个有待进一步研究的问题。

三、仓库管理系统

仓库管理系统（warehouse management system，WMS）是由多功能软件子系统组合而成的信息管理系统。

1. 入库管理子系统

（1）入库单数据处理（录入）。入库单可包含多份入库分单，每份入库分单可包含多份托盘数据。入库单的基本结构是每个托盘上放一种货物，因为这样会使仓储的效率更高、流程更清晰。

（2）条码打印及管理。条码打印及管理的目的仅是避免条码的重复，以使仓库内每一个托盘货物的条码都是唯一的标识。

（3）货物托盘及托盘数据登录注记（录入）。入库单的库存管理系统可支持大批量的一次性到货。该管理系统的运作过程是：批量到货后，首先要分别装盘，然后进行托盘数据的登录注记。托盘数据是指对每个托盘货物分别给予一个条码标识，登录注记时将每个托盘上装载的货物种类、数量、入库单号、供应商、使用部门等信息与该唯一的条码标识联系起来。注记完成后，条码标识即成为一个在库管理的关键，可以通过扫描该条码得到该盘货物的相关库存信息及动作状态信息。

（4）货位分配及入库指令的发出。托盘资料注记完成后，该托盘即进入待入库状态，系统将自动根据存储规则（如货架使用区域的区分）为每一个托盘分配一个适当的空货位，并向手持终端发出入库操作的要求。

（5）占用的货位重新分配。当所分配的货位实际已有货时，系统会指出新的可用货位，通过手持终端指挥完成操作。

（6）入库成功确认。从注记完成至手持终端返回入库成功的确认信息前，该托盘的货物始终处于入库状态。直到收到确认信息，系统才会把该托盘货物状态改为正常库存，并相应更改数据库的相关记录。

（7）入库单据打印。打印实际收货入库单。

2. 出库管理子系统

（1）出库单数据处理。该步骤是指制作出库单的操作。每份出库单可包括多种、多数量货物，出库单分为出库单和出库分单，均由手工输入生成。

（2）出库品项内容生成及出库指令发出。系统可根据出库内容以一定规律（如先进先出、就近等），具体到托盘及货位，生成出库内容，并发出出库指令。

（3）错误货物或倒空的货位重新分配。当操作者通过取货位置扫描图确认货物时，如果发现货物错误或实际上无货，只要将信息反馈给系统，系统就会自动生成下一个取货位置，指挥完成操作。

（4）出库成功确认。手持终端确认货物无误后，发出确认信息，该托盘货物即进入出库运行中的状态。在出库区现场终端确认出库成功完成后，即可取数据库中的托盘条码，并修改响应数据库的记录。

（5）出库单据打印。打印与托盘相对应的出库单据。

3. 数据管理子系统

1）库存管理

（1）货位管理查询。查询货位使用情况（空、占用、故障等）。

（2）以货物编码查询库存。查询某种货物的库存情况。

（3）入库时间查询库存。查询以日为单位的在库情况。

（4）盘点作业。实现全库盘点。

2) 数据管理

（1）货物编码管理。提供与货物编码相关信息的输入界面，包括：编码、名称、所属部门、单位等的输入。

（2）安全库存质量管理。提供具体到某种货物的最大库存、最小库存的参数设置，从而实现库存量的监控预警。

（3）供应商。录入供应商编号、名称、联系方法，供入库单使用。

（4）使用部门数据管理。录入使用部门、编号、名称等，供出、入库单使用。

（5）未被确认操作的查询和处理。提供未被确认操作的查询和逐条核对处理功能。

（6）数据库与实际不符记录的查询和处理。

4. 系统管理子系统

（1）使用者及其权限设定。使用者名称、代码、密码、可使用程序模块的选择。

（2）数据库备份操作。提供存储过程，每日定时备份数据库或日志。

（3）通信操作。若系统有无线通信部分，应提供对通信的开始和关闭操作功能。

（4）系统的登录和退出。提供系统登录和退出界面相关信息。

知识拓展

仓单融资

一、什么是仓单融资

仓单融资又称"仓单质押融资""仓储融资"，是指申请人将其拥有完全所有权的货物存放在商业银行指定的仓储公司（以下简称仓储方），并以仓储方出具的仓单在银行进行质押，作为融资担保，银行依据质押仓单向申请人提供用于经营与仓单货物同类商品的专项贸易的短期融资业务。

仓单融资实质是一种存货抵押融资方式，通过银行、仓储公司和企业的三方协议，引入专业仓储公司在融资过程中发挥监督保管抵押物，对抵押物进行价值评估、担保等作用，实现以企业存货仓单为抵押的融资方式。

仓单融资适用于流通性较高的大宗货物，特别是具有一定国际市场规模的初级产品，如有色金属及原料、黑色金属及原料、煤炭、焦炭、橡胶、纸浆，以及大豆、玉米等农产品。任何特制的商品、专业机械设备、纺织服装、家电等产品，一般难以取得银行仓单融资的机会。

二、仓单融资的主要特点

（1）仓单融资与特定的生产贸易活动相联系，是一种自偿性贷款。一般的，贷款随货物的销售实现而收回，与具有固定期限的流动资金贷款、抵押贷款相比，周期短、安全性高、流动性强。

（2）适用范围广。仓单融资不但适用于商品流通企业，而且适用于各种生产企业，能够有效地解决企业融资担保难的问题。当企业缺乏合适的固定资产作抵押，又难以找到合适的保证单位提供担保时，就可以利用自有存货的仓单作为质押申请贷款。

（3）质押物受限制程度低。与固定资产抵押贷款不同，质押仓单项下货物受限制程度较低，货物允许周转，通常可以采取以银行存款置换仓单和以仓单置换仓单两种方式。质押物受限制程度低，对企业经营的影响较小。

（4）仓单融资业务要求银行有较高的风险监控能力和较高的操作技能。仓单融资中，抵押货物的管理和控制非常重要，由于银行一般不具有对实物商品的专业管理能力，需要选择有实力、信誉高的专业仓储公司进行合作。同时，银行需要确认仓单是否是完全的货权凭证、银行在处理仓单时的合法地位、抵押物价值的评估等问题。

自我测试

一、填空题

1. 仓储经营者以营利为目的，利用现有仓储能力为他人储存和保管仓储物及提供相关增值服务的筹划与管理活动称为_____。
2. _____是保管人在接受仓储物后签发的表明一定数量的保管物已经交付仓储保管的法律文书。
3. 仓储合同违约行为的表现形式有_____、_____、_____、_____。
4. 仓储合同违约责任的承担方式有_____、_____、_____、_____等。
5. 货物的接运方式有_____、_____、_____。
6. 装卸搬运的特点有_____、_____、_____。
7. 装卸搬运作业是由_____、_____、_____构成的。
8. 装卸搬运合理化的标志是_____、_____、_____、_____。
9. 条码是由一组规则排列的_____、_____及_____组成的标记。
10. 一个最基本的RFID系统一般由_____、_____、_____三部分组成。

二、单选题

1. 一方当事人向另一方发出的以订立合同为目的而提出的合同条件称为（　　）。
   A. 承诺　　　　B. 要约　　　　C. 签约　　　　D. 询盘
2. 当事人双方在仓储合同中约定免责事项，对负责事项造成的损失，不承担互相赔偿责任的免责是指（　　）。
   A. 不可抗力　　　　　　　　B. 仓储物自然特性
   C. 存货人的过失　　　　　　D. 合同约定的免责
3. 物品入库或上架后，将物品名称、规格、数量或出入状态等内容填在料卡上，称为（　　）。
   A. 登账　　　　B. 记录　　　　C. 立卡　　　　D. 建档
4. （　　）主要指港口装卸的一种水平装卸方式。
   A. 吊上吊下方式　　　　　　B. 叉上叉下方式
   C. 滚上滚下方式　　　　　　D. 推上推下方式
5. 到车站提货，应向车站出示（　　），也可以凭单位证明或在货票存查联上加盖单位提货专用章，将货物提回。

A. 领货凭证　　　B. 入库单　　　C. 仓单　　　D. 运单
6. 入库前具体准备工作不包括（　　）。
   A. 妥善安排仓容　　　　　　B. 核对账目
   C. 准备验收和装卸搬运的机具　D. 准备苫垫、劳保用品
7. 仓库作业过程实际上包含了实物流过程和（　　）两个方面。
   A. 信息流过程　B. 作业流过程　C. 订单流过程　D. 数据流过程
8. 射频识别（RFID）技术的基本原理是（　　）。
   A. 光电反应　B. 电磁理论　C. 反射原理　D. 化学反应原理
9. 目前国内应用最广泛的条码是（　　）。
   A. 交插二五条码　B. UPC 条码　C. EAN 条码　D. 库德巴条码
10. WMS 表示（　　）。
    A. 仓库管理系统　　　B. 仓库信息系统
    C. 仓库控制系统　　　D. 仓库联系网络

三、多选题

1. 仓储合同的特征有（　　）。
   A. 标的物必须为动产　　　B. 保管人必须是仓库营业人
   C. 仓储合同是有偿合同　　D. 仓储合同为诺成合同
   E. 仓单是物权凭证
2. 仓单的性质包括（　　）。
   A. 仓单是仓储合同的证明　　B. 仓单不可进行期货交易
   C. 仓单是物权凭证　　　　　D. 仓单是金融工具
   E. 仓单是保管人承担责任的证明
3. 入库作业阶段由（　　）等环节构成。
   A. 接运　B. 保养　C. 验收　D. 入库交接　E. 采购
4. 货物接运的步骤有（　　）。
   A. 核对凭证　B. 检查包装　C. 大数点收　D. 接运记录
   E. 办理交接手续
5. 货物的入库手续包括（　　）。
   A. 登账　B. 立卡　C. 建档　D. 信息登录　E. 抽检
6. 接运方式包括（　　）。
   A. 专用线接运　　　　B. 仓库自行接货
   C. 车站、码头提货　　D. 库内接货
   E. 代理提货
7. 条码技术在仓库管理中可应用于（　　）。
   A. 入库管理　B. 盘库管理　C. 验货（收货）管理　D. 出库管理
   E. 采购管理
8. 库德巴条码的构成包括（　　）。
   A. 空白区　B. 起始符　C. 数据符　D. 校验字符

E. 终止符
9. RFID 标签分为（　　）。
   A. 低频（LF）　　B. 高频（HF）　　C. 超高频（UHF）　　D. 微波频段（MW）
   E. 变频（FC）
10. RFID 的特点包括（　　）。
    A. 可重复使用　　　　　　　　　B. 体积小型化、形状多样化
    C. 可以透过外部材料读取数据　　D. 数据的记忆容量大
    E. 标签数据可动态更改

四、问答题

1. 仓储合同条款包括哪些内容？
2. 仓储合同的当事人双方分别有哪些权利和义务？
3. 常见的仓储合同违约行为有哪些？承担违约责任的方式有哪些？哪些违约责任可以免除？
4. 什么是仓单？仓单有何法律效力？
5. 货物入库的主要操作程序是什么？
6. RFID 技术有哪些优缺点？

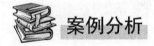

案例分析

仓单和仓储合同的关系

某水果店与某仓储公司签订了一份仓储合同，合同约定仓储公司为水果店储存水果 5 t，仓储期间为 1 个月，仓储费为 5 000 元，自然耗损率为 4％。水果由存货人分批提取。合同签订以后，水果店按照约定将水果交给仓储人储存，入库过磅为 50 100 kg。仓储公司在接受货物以后，向水果店签发了仓单。在按照双方的仓储合同填写仓单过程中，由一人读合同的条款，另一人填写。由于该合同的工作人员发音有方言口音，填写人将自然耗损率误写为 10％，存货人没有认真阅读即将仓单取走。合同到期后，存货人持仓单向仓储公司提货。出库过磅时发现水果仅有 46 000 kg，扣除 4％的自然耗损后还短缺 2 096 kg，于是水果店要求仓储公司赔偿损失。仓储公司认为仓单上写明的自然耗损率为 10％，剩余 46 000 kg 并没有超出自然耗损的范围，因此不存在赔偿问题。双方争执不下，水果店向法院起诉，要求仓储公司赔偿。

原告认为，仓储合同中约定自然耗损率为 4％，仓单上的 10％是由于被告工作人员的笔误所致，因此被告应当按照合同的约定履行义务。被告交付的水果仅有 46 000 kg，扣除自然耗损以后还短缺 2 096 kg，根据《中华人民共和国合同法》第三百九十四条的规定，仓储人应当对此承担赔偿责任。被告认为，根据《中华人民共和国合同法》第三百八十七条的规定，仓单是提取货物的凭证，因此只要其交付的货物符合仓单的内容就是已经履行了合同义务，不再承担赔偿责任。仓单上记载的自然耗损率为 10％，现在实际的损耗 4 100 kg 并没有超出仓单规定的耗损的范围，因此其不应当承担赔偿责任。

问题与思考： 1. 什么是仓储合同？仓储合同包括哪些内容？
　　　　　　　2. 什么是仓单？仓单有哪些性质？怎样制作仓单？

3. 根据本案例分析仓单和仓储合同的关系。
4. 仓储业务中的存货方和保管方在交接货和填写仓单时分别应注意哪些问题？

项目实施

情境实训一　货物的验收入库操作

一、情境描述

鑫达公司让陆通物流配送中心保管的物品现已到货，请将货物验收入库。

二、实训目的

掌握货物验收的操作；掌握库位分配及入库确认的操作；掌握商品出入库的作业流程。

三、实训内容

了解该仓库某批货物的具体入库时间、数量和入库方式；记录该批货物入库验收的操作程序和方法；记录该批货物入库单证的流转过程。

四、实训条件

物流实训室商品、设备（或仓储企业入库商品）；计算机及网络；仓储管理教学软件等。

五、实训步骤

1. 教师提供各种入库货物信息资料。
2. 掌握仓库库场的情况；制订仓储计划；做好货位准备。
3. 根据商品入库凭证进行货物的卸货、查点、验收。
4. 启动仓储管理系统，完成商品信息录入。仓库部门根据客户的入库通知指令，在系统中录入入库资料，办理入库手续。
5. 入库资料录入完毕，需要对其进行审核，并打印入库台账与单据。

六、作业题

1. 入库过程中需审核的单据有哪些？描述入库作业所需各单据的份数及流向。
2. 请为该批货物的入库绘制一份入库作业流程图。

情境实训二　商品编码操作

一、情境描述

为鑫达公司要保管的物品进行编码，打印并粘贴条码。

二、实训目的

了解商品编码的知识;掌握条码的基础知识和条码技术的应用领域;会打印条码标签,能正确粘贴条码,学会使用条码。

三、实训内容

了解条码的识读设备、生成设备与耗材;安装条码软件;编制商品标识代码及其条码符号、特殊商品条码和物流标签。

四、实训条件

计算机;条码软件、条码打印机;条码耗材、条码识读设备等。

五、实训步骤

1. 学习商品编码及条码的基础知识。
2. 到实地(超市、百货商店、快递公司、物流企业、电脑城等)了解商品条码的基本结构、特点、条码识别设备和条码扫描的方法等。
3. 将鑫达公司要保管入库的物品进行编码;打印条码;正确地粘贴条码。

六、作业题

1. 对指定商品进行编码。
2. 请写出打印机设置、打印条码的步骤,并打印条码,对其进行扫描。

情境实训三　仓储合同及仓单制作

一、情境描述

宏达贸易公司要在陆通物流配送中心储存大米 600 t,请分组模拟存货人和保管人就标的物进行洽谈,签订仓储合同并制作仓单。

二、实训目的

掌握仓储合同的相关内容;了解仓储合同签订时的注意事项,掌握仓储合同签订的过程;掌握仓单的签发过程和仓单的使用;认识仓储企业经营项目,培养仓储经营管理的理念;熟悉谈判的程序、策略和技巧。

三、实训内容

模拟进行仓储合同内容的洽谈,仓储合同条款的撰写及仓储合同的签订过程;模拟填制并签发仓单。

四、实训条件

各个学习小组分别模拟仓储企业及客户,进行商务洽谈及签订仓储合同。

五、实训步骤

1. 教师讲解仓储合同的有关知识,并提供仓储合同范例。
2. 把学生分成学习小组,进行情景模拟、角色扮演,洽谈仓储合同条款内容。
3. 正确书写和签订仓储合同。
4. 对本次谈判的过程进行经验的总结,包括在谈判过程中遇到的问题,采取的谈判技巧等。

六、作业题

1. 在模拟谈判过程中遇到哪些问题?你认为在谈判中应提高自己哪些方面的能力?
2. 根据仓储合同内容制作仓单,并说明仓单的作用。

项目四

货物在库作业管理

【项目说明】

在库作业管理是仓储管理最核心的环节,主要包括理货、堆码、苫垫作业、保管养护、盘点等。此环节的合理作业能够保证仓储物品的数量和质量完好无损,减少出入库的操作时间,提高效率,降低仓储成本,方便拣选和搬运,因而必须重视在库作业和保管过程。

【知识目标】

1. 掌握仓库中储位的分配与管理;
2. 掌握商品堆码的要求与方法及商品苫垫的方法;
3. 掌握商品盘点的工作程序;
4. 了解仓储过程中的保管与养护,以及仓储安全管理等。

【能力目标】

1. 具备仓储货位分配与管理的技能;
2. 具备码放垛形的能力;
3. 具备商品盘点的工作技能;
4. 具备商品养护的技能;
5. 能够完成简单的储存方案的设计。

 导入案例

联想集团供应商管理库存物流模式

VMI 全称 vendor managed inventory,即供应商管理库存,是一种在供应链环境下的库存运作模式。本质上,它是将多级供应链问题变成单级库存管理问题,相对于按照用户发出订单进行补货的传统做法,VMI 是以实际或预测的消费需求和库存量作为市场需求预测和库存补货的解决方法,即由销售资料得到消费需求信息,供货商可以更有效地计划、更快速地反映市场变化和消费需求。

在国内 IT 企业中，联想是第一个开始品尝 VMI 滋味的，其在北京、上海、惠阳三地的 PC 生产厂的原材料供应均在项目之中，涉及的国外供应商的数目也相当大。联想最终选择了伯灵顿全球货运物流有限公司作为第三方物流企业，这家 1994 年就进入中国的美国物流公司目前在上海、厦门为戴尔、惠普等知名 IT 企业做第三方物流服务。

联想以往的运作模式是国际上供应链管理通常使用的看板式管理，但该模式经过 11 个物流环节，涉及多达 18 个内外部单位，运作流程复杂，不可控因素增大。按照联想 VMI 项目要求，联想将在北京、上海、惠阳三地工厂附近设立供应商管理库存，联想根据生产要求定期向库存管理者即作为第三方物流的伯灵顿全球货运物流有限公司发送发货指令，由第三方物流公司完成对生产线的配送。从其收到通知，进行确认、分拣、海关申报及配送到生产线时间时效要求为 2.5 小时。该项目将实现供应商、第三方物流、联想之间货物信息的共享与及时传递，保证生产所需物料的及时配送。实行 VMI 模式后，将使联想的供应链大大缩短，成本降低，灵活性增强。VMI 项目启动后，为联想的生产与发展带来可观的效益如下：联想内部业务流程将得到精简；使库存更接近生产地，增强供应弹性，更好地响应市场需求变动；改善库存回转，进而保持库存量的最佳化，因库存量降低，减少企业占压资金；通过可视化库存管理，能够在线上监察供应商的交货能力。

资料来源：https://wenku.baidu.com/view/44c9afd4f8c75fbfc67db215.html?sxts=1523499414824.

讨论与思考：
1. 什么是储位管理？储位管理的要素有哪些？
2. 货位编码应符合哪些要求？货位编码有哪些方法？
3. 结合案例分析联想在供应商管理库存中是怎样操作的？

项目任务

任务一　储位管理与储位分配

储位管理是对所储存商品实行分区、分类和定位，是对所储存商品进行科学管理的一种重要方法。分区就是按照库房、货场条件，将仓库分为若干货区；分类就是按照商品的不同属性，将其分划为若干大类；定位就是在分区、分类的基础上，固定每种商品在仓库中具体存放的位置。仓库经常要储存成千上万种商品，实行所储存商品的分区、分类和定位，使每种商品都有固定的货区、库房或货场、货位进行存放，有利于加强对商品的科学保管和养护，还能加快商品出入库作业的速度和减少差错。

一、储位管理

1. 储位管理的概念

储位管理就是根据仓库的建筑、设备等条件，将库房、货棚、垛场划分为若干保管商品的储存区域，规划商品的储存位置（简称储位）。利用储位来使商品处于"被保管状态"并且能够明确显示所储存的位置，同时当商品的位置发生变化时能够准确记录，使管理者能够随时掌握商品的数量、位置及去向，以适应商品储存的需要；结合仓库管理软件系统，快速准确地定位和跟踪商品在仓库中的存储过程。

储位管理的要素有储位空间、商品、人员，以及储放、搬运设备与库存资金等。

(1) 储位空间。仓库从功能上可分为仓储型仓库和流通型仓库。储位空间的分配，对于仓储型仓库而言，主要是仓库保管空间的储位分配；而对于流通型仓库而言，则应为便于拣货及补货进行储位分配。在储位分配时，确定储位空间应先考虑空间大小、柱子排列、梁下高度、过道、设备作业半径等基本因素，再结合其他因素合理安排储存商品。

(2) 商品。储位管理的商品有保管商品和非保管商品。

① 保管商品。保管商品是指在仓库的储存区域中进行保管的商品，由于其在作业、储放搬运、拣货等方面有特殊要求，因而存在多种保管形态，如托盘、箱、散货或其他方式。这些虽然在保管单位上有很大差异，但都必须用储位管理的方式加以管理。

② 非保管商品。非保管商品是指包装材料、辅助材料和回收材料。包装材料是指一些标签、包装纸等包装物；辅助材料是指一些托盘、箱、容器等搬运器具；回收材料是经补货或拣货作业拆箱后剩下的空纸箱。

(3) 人员。储位管理的人员包括仓管人员、搬运人员、拣货补货人员等。在仓库的作业中，存取搬运商品讲求的是省时、高效，而在照顾员工的条件下，讲求的是省力。因此，要达成存取效率高、省时、省力，则作业流程方面要合理化；储位配置及标示要简单、清楚、一目了然，并且要保证商品好放、好拿、好找；表单要简单、标准化。

(4) 储放、搬运设备。相对于储位空间、商品、人员来说，储放、搬运设备与资金是关联要素，在选择储放、搬运设备时，要考虑商品特性、商品的单位、容器、托盘等因素，以及人员作业时的流程、储位空间的分配等，还要考虑设备成本与人员操作的方便性。

(5) 库存资金。对于库存资金，要做好预算，如果超出预算，要看是否能够产生相应效益。

2. 储位管理的范围

在仓库的储位管理作业中，根据作业方式不同保管区域分为预备储区、保管储区、动管储区，它们都是储位管理的范围。

(1) 预备储区。预备储区是商品进出仓库时的暂存区域，预备进入下一保管区域。虽然商品在此区域停留的时间不长，但是也不能在管理上疏忽大意，给下一作业程序带来麻烦。它分为进货暂存区和出货暂存区。

① 进货暂存区。商品进入进货暂存区前先进行分类，暂存区域也先行标示区分，并且配合看板上的记录，商品依据分类或入库上架顺序，分配到预先规划好的暂存区域储存。

② 出货暂存区。对于所要配送的商品，在每一车或每一区域路线上必须排放整齐并且加以分隔，摆放在事先标示好的储位上，再配合看板上的标示，按照出货单的顺序进行装车。

(2) 保管储区。保管储区是仓库中最大、最主要的保管区域，商品在此的保管时间最长，因此是整个仓库的管理重点。为了最大限度地增大储存容量，要考虑合理运用储存空间，提高使用效率。为了对商品的摆放方式、位置及存量进行有效的控制，应考虑储位的分配方式、储存策略等是否合适，并选择合适的储放和搬运设备，以提高作业效率。

(3) 动管储区。动管储区是在拣货作业时所使用的区域，在该区域管理的主要任务包括对储区货物的整理、整顿和对拣货单的处理。在此区域内的商品大多在短期内即将被拣取出货，商品在储位上流动频率很高，因而称为动管储区。为了让拣货时间及距离缩短、降低拣错率，就必须在拣取时能很方便迅速地找到商品所在位置，因此对于储存的标示与位置指示非常重要，并且需要依赖一些拣货设备来完成，如计算机辅助拣货系统 CAPS、自动拣货系统等。动管储区的管理方法就是这些位置指示及拣货设备的应用。

二、货物储存策略

1. 定位储存

定位储存是根据仓库建筑形式、面积大小、库房、货场和库内道路的分布情况，并综合考虑商品分类情况和各类商品的储存量，将仓库划分为若干区域，确定储存每类商品的区域，每种商品都有固定的储位，在储存时不可互相换位。分类的库位分配方法是：首先把商品分为若干类，然后为每一个类别预留一个存储区域进行存储。在采用这一储存方法时，注意每种商品的储位容量必须大于其可能的最大在库量。选用定位储存的原因在于：

① 根据商品尺寸及货重安排储位；
② 商品对存储的条件有特殊要求，如对于某些品项的存储需要控制温湿度；
③ 易燃、危险品等限存放在专门位置——满足安全标准及法律法规要求；
④ 由于管理或其他政策规定某些货品必须分开储放，如饼干和肥皂，食品和药品等；
⑤ 重要物品需要重点保管，如手表、金饰品、数码相机等，既要定位储存，还要指定专人保管；
⑥ 货区方便记忆，容易取货。

定位储存的优点：每项货品都有其固定的储存位置，拣货人员较容易熟悉每项货品的位置，便于收发查点，能提高收发货效率并减少差错。如绘制成货位分布图，非本库管理人员也能比较容易地找到储位。货品的储位可以按照货物周转率的大小（其畅销程度）来安排，这样可以缩短出入库时的搬运距离。

定位储存的缺点：储位必须按照各项货品的最大在库数量设计，不能充分利用每一个货位，造成储存能力的浪费。

2. 随机储存

随机储存是指允许货物存放在仓库里的任何地方，每一个货位均可以存放任何一种物资（相互有不良影响者除外）。只要货位空闲，入库各种货品均可存入。若能运用计算机协助随机储存的记忆管理，将仓库中每项物品的位置通过计算机进行记录，则可借助计算机来调配进货存储的位置空间。随机储位又称自由货位。

随机储存的优点：能充分利用每一个货位，最大限度地提高了储区空间的利用率。如利用计算机进行货位管理，一般均采取自由货位。一个良好的储位系统中，采用随机储存能有效利用货架空间，减少储位。通过模拟实验，随机储存比定位储存节约 35% 的移动储存时间，增加了 30% 的储存空间。这种方法适用于空间有限，货物品种不多的情况。

随机储存的缺点：每个货位的货品经常变动，每种物资没有固定的位置，管理人员进行出入库管理及盘点工作的难度较大。

3. 分类储存

商品按其自然属性，如对温度、湿度、气味、光照、虫蚀等的适应程度，发往地区，商品危险性质等划分为若干大类。分类的目的主要是将不同性能的商品分别储存在不同保管条件的库房或货场，以便在储存过程中有针对性地进行保管与养护。分类储存主要适用于货物相关性大、进出货比较集中、货物周转率差别大、货物体积或货重相差大的商品。

分类储存的优点：由于可以给每一类货品分配指定的储区，便于畅销品的存取。它也具有定位储存的各项优点。

分类储存的缺点：储位必须按照各项货品最大在库量的总和设计，因此在存储空间利用率上，比随机储存方式要低，但比定位储存方式要高。

4. 分类随机储存

分类随机储存是指每一类货物均有固定储位，但在各储区内，每个储位的安排都是随机的。

分类随机储存的优点：既具有分类储存的部分优点，又可节省储位数量，提高存储空间利用率，因此可以兼有定位储存和随机储存的特点。

分类随机储存的缺点：货物出入库管理特别是盘点工作较困难。

5. 共同储存

共同储存是指在已确切知道各种货物的出库时间时，使不同货物可暂时共用相同的储位。这种储存方式在管理上比较复杂，但可以节省存储空间及搬运时间。

三、储位分配的原则

储位分配是指在储存空间规划设计后，将货位按一定的方式和原则分配给货物。储位分配应遵循的原则如下。

1. 以仓库分区、商品分类为基础，科学安全存放的原则

仓库内商品的存放要科学、合理，必须根据商品的自然属性和仓库的建筑、设备等条件，采取仓库分区管理，商品分类存放，并且按顺序编号。

（1）仓库分区管理。仓库分区管理就是根据仓库的建筑、设备等条件，将库房、货棚、垛场划分为若干保管商品的区域，以适应商品存放的需要，货区按顺序编号，分别管理。在规划仓库布局时，须同时考虑商品体积、形状、重量的大小，以确定商品所需堆码的空间。通常，重、大体积货物储于地面上或坚固货架的下层位置并接近出货区，适应货架的安全并方便人工搬运。人腰部以下的高度通常宜储放重物或大型商品。

（2）商品分类存放。商品分类存放就是按照商品大类、性质和连带性将商品分为若干类，分类集中存放，以利收发货与保管业务的进行；商品货位编号管理方法也是在分区、分类和划好货位的基础上，将存放商品的场所按储存地点和位置的排列，采用统一标记，编列顺序号码，作出明显标志，以方便仓库作业。以商品特性为基础分配储位是将同一种货物储存在同一保管位置，产品性能类似或互补的商品放在相邻位置。相关性大的产品经常被同时订购，所以应尽可能存放在相邻位置。这样可以缩短提取路程，减少工作人员疲劳，简化清点工作。为确保商品质量安全，在选择货位时，应注意以下几个方面的问题。

① 怕潮、易霉、易锈的商品，应选择干燥或密封的货位。

② 怕光、怕热、易融的商品，应选择低温的货位。

③ 怕冻的商品，应选择不低于 0℃ 的货位。

④ 易燃、易爆、有毒、腐蚀性、放射性的危险品，应存放在郊区仓库，分类专储。
⑤ 消防灭火方法不同的商品，要分开货区储存。
⑥ 对于同一货区储存的商品，要考虑有无虫害感染的可能；外包装含水量过高的商品会影响邻垛商品的安全；性能相互抵触或有挥发性、串味的商品，不能同区存储。

2. 以商品周转率为基础，方便吞吐发运的原则

根据商品在仓库存放的平均时间确定其周转率大小，存放的平均时间越短，周转率越大。将周转率大的商品储存在接近出入口处，周转率小的滞销商品或小、轻及容易处理的商品使用较远储区存放，同段或同列商品则可以按照定位或分类储存法存放。除此之外，还应该兼顾以下几个方面。

（1）仓储作业操作方法和装卸设备。各种商品具有不同的包装形态、包装质地和体积、重量，因而其仓储作业需要采用不同的操作方法和装卸设备。因此，货位的选择必须考虑与货区的装卸设备条件及仓储作业操作方法相适应。

（2）收发货方式。采取送货制的商品，其储存货位应靠近理货、装车的场地；采取提货制的商品，其储存货位应靠近仓库出口，便于外来提货的车辆进出。

（3）货物吞吐快慢。商品的流转快慢不一，有着不同的活动规律。对于快进快出的商品，要选择有利于车辆进出库的货位；滞销久储的商品，货位不宜靠近库门；整进零出的商品，要考虑零星提货的条件；零进整出的商品，要考虑集中发运的能力。

3. 节约仓容的原则

仓容是指仓库能够用于堆放商品的容量，由仓库的面积和高度或载重量构成。货位的选择要符合节约的原则，以最小的仓容储存最大限量的商品。在货位载重量和高度基本固定的情况下，应从商品的体积、重量出发，合理选择货位。对于轻泡商品，应安排在载重量小和空间高的货位；对于实重商品，应安排在载重量大而且空间低的货位。

4. 重近轻远，方便存取原则

重货应离装卸作业区最近，以减少搬运作业量或者允许直接用装卸设备进行堆垛作业。使用货架时，重货放在货架下层，需要人力搬运的重货，存放在腰部高度的货位。所安排的货位能保证搬运、堆垛、上架作业的方便性，有足够的机动作业场地，能使用机械进行直达作业。

5. 先进先出的原则

先进先出是指先入库的物品先出库，此原则通常适用于生命周期短、易变质的商品。对于食品、化学品等，一般在保质期到期前2～3个月就必须考虑退货或折价处理。物料先进先出的方法很多，现介绍以下4种。

（1）联单制。每一箱设两联单，一联贴在箱上，一联按日期先后次序排列放在文件夹内。需用物料时，文件夹内排列在最前的联单对应着箱中的物料最先被搬出使用。

（2）双区制。一物料调配于两区，进来某物料放于A区，发料时从B区发出，待B区该物料发完时，则改从A区发料，而该物料入仓改进入B区，如此反复循环。

（3）移区制。移区制较双区制减少些空间，即物料从验收入库的一端慢慢移往发料的一端。每发一次料，验收入库这一端的物料就往发料的一端移一些，这样就能做到先进先出。缺点是每次发料都要移动，工作量比较大。

(4) 重力供料制。重力供料制适合一些散装料，如水泥、米、散装塑胶原料、石油等，即将物料置于散装大仓中，从上部进仓，从下部出仓。

四、储位分配的方式

储位分配的方式根据计算机化的程度可分 3 种：人工分配方式、计算机辅助分配方式及计算机全自动分配方式。

1. 人工分配方式

人工分配方式是凭借管理者的知识和经验以人工进行储位分配，它要求分配决策者必须熟记储位分配原则，并且灵活运用。人工对于商品进行储位分配，首先就必须经过一番规划，制定出一套自己公司所保存商品的特性需求规则表；其次要求仓储人员必须严格遵守管理者的指示，将商品存放于指定的储位上，并且及时更新储位信息。当库存商品较多时，效率低，容易出差错。

2. 计算机辅助分配方式

计算机辅助分配方式是指在物流中心储位管理中，依靠现代信息技术利用计算机来分配储位。它利用自动读取设备来读取资料，通过无线电或网络，再配合储位监控或储位管理软件来控制储位分配。它提供给储位分配者实时查询功能，差错率低，不会有太多人为主观因素影响，因此在执行上效率高于人工分配方式。但因为还是由人工下达储位分配指示，所以仍需调仓作业。

3. 计算机全自动分配方式

利用一些图形监控及储位管理软件，经收集在库储位信息及其他入库指示后，由计算机运算来下达储位分配指示。由于计算机自动下达储位分配指示，任何时段都可以保持储位处于合理分配中，所以不需调仓作业。

五、货位编码

货位是仓库内具体存放货物的位置。为了使仓库管理有序、操作规范，存货位置能准确表示，人们根据仓库的结构、功能，按照一定的要求将仓库存货位置进行分块分位，形成货位。货位编码是将仓库范围的房、棚、场，以及库房的楼层、仓间、货架、走支道等，按地点、位置顺序编列号码，并做出明显标示，每一个货位都用一个编号表示，以便商品进出库可按号存取。货位确定并进行标识后，一般不能随意改变。

1. 货位编码的要求

货位编码在保管工作中有重要的作用。实现在货位编码中迅速、方便地进行查找，提高作业效率，减少差错，货位编码过程应符合以下要求。

（1）标志设置要适宜。货位编码的标志设置要因地制宜，采用适当的方法，选择适当的位置。例如，无货架的库房内，走道、支道、段位的标志一般都刷置在水泥或木板地坪上；有货架的库房内，货位编码的标志一般设置在货架上。为了方便管理，货位编码和货位规划可以绘制成平面布置图。通过图板管理，不但可以全面反映库房和货场的商品储存分布情况，还可以及时掌握商品储存动态，便于仓库调整安排。

（2）标志制作要规范。货位编码的标志如果随心所欲、五花八门，很容易造成单据串库、商品错收或错发等事故。统一使用阿拉伯字码制作标志，就可以避免以上弊病。为了将库房及走道、支道、段位等加以区别，可在字码大小、颜色上进行区分，也可在字码外加上括号、圆圈等符号加以区分。

（3）编号顺序要一致。编排货位的顺序号码应按照便于掌握的原则确定编号先后顺序，明确规定沿着什么方向，用怎样的顺序进行编号。应采用统一的方法进行编号。每一货位的号码必须使用统一的形式、统一的层次和统一的含义编排。所谓统一的形式，是指所用的代号和连接符号必须一致；统一的层次是指货位编号中每种代号的先后顺序必须固定；统一的含义是指货位编号中的每个代号必须代表特定的位置。在同一仓库内，编号规则必须相同，以便于查找和防止错乱。整个仓库范围内的库房，货场内的走道、支道、段位的编号，一般都以进门的方向左单右双或自左向右顺序编号的规则进行。

（4）段位间隔要恰当。段位间隔的宽窄应取决于货种及批量的大小，同时应注意的是，走道、支道不宜经常变更位置、变更编号，因为这样不仅会打乱原来的货位编码，而且会使保管员不能迅速收发货物。

2. 货位编码的方法

货位编码是在商品分区分类储存的基础上，将仓库范围的房、棚、场，以及库房的楼层、仓间、货架、走支道等，按照地点、位置顺序编列号码，以便商品进出库可按号存取。

（1）常见的货位编码的方法。

① 地址编码法。利用保管区的参考单位，如建筑物的第几栋、区段、排、行、层、格等，按相关顺序编码。较常用的方法是"四号定位法"。

② 区段编码法。把保管区分成几个区段，再对每个区段进行编码。这种方法是以区段为单位，每个编码代表的储区较大，区域大小根据物流量而定。

③ 品类群编码法。把相关物品集合后分成几个品类群，再对每个品类群进行编码。这种方式适合于品类差距大的物品，如服饰群、食品群等。

（2）仓库（储存场所）的编号。对于整个仓库的编号是根据仓库建筑结构及其分布状况进行的。它把整个仓库（包括库房、货棚、货场）根据各储存场所的地面位置，按一定的顺序（自左向右或自右向左）各自连续编号，同时应有明显区别。

① 库房的编号。库房的编号一般写在库房的外墙上或库门上，字体要统一、端正，色彩鲜艳、清晰醒目、易于辨认。

② 货场、货棚的编号。货场、货棚的编号一般写在场地上或是货棚上，书写的材料要耐摩擦、耐雨淋、耐日晒。货场、货棚编号有两种方法，一是以进入仓库正门的方向，按左面单号右面双号的顺序排列；二是以进入仓库正门的方向，按货场远近、自左而右的顺序排列。

（3）库房内货架（货格）编号。对于多层库房的编号，常采用"三位数编号""四位数编号""五位数编号"。"三位数编号"是用3个数字或字母依次表示库房、层次和仓间。例如，234编号表示2号库房、3层楼、4号仓间。"四位数编号"是用4个数字或字母依次表示库房、层次、仓间和货架。例如，1234编号表示1号库房、2层楼、3号仓间、4号货架。"五位数编号"是用5个数字或字母依次表示库房、层次、仓间、货架、货格。例如，13621编号表示1号库房、3层楼、6号仓间、2号货架、1号货格。编好号码后贴于货架上。

(4)货架上的货位编码。货架上货位布置的方式不同,其编码的方式也不同。货位布置的方式一般有两种:横列式和纵列式。横列式即货位横向摆放,可采用横向编码。纵列式,即货位纵向摆放,常采用纵向编码。编好号码后贴于货架的货位上。货位编码应建立货位卡。物品入库或上架后,将物品名称、规格、数量或出入库状态等内容填在料卡上,称为立卡。图4-1为货架上的货位编码。

图4-1 货架上的货位编码

任务二 货物堆垛与苫垫

商品验收入库,根据仓库储存规划确定货位后,即应进行堆垛。堆垛是根据商品的包装形状、重量和性能特点,结合地面负荷、储存时间,将商品分别叠堆成各种垛形。采用适当的码垛技术合理地堆垛,能够使商品不变形、不变质,保证商品储存安全,同时还能够提高仓库的利用率,并且便于商品的保管、保养和收发。

一、货物存放的方式

根据货物的特性、包装方式和形状、保管的需要,确保货物质量、方便作业和充分利用仓容,以及根据仓库的条件,确定存放方式。货物存放的方式有以下几种。

(1)散堆法。散堆法又称直接堆放式,是指将货物在地面上直接码放堆积;适用于露天存放的没有包装的大宗货物,如煤炭、矿石等,也适用于库内少量存放的谷物、碎料等散装货物。散堆法是用堆扬机或者铲车在确定的货位后端起,直接将货物堆高,在达到预定的货垛高度时,逐步后退堆货,后端先形成立体梯形,最后成垛,整个垛形呈立体梯形状。由于散货具有的流动、散落性,堆货时不能堆到太近垛位四边,以免散落使货物超出预定的货位。散堆法决不能采用先堆高后平垛的方法,以免堆超高时压坏场地地面。

(2)托盘、货架平放。该方法是指将保管物品直接放在托盘上或是货架上;适用于小件、品种规格复杂且数量较少,包装简易或脆弱、易损害、不便堆垛,特别是价值较高且需要经常查数的货物的仓储存放。货架存放需要使用专用的货架设备。

(3)堆垛。对于有包装(如箱、桶、袋、箩筐、捆、扎等包装)的货物,包括裸装的计件货物,在托盘、货架或场地采取堆垛的方式储存。堆垛能充分利用仓容,做到仓库内整齐,方便作业和保管。

二、堆垛前的准备工作

1. 对堆垛商品的要求

商品正式堆垛时，必须具备以下条件：

① 商品的数量、质量已经彻底查验；

② 包装完好，标志清楚；

③ 外表的沾污、尘土等已经清除，不影响商品质量；

④ 对于受潮、锈蚀及已经发生某些质量变化或质量不合格的部分，已经加工恢复或者已经剔除另行处理，与合格品不相混杂；

⑤ 为便于机械化操作，金属材料等应该打捆的已经打捆，机电产品和仪器、仪表等可集中装箱的已经装入合用的包装箱。

2. 对堆垛场地的要求

堆垛场地可分为 3 种：库房内堆垛场地、货棚内堆垛场地、露天堆垛场地。在不同类型的堆垛场地进行堆码作业时会有不同的要求。

(1) 库房内堆垛场地。库房内堆垛场地要求平坦、坚固、耐摩擦，1 m^2 的地面承载力为 5~10 t，堆码时货垛应在墙基线和柱基线以外，垛底须适当垫高。

(2) 货棚内堆垛场地。货棚内堆垛场地需要地面平整、坚实，货棚内的地坪应该高于货棚外的地面，最好铺垫沙石并夯实，防止雨雪渗透。货棚内的两侧或者四周必须有排水沟或管道，堆垛时要垫垛，一般应该垫高 30~40 cm。

(3) 露天堆垛场地。露天堆垛场地应坚实、平坦、干燥、无积水及杂草，垛底还应该垫高 40 cm。堆垛场地必须高于四周地面，四周必须排水畅通。

3. 计算货垛的占地面积

按进货的数量、体积、重量和形状，确定垛形，计算货垛的占地面积、垛高。对于箱装、规格整齐划一的商品，占地面积可参考以下公式计算。

占地面积＝（总件数/可堆层数）×每件商品底面积

可堆层数＝地坪单位面积最高载重量/单位面积重量

单位面积重量＝每件商品毛重/该件商品底面积

在计算占地面积、确定垛高时，必须注意上层商品的重量不能超过底层商品或其容器可负担的压力。整个货垛的压力不超过地坪的允许载重量。

4. 做好机械、人力、材料准备

垛底应该打扫干净，放上必备的垫墩、垫木等垫垛材料，如果需要密封货垛，还需要准备密封货垛的材料等。

三、货垛的设计

1. 垛形的设计

垛形是指货物在库场码放的形状。垛形应根据货物的特性、保管的需要确定，并以能够方便、迅速实现作业，充分利用仓容为原则。仓库中常见的垛形有以下几种。

(1) 平台垛。平台垛是先在底层按同一方向平铺摆放一层货物，然后垂直继续向上堆积，每层货物的件数、方向相同，垛顶呈平面，垛形呈长方体。当然，在实际堆垛时并不采用层层加码的方式，而往往从一端开始，逐步后移。平台垛适用于包装规格单一的大批量货物，包装规则、能够垂直叠放的方形箱装货物，大袋货物，规则的软袋成组货物，托盘成组货物。平台垛只用在仓库内和无须遮盖的堆场堆放的货物码垛。平台垛的优点是垛形整齐、便于清点、占地面积小、堆垛作业方便；缺点是该垛形的稳定性较差，特别是小包装、硬包装的货物有货垛端头倒塌的危险，因此在必要时（如太高、长期堆存、端头位于主要通道等）要在两端采取稳定的加固措施。对于堆放很高的轻质货物，往往在堆码到一定高度后，向内收半件货物后再向上堆码，以保证货垛稳固。

(2) 起脊垛。先按平台垛的方法码垛到一定的高度，以卡缝的方式逐层收小，将顶部收尖成屋脊形。起脊垛是用于堆场场地堆货的主要垛型，货垛表面的防雨遮盖从中间起向下倾斜，便于雨水排泄，防止水湿货物。有些仓库由于陈旧或建筑简陋有漏水现象，仓内的怕水货物也应采用起脊垛堆垛并遮盖。起脊垛的优点是操作方便、占地面积小，适用于平台垛的货物都可以采用起脊垛堆垛；起脊垛的缺点是由于顶部压缝收小，形状不规则，无法在垛堆上清点货物，顶部货物的清点需要在堆垛前以其他方式进行。另外，由于起脊的高度使货垛中间的压力大于两边，因而采用起脊垛时库场使用定额要以脊顶的高度来确定，以免中间底层货物或库场被压损坏。

(3) 立体梯形垛。立体梯形垛是在最底层按同一方向排放货物的基础上，向上逐层同方向减数压缝堆码，垛顶呈平面，整个货垛呈下大上小的立体梯形形状。立体梯形垛用于包装松软的袋装货物和上层面非平面而无法垂直叠码的货物的堆码，如横放的桶装、卷形、捆包货物。为了增加立体梯形垛的空间利用率，在堆放可以立直的筐装、矮桶装货物时，底部数层可以采用平台垛的方式堆放，在达到一定高度后才用立体梯形垛。立体梯形垛的优点是极为稳固，货物可以堆放得较高，仓容利用率较高。对于在露天堆放的货物采用立体梯形垛时，为了排水需要也可以在顶部起脊。

(4) 行列垛。行列垛是将每票货物按件成行或列排放，每行或列一层或数层高，垛形呈长条形。行列垛用于货物批量较小的库场码垛。为了避免混货，每批货物独立开堆存放。长条形的货垛使每个货垛的端头都延伸到通道边，可以直接作业而不受其他货物阻挡。但每垛货量较少，垛与垛之间都需留空，垛基小而不能堆高，使得行列垛占用库场面积大，库场利用率较低。

(5) 井形垛。井形垛常用于钢材、钢管及木方等的堆码。其堆垛方法是在按同一方向铺放一层货物后，再以垂直的方向铺放第二层货物，货物横竖隔层交错逐层堆放，垛顶呈平面。井形垛垛形稳固，但层边货物容易滚落，需要捆绑或者收进。井形垛的作业较为不便，需要不断改变作业方向。

(6) 梅花形垛。对于需要立直存放的大桶装货物，先按行列垛的方式排好第一行货物（其个数就是宽度方向的个数），第二行的每件靠在第一行的两件之间卡位，第三行同第一行一样，然后每行依次卡缝排放，形成梅花形垛（行数就是长度方向的个数）。梅花形垛货物摆放紧凑，充分利用了货件之间的空隙，可节约库场面积。

2. 货垛堆高层数及货垛占地面积设计

堆垛前，必须先确定货垛堆高层数及货垛占地面积、底层数及底层排列方法。对于规格整齐、形状一般的箱装商品，有如下堆垛相关参数计算公式。
(1) 货垛堆高层数及货垛占地面积的计算。

$$货垛占地面积 = 垛底件数 \times 每件商品底面积 = \frac{堆垛商品总件数}{货垛可堆层数} \times 每件商品底面积$$

其中，货垛可堆层数可根据以下3个条件确定。
① 地坪不超重可堆高层数计算方法：

$$地坪不超重可堆高层数 = \frac{库房地坪每平方米核定载重量}{商品单位面积重量}$$

式中，$商品单位面积重量 = \frac{每件商品毛重}{每件商品底面积}$

② 货垛不超高可堆高层数计算方法：

$$货垛不超高可堆高层数 = \frac{库房高度}{每件商品高度}$$

③ 最底层商品承载力不超重可堆高层数计算方法：

$$最底层商品承载力不超重可堆高层数 = \frac{最底层商品允许承载的最大重量}{堆高商品单件重量} + 1$$

货垛堆高层数要同时满足以上3个条件，即取3个数的最小值。
(2) 货垛底数计算及底层排列。

$$货垛底数 = \frac{货垛总件数}{可堆高层数}$$

货垛底层排列：根据货位面积、每件商品的实占面积及货垛形式来综合安排。

四、货垛的规范要求

货垛的规范要求主要是指"五距"：垛距、墙距、柱距、顶距和灯距。堆垛时，不能依墙、靠柱、碰顶、贴灯，不能紧挨旁边的货垛，必须留有一定的间距。

(1) 垛距。垛距是指货垛与货垛之间的必要距离，常以支道作为垛距。垛距能方便存取作业及消防工作，起通风、散热的作用。库房的垛距一般为0.5~1.0 m，货场的垛距一般不少于1.5 m。

(2) 墙距。为了防止库房墙壁和货场围墙上的潮气对商品造成影响，也为了方便开窗通风、消防工作、收发作业，货垛必须留有墙距。墙距分为库房墙距和货场墙距，其中库房墙距又分为内墙距和外墙距。内墙是指墙外还有建筑物相连，因而潮气相对少些；外墙则是指墙外没有建筑物相连，所以墙上的湿度相对大些。库房的外墙距为0.3~0.5 m，内墙距为0.1~0.2 m；货场只有外墙距，一般为0.8~3.0 m。

(3) 柱距。为了防止库房柱子的潮气影响货物，也为了保护仓库建筑物的安全，必须留有柱距，一般为0.1~0.3 m。

(4) 顶距。货垛堆放的最大高度与库房、货棚屋顶间的距离称为顶距。适当的顶距便于堆垛机械设备作业，使堆垛商品能通风、散热，有利于消防工作，有利于收发、查点。顶距的一般规定是：平库房为 0.2～0.5 m；人字形屋顶以不超过横梁为准；多层库房底层与中层为 0.2～0.5 m，顶层须大于或等于 0.5 m。

（5）灯距。要安装防爆灯，货垛与照明灯之间的必要距离称为灯距。为了确保储存商品的安全，防止照明灯发出的热量引起靠近商品的燃烧而发生火灾，货垛必须留有灯距。灯距按严格规定应不小于 0.5 m。

五、堆垛的基本要求

（1）合理。堆码商品时，必须根据商品的性能、包装形状和仓库设备条件，选择合理的垛形，增加单位面积商品的储存量。货垛间距和走道宽度要合理，主要通道为 2.5～4.0 m，便于装卸、搬运及安全防火的要求；大不压小，重不压轻，缓不压急，不围堵货物，特别是后进货物不堵先进货物，确保"先进先出"。

（2）牢固。货物堆垛必须稳固，避免倒垛、散垛，要求叠垛整齐、放位准确，必要时采用衬垫物料固定，不压坏底层货物或外包装，不超过库场地坪承载能力；货垛较高时，上部适当向内收小，与屋顶、梁柱、墙壁保持一定距离；易滚动的货物，使用木楔或三角木固定，必要时使用绳索、绳网对货垛进行绑扎固定，确保堆垛牢固安全。

（3）定量。每一货垛的货物数量保持一致，采用固定的长度和宽度，且为整数，如 50 袋成行。每行每层的数量力求成整数，或成固定比例递减。过秤商品不成整数时，每层应该明显分隔，标明重量，这样便于清点发货。每垛的数字标记清楚，货垛牌或料卡填写完整，排放在明显位置。

（4）整齐。为了减少作业时间、次数，提高仓库周转速度，根据货物作业的要求，货垛应堆放整齐、垛形、垛高、垛距标准化和统一化，以免堵塞通道，浪费仓容；货垛中每件货物都应排放整齐、垛边横竖成列，垛不压线，包装标志一律朝外。

（5）节约。为了充分利用仓容，存放的货物要尽可能码高，使货物最少占用地面面积。尽可能码高的方法包括采用码垛机器人码高和使用货架在高处存放，充分利用空间。妥善组织安排，做到一次作业到位，避免重复搬动，节约劳动消耗。合理使用苫垫材料，避免浪费。

（6）方便。选用的垛形、尺寸、堆垛方法，要便于堆垛作业、搬运装卸作业；所有货物的货垛、货位都有一面与通道相连，面向通道、不围不堵，以便能对货物进行直接作业，提高作业效率；垛码、存放的货物正面（有标志的一面）尽可能面向通道，以便察看、理数、查验货物，便于通风、苫盖等保管作业。

六、堆垛方法

对于有包装（如箱、桶、袋、箩筐、捆、扎等包装）的货物，包括裸装的计件货物，采取堆垛的方式储存。科学的商品堆码技术、合理的码垛，对提高入库商品的储存保管质量，提高仓容利用率，提高收发作业及养护工作的效率，都有着不可低估的重要作用。堆垛方法很多，现将较为通用的码放垛形的方法介绍如下。

（1）重叠式堆垛。重叠式堆垛是指逐件逐层向上重叠码高而成货垛，如图 4-2 所示。此垛形是机械化作业的主要垛形之一，适于中厚钢板、集装箱等商品。堆码板材时，可缝十交错，以便记数。这种垛形的优点是操作简单、计数容易、收发方便，缺点是稳定性差，易倒垛，因而常采用绳子、绳网、塑料弹性薄膜等辅助材料来防塌。

（2）纵横交错式堆垛。将长短一致、宽度排列能够与长度相等的商品，一层横放，一层竖放，纵横交错堆码，形成方形垛。这种形式的优点是稳定性较好，缺点是只能使用正方形托盘，是机械化作业的主要垛形之一。例如，长短一致的锭材、管材、棒材、狭长的箱装材料均可采用这种垛形。有些材料，如铸铁管、钢锭等，一头大、一头小的，要大、小头错开。锭材的底面大、顶面小，可仰伏相间。化工材料、水泥等，如包装统一，可采用"二顶三""一顶四"等方法，在同一平面内纵横交叉，然后再层层纵横交错堆垛，以求牢固。图4-3为纵横交错式堆垛。

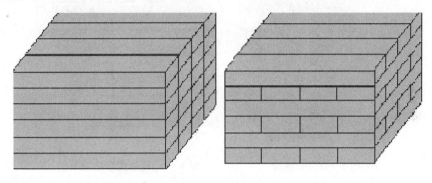

图4-2 重叠式堆垛　　　　图4-3 纵横交错式堆垛

（3）仰伏相间式堆垛。对于钢轨、槽钢、角钢等商品，可以一层仰放、一层伏放，仰伏相间而相扣，使堆垛稳固；也可以伏放几层，再仰放几层，或者仰伏相间组成小组再码成垛。但是，角钢和槽钢仰伏相间码垛，如果在露天存放，应该一头稍高、一头稍低，以利于排水。图4-4为仰伏相间式堆垛。

（4）压缝式堆垛。将垛底底层排列成正方形、长方形或环行，每层物资有规则地排列，使每件物资跨压下层两件以上的物资，上下层每件物资形成十字交。压缝式堆垛适于阀门、缸、建筑卫生陶瓷等用品。图4-5为压缝式堆垛。

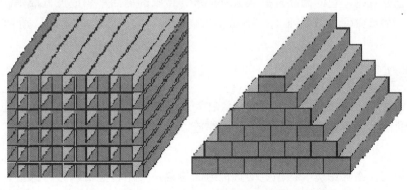

图4-4 仰伏相间式堆垛　　　　图4-5 压缝式堆垛

（5）宝塔式堆垛。宝塔式堆垛与压缝式堆垛类似，但压缝式堆垛是在两件物体之间压缝上码，宝塔式堆垛则在四件物体之中心上码，逐层缩小，适用于电线、电缆。

（6）通风式堆垛。需通风防潮的商品在堆垛时，商品之间需留有一定的空隙。上下两层图谱方向对称，矩形、方形图谱均可采用。其优点是有利于通风、透气，适宜商品的保管养护；其缺点是空间利用率较低。图4-6为通风式堆垛。

（7）栽柱式堆垛。码放物品前先在堆垛两侧栽上木桩或者铁棒，然后将材料平铺在柱中，每层或间隔几层在两侧相对应的柱子上用铁丝拉紧，以防倒塌。这种堆垛方式多用于金属材料中的长条形材料，如圆钢、中空钢的堆码，适宜于机械堆码，采用较为普遍。图4-7为栽柱式堆垛。

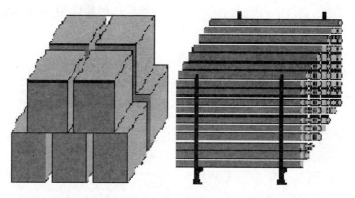

图4-6 通风式堆垛　　图4-7 栽柱式堆垛

（8）衬垫式堆垛。在每层或每间隔几层商品之间夹进衬垫物，利用衬垫物使货垛的横断面平整，商品互相牵制，以加强货垛的稳固性。衬垫物需要视商品的形状而定。这种堆垛方法适用于四方整齐的裸装商品，如电动机。

（9）鱼鳞式堆垛。将环形货物半卧，其一小半压在另一件货物上，依次排列。第一件和最后一件直立堆成柱形，码第二层时的方法与第一层相同，但排列方向相反。此法对轮胎、钢圈、电缆等非常适用。

（10）"五五化"堆垛。"五五化"堆垛就是以五为基本计算单位，一个集装单元或一个货垛的商品总量是五的倍数，即大的商品堆码成五五成方，小的商品堆码成五五成包；长的商品堆码成五五成行，短的商品堆码成五五成堆，带眼的商品堆码成五五成串。这种堆垛方式过目成数，清点方便，数量准确，不易于出现差错，收发快，效率高，适用于按件计量商品。

七、苫垫

苫垫是指对堆码成垛的商品上苫下垫。在商品的堆垛上加上遮盖物为苫，在垛底加上衬垫物为垫。商品上苫下垫是保管商品的必要措施。

1. 垫垛

垫垛是指在货物码垛前，在预定的货位地面位置，使用衬垫材料进行铺垫。常见的衬垫物有：枕木、废钢轨、货板架、木板、帆布、芦席、钢板等。

（1）垫垛的目的。

① 使地面平整，堆垛货物与地面隔离，并形成垛底通风层，防止地面潮气和积水浸湿货物，防止货物受潮霉变、生虫。

② 通过强度较大的衬垫物使重物的压力分散，避免损害地坪。

③ 地面杂物、尘土与货物隔离。

④ 货物的泄漏物留存在衬垫之内，不会流动扩散，便于收集和处理。

(2) 垫垛的基本方法。

① 露天货场垫垛。首先要平整夯实露天货场的地面，以免堆垛后地面下沉而造成倒垛事故，并在周围挖沟排水。然后再摆放水泥墩、石墩或建固定垛基，墩与墩之间留有一定的间距，促使空气流通，采用枕木、石块、水泥墩作为垫底材料，必要时在垫墩上铺上一层防潮纸，而后再放置储存商品。对于垫垛的高度，露天货场可保持在 40 cm 左右。

② 库房和货棚内垫垛。水泥地面一般只需垫仓板、枕木或水泥条，高度达 20 cm 以上即可。楼层干燥的地面可以不垫，只需铺一层防潮纸。对于化工材料、动植物制品及易受潮霉变的商品，应尽可能加高垫层，使垛底通风良好。

③ 底层库房垫垛。底层库房垫垛要根据库房地面干湿程度确定垫垛高度。一盘商品底垫一层枕木或一层托盘，离地面高度为 15～20 cm，怕潮商品垛底应加垫芦席、油毛毡或塑料薄膜等隔潮材料。垫底时应注意垫底材料的排列方向，枕木的空隙要对准走道或门窗，以利通风散潮。

2. 苫盖

苫盖是指采用专用苫盖材料对货垛进行遮盖，在露天货场可保护堆码的商品避免受到日晒雨淋和风露冰雪的侵蚀。

(1) 苫盖的目的。苫盖的目的是给货物遮阳、避雨、挡风、防尘，并使货物由于自身理化性质所造成的自然损耗尽可能减少，保护货物在储存期间的质量。

(2) 苫盖的要求。

① 选择合适的苫盖材料。苫盖材料的选择应符合"防火、安全、经济、耐用"的要求。常用的苫盖材料有：铁皮、芦席、竹席、油毡、塑料布、苫布、玻璃钢瓦等。在易燃易爆品仓库内，不得使用芦席、油毡等易燃的苫盖物。

② 苫盖要牢固。每张苫盖材料都需要牢固固定，必要时在苫盖物外用绳索、绳网绑扎或者采用重物压住，确保刮风时不被揭开。

③ 苫盖接口要紧密。苫盖的接口要有一定深度的互相叠盖，不能迎风叠口或留空隙；苫盖必须拉挺、平整，不得有折叠和凹陷，防止积水。

④ 苫盖的底部与垫垛平齐，不腾空或拖地，并牢固地绑扎在垫垛外侧或地面的绳桩上，衬垫材料不露出垛外，以防雨水顺延渗入垛内。苫盖物不能苫到地面，以防阻碍垛底通风。

⑤ 使用旧的苫盖物或在雨水丰沛的季节，垛顶或者风口需要加层苫盖，确保雨淋不透。

(3) 苫盖的方法。

① 就垛苫盖法（又称直接苫盖法）。直接将大面积苫盖材料覆盖在货垛上遮盖，苫好之后用绳子拉紧固定，防止被风刮掉。如果垛大而苫盖物小，需用几块苫盖物时，则在搭接的地方要保留一定宽度，上面在外，下面在内，以防雨水渗入。直接苫盖法适用于起脊垛或大件包装货物。一般采用大面积的帆布、油布、塑料布等。这种方法操作便利，但基本不具有通风条件。

② 隔离苫盖法。此方法与其他苫盖法的区别在于苫盖材料与货垛商品不直接接触，而是采用隔离物使苫盖材料与货垛间留有一定空隙。其优点在于垛内通风散潮，便于排水，防止雨水渗透。

③ 鱼鳞式苫盖法。将苫盖材料从货垛的底部开始，自下而上呈鱼鳞式逐层交叠围盖。该方法一般采用面积较小的席、瓦等材料苫盖。鱼鳞式苫盖法具有较好的通风条件，但每件苫盖材料都需要固定，操作比较烦琐复杂。

④ 活动棚架苫盖法。将苫盖材料制作成一定形状的棚架，在棚架上面及四周铺围铁皮、玻璃钢瓦等物，并在棚柱底部装上轮子。整个货棚可沿着固定轨道移动，其外形与固定棚架相似。活动棚既是储存物资的棚子，也是苫盖物。活动棚架苫盖法较为快捷，具有良好的通风条件，但活动棚本身需要占用仓库位置，也需要较高的购置成本。

八、货垛牌

为了在保管中及时掌握货物的资料，需要在货垛上张挂有关该垛货物的资料标签。该标签称为货垛牌或货物标签、料卡等。货物码垛完毕，仓库管理人员就需要根据入库货物资料、接收货物情况制作货垛牌，并排放或拴挂在货垛正面明显的位置或货架上。

货垛牌的主要内容有：货位号、货物名称、规格、批号、来源、进货日期、存货人、该垛数量、接货人（制单人）等。此外，还可以根据不同需要相应增减项目。

任务三　货物的保管与养护

入库商品，完成堆垛，建立货位卡片后就进入储存保管与养护阶段。商品的保管与养护是流通领域各部门不可缺少的重要工作之一，应在此过程中贯彻"以防为主、防重于治、防治结合"的方针，达到最大限度地保护商品质量、减少商品损失的目的。"防"是指不使商品发生质量上的降低和数量上的减损，"治"是指商品出现问题后采取救治的方法，"防"和"治"是商品的保管与养护不可缺少的两个方面。

一、商品储存保管的基本要求

货物储存在仓库里，表面上看是静止不变的，但实际上它每时每刻都发生着变化，这些变化会损害货物的使用价值和价值。仓库中商品的保管与养护要遵照商品保管的操作规程和技术要求，采取相应的组织管理和技术措施，创造适宜的环境条件以便有效地抑制内外因素对货物的不利影响，尽量减少货物变化带来的损失。具体来讲，应做好以下几个方面的工作。

（1）严格验收入库商品。首先要严格验收入库商品，弄清商品及其包装的质量状况，防止商品在储存期间发生各种不应有的变化。对吸湿性商品要检测其含水量是否超过安全标准，对其他有异常情况的商品要查清原因，针对具体情况进行处理和采取救治措施，做到防微杜渐。对于危险商品，如爆炸性物品、氧化剂、遇水燃烧物品、压缩气体和液化气体、易燃液体、易燃固体、腐蚀性物品、毒害性物品、放射性物品，其包装必须完整，重量正确，并标有符合商品品名和危险性质的明显标记。

（2）适当安排储存场所。不同商品的性能不同，因而对保管条件的要求也不同。例如，怕潮湿或易霉变、生锈的商品，应储存在干燥的仓库内；易溶化、挥发的商品，应储存在温度较低的仓库内。性能相互抵触或易串味商品也不能在同一库房混存，以免相互产生不良影响。尤其对于化学危险物品，要严格按照有关部门的规定，分区分类安排储存地点。

(3) 妥善进行堆码苫垫。地面潮气对商品质量影响很大，要切实做好货垛下垫垛隔潮工作，存放在货场的商品，货区四周要有排水沟，以防积水流入垛下；货垛周围要遮盖严密，以防雨淋日晒。应根据各种商品的性能和包装材料，确定货垛的垛形与高度，并结合季节气候等情况妥善堆码。含水率较高的易霉商品，应码通风垛；容易渗漏的商品，应码间隔式的行列垛。除此之外，库内商品堆垛时应留出适当的距离；对易燃商品还应留出适当防火距离。库房存放怕潮商品，垛底应适当垫高，露天存放更应垫高防水。同时，应视商品性质选择适宜的苫盖物料，如硫黄等腐蚀性商品，不宜用苫布盖，以用苇席苫盖为宜。

(4) 控制好仓库温湿度。仓库温湿度对商品质量变化的影响极大。各种商品由于其本身特性，对温湿度一般都有一定的适应范围。因此，应根据库存商品的性能要求，适时采取密封、通风、吸潮和其他控制与调节仓库温湿度的办法，力求把仓库温湿度保持在适应商品储存的范围内，以维护商品质量安全。

(5) 认真对商品进行在库检查。做好商品在库检查，对维护商品安全具有重要作用。库存商品质量发生变化，如不能及时发现并采取措施进行救治，就会造成或损失扩大。因此，对库存商品的质量情况，应进行定期或不定期的检查。

(6) 保持好仓库清洁卫生。储存环境不清洁，易引起微生物、虫类滋生繁殖，危害商品。因此，对仓库内外环境应经常清扫，彻底铲除仓库周围的杂草、垃圾等物，必要时使用药剂杀灭微生物和潜伏害虫。对容易遭受虫蛀、鼠咬的商品，要根据商品性能和虫鼠的生活习性及危害途径，及时采取有效的防治措施。

二、影响商品质量变化的因素

影响商品质量变化的因素很多，主要有两个方面：一是内在因素，二是外在因素。外在因素通过内在因素起作用，对此必须有全面的了解，方能掌握商品质量变化的规律，科学地进行商品保管工作。

1. 内在因素

商品在储存期间发生各种变化，起决定作用的是商品本身的内在因素。引起仓储商品质量变化的内在因素主要有以下几个方面。

(1) 商品的化学性质。商品的化学性质是指商品的形态、结构，以及商品在光、热、氧、酸、碱、湿度、温度等作用下，本质发生改变的性质。与商品储存密切相关的商品的化学性质包括：商品化学稳定性、毒性、腐蚀性、燃烧性、爆炸性等。

(2) 商品的物理性质。商品的物理性质主要包括导热性、耐热性、吸湿性、含水率、吸湿率、透气性、透湿性、透水性。商品的物理性质是决定和判断商品品质、种类的依据，特别适用于判断许多食品品质优次和正常与否。

(3) 商品的机械性质。商品的机械性质是指商品的形态、结构在外力作用下的反应。商品的这种性质与其质量关系极为密切，是体现适用性、坚固耐久性和外观的重要内容。商品的机械性质主要包括商品的弹性、塑性、强度等。

2. 外在因素

影响商品质量变化的外在因素可分为自然条件因素和社会因素两大类。自然条件因素主要包括以下方面。

（1）温湿度。温度的变化会使物质微粒的运动速度发生变化，高温能促进商品挥发、渗漏、熔化等物理变化及一些化学变化，低温易引起商品的冻结、沉淀等变化，同时适宜的温度会给微生物和仓库害虫的生长与繁殖创造有利条件。同样，湿度的变化也会引起商品的含水量、化学成分、外形或体态结构发生变化。因此，在商品保管与养护过程中，一定要控制和调节仓储的温湿度，尽量创造适合商品储存的温湿度条件。

（2）日光照射。日光含有热量、紫外线、红外线等，对商品起着正反两方面的作用：一方面，日光能加速受潮商品的水分蒸发，杀死微生物和商品害虫，是有利于商品养护的；另一方面，某些商品在日光的照射下，会发生物理化学变化，如挥发、老化、褪色等。因此，要根据不同商品特点，注意避免或减少日光的照射。

（3）臭氧和氧的作用。仓库内一定量的臭氧可以高效、快速、广谱地杀菌，也能够起到商品防护保鲜的作用，但是若含量过高，则对人和物都会造成损伤；氧很活跃，空气中21%左右的气体是氧气，能和许多商品发生作用，对商品质量变化影响很大。因此，在商品保管养护过程中，要对受臭氧和氧影响较大的商品，采取一定措施进行隔离。

（4）有害气体的影响。有害气体主要来自燃料燃烧时放出的烟尘，以及工业生产过程中产生的粉尘、废气。商品储存在空气中有害气体浓度较大的场地，其质量变化明显，特别是金属商品，必须远离二氧化硫气体的发源地。

（5）微生物及虫鼠害的侵害。微生物和虫鼠会使商品发生霉腐、虫蛀、鼠咬等损害。微生物可使商品产生腐臭味和色斑霉点，影响商品的外观，同时使商品受到破坏、变质、丧失其使用或食用价值。虫鼠在仓库不仅蛀食动植物性商品及其包装，有的还能危害塑料、化纤等化工合成商品，甚至毁损仓库建筑物。

（6）卫生条件。卫生条件不好，不仅使灰尘、油垢、垃圾等污染商品，造成某些外观瑕疵和感染异味，而且还为微生物、仓库害虫创造了活动场所，因此在储存过程中，一定要搞好储存环境卫生，保持商品本身的卫生，防止商品间的感染。

另一个影响商品质量变化的外在因素就是社会因素，主要包括：国家的方针政策，生产经济形势，技术水平，以及企业管理、人员素质与规章制度等。所有这些影响因素，都会直接或间接造成商品的变质和损坏。因此，必须采取有效措施，防止有害因素的影响，保证商品的储存安全。

三、商品质量变化的类型

商品质量是指商品在一定条件下，满足人们需要的各种属性。由于商品本身的性能特点不同，以及受各种外界因素的影响，商品在储存期间，有可能发生各种各样的质量上的变化。商品质量变化的类型包括：物理、机械变化，化学变化，生化变化等。

（1）物理、机械变化。商品的物理变化是指商品仅改变其本身的外部形态（如气体、液体、固体"三态"之间发生的转化），在变化过程中没有新物质生成，而且可以反复进行变化的现象。商品的机械变化是指商品在外力的作用下，发生形态上的变化。物理、机械变化的结果不是数量损失，就是质量降低，甚至使商品失去使用价值。商品常见的物理、机械变化有挥发、熔化、溶化、渗漏、串味、沾污、破碎与变形等。

（2）化学变化。商品的化学变化是指构成商品的物质发生变化后，不仅改变了商品本身的外观形态，也改变了本质，并有新物质生成的现象。商品发生化学变化，即商品质变的过程，严重时会使商品完全丧失其使用价值。商品常见的化学变化有氧化、分解、锈蚀、风化、燃烧与爆炸、老化等。

(3) 生化变化。生化变化是指有生命活动的有机体，在生长发育过程中，为了维持它们的生命，本身所进行的一系列生理变化，如粮食、水果、蔬菜、鲜鱼、鲜肉、鲜蛋等有机体商品，在储存过程中，受到外界条件的影响和其他生物作用，往往会发生这样或那样的变化。这些变化主要有呼吸作用、发芽、胚胎发育、后熟、霉腐、虫蛀等。

四、仓库温度、湿度的控制

商品在储存期间的质量变化与储存环境密切相关，而在储存环境诸因素中，仓库温度、湿度（简称温湿度）最为重要。商品在储存期间发生的霉变、锈蚀、溶化、虫蛀、挥发等变化，都与温湿度关系密切。这就需要仓库管理人员正确地控制和调节温湿度，确保储存商品的安全。

1. 温湿度基础知识

(1) 空气温度。空气温度，即气温，是指空气的冷热程度。

(2) 空气湿度。空气湿度是指空气中水蒸气含量的多少或空气干湿的程度。

① 绝对湿度。绝对湿度是指单位容积的空气里实际所含的水蒸气量，一般以 g 为单位，用 g/m^3 来表示。温度对绝对湿度有着直接影响。通常情况下，温度越高，水蒸发得越多，绝对湿度就越大；相反，绝对湿度就越小。

② 饱和湿度。饱和湿度是表示在一定温度下，单位容积空气中所能容纳的水蒸气量的最大限度。

③ 相对湿度。相对湿度用百分率表示如下。

$$相对湿度 = \frac{绝对湿度}{饱和湿度} \times 100\%$$

④ 露点。露点是指含有一定量水蒸气（绝对湿度）的空气，当温度下降到一定程度时所含的水蒸气就会达到饱和状态（饱和湿度）并开始液化成水，水蒸气开始液化成水时的温度叫作"露点温度"，简称"露点"。

2. 仓库温湿度变化

温湿度变化的规律是：气温高、风力大时，空气中的相对湿度就小；温度低、风力小时，空气中相对湿度就大。因此，大气的湿度变化与温度变化恰恰相反，日出前湿度最大，午后2点湿度最小。

仓库温湿度变化总的规律是：基本上和库外的温湿度变化趋势保持一致，但又因为不同库房的密封条件不同，温湿度变化的速度有所不同，密封条件越好，变化的速度就越慢。仓库内湿度是受大气湿度的影响发生变化的，实际上仓库内湿度变化比外界要小些。外界湿度大时，仓库内湿度也随着增大。从气温变化的规律分析，一般在夏季降低仓库内温度的适宜时间是夜间10点以后到次日早晨6点。当然，降温还要考虑到商品特性、库房条件、气候等因素的影响。

3. 仓库温湿度管理

仓库温湿度管理是商品养护的重要日常工作，是维护商品质量的重要措施。要做好仓库的温湿度管理工作，需观测和掌握库内外温湿度变化规律，为库内温湿度控制和调节提供依据。为了观测和掌握库内外的温湿度及其变化情况，需要配置一些气象设施和温湿度仪器，建立一定的观测和报告制度，以及设施、仪器的使用和维护保养制度，并根据库内外观测和掌握的温湿度及其变化情况，确定控制和调节仓库温湿度的方法。常用的控制和调节仓库温湿度的方法有以下几种。

1）通风

通风是根据空气自然流动的规律，有计划地使库内外空气互相流通交换，以达到调节库内空气温湿度的目的。

（1）通风的作用。通风有降温（或增温）和降湿的作用。

① 通风降温（或增温），主要指对湿度要求不高，而对温度要求比较严格的一些商品，如玻璃瓶或铁桶装易挥发的化工原料、化学试剂和医药等的液体商品。在冬季，对于一些怕冻的商品，只要库外温度高于库内温度也可以进行通风，以提高库内温度。

② 通风降湿，主要指对易霉腐、溶化、锈蚀等的库存商品的通风。利用通风散潮，来降低库内的相对湿度，首先应该对比库内外绝对湿度的高低，然后再考虑气温与相对湿度的高低。

（2）通风的方法。通风的方法有自然通风和机械通风。

① 自然通风一般是在温室顶部或侧墙设置窗户，依靠热压或风压进行通风，并可通过调节开窗的幅度来调节通风量。自然通风受外界气候影响比较大，降温效果不稳定，一般室内温度比室外温度高 5~10℃，在采用通风降温时，必须符合以下两个条件：一个条件是库外气温和绝对湿度低于库内气温和绝对湿度；另一个条件是库外气温高于库内气温，库外绝对湿度低于库内绝对湿度，并且具备库内露点小于库内气温和库外露点小于库内露点。同时，还要注意通风时的气象条件，如在天晴风力不超过 5 级时效果较好；通风的季节性，如秋冬季节较为理想；通风的时间性，虽然夏季不宜采用通风降温，但有时会遇到有利的通风天气，可采取数小时的通风降温等。

② 机械通风就是在库房上部装设出风扇，在库房下部装设进风扇，利用机械进行通风，以加速库房内外的空气交换。由于机械设备和植物生理上的原因，一般温室的通风强度设置在每分钟换气 0.75~1.50 次，这样能控制室内外温差在 5℃ 以内。机械通风的优点在于温室的通风换气量受外界气候影响较小。

2）仓库密封

在春夏季节里，很少有自然通风降温的条件，并且湿热的大气又不断地侵入库内，在这种情况下，应采取封库或封垛的技术。仓库密封就是利用防潮、绝热、不透气的材料把商品尽可能严密封闭起来，以隔绝空气，降低或减小空气温湿度对商品的影响，从而达到商品安全储存的目的。常用的密封材料有塑料薄膜、防潮纸、油毡、芦席等。这些密封材料必须干燥、清洁、无异味。

在密封前要检查商品质量、温度和含水量是否正常，如发现发霉、生虫、发热等现象就不能进行密封；若发现商品含水量超过安全范围或包装材料过潮，也不宜密封。要根据商品的性能和气候情况来决定密封的时间。怕潮、怕溶化、怕霉的商品，应选择在相对湿度较低的时节进行密封。

仓库密封保管的形式有：整库密封、整垛密封、整柜密封、整件密封。

① 整库密封。一般情况下，对物品出入不太频繁的库房可采取整库密封。整库密封时，地面可采用水泥、沥青、油毡等制成防潮层隔潮，墙壁外涂防水砂浆，内涂沥青和覆盖油毡，库内做吊平顶，关闭库房所有的门、窗和通风孔，并将缝隙用胶条、纸等涂以树脂封堵，用宽度为 5 cm、厚度为 2.5 cm 的泡沫塑料条，刷上树脂后粘贴于门框四周，再在门的四边刻上槽，将胶管刷胶水按入槽内，使门关好后胶管正好压在泡沫塑料中间，以减少气候变化对商品的影响。

② 整垛密封。这种密封方法适用于临时存放的、怕潮易霉或易干裂的商品。未经干燥处理的新仓库里面的商品在储存时也必须实行整垛密封保管。在密封过程中，利用塑料薄膜将货垛或货架全部遮盖包围直至地面，以隔绝或减少湿气与商品的接触。

③ 整柜密封。对出入库频繁、零星、而又怕潮易霉、易干裂、易生虫、易锈蚀的商品，可采用整柜密封保管。在储存时，可在货柜内放一容器，内装硅胶或氯化钙等干燥剂，以保持货柜内干燥；若要防虫，还应在货柜内放入适量的驱虫剂。

④ 整件密封。整件密封主要是将商品的包装严密地进行封闭，一般适用于数量少、体积小的易霉、易锈蚀商品。上述商品适宜用塑料袋按件包装，加热封口，或放在包装箱、包装桶或包装袋内。总之，要根据商品养护的需要，结合气候情况与储存条件，因地制宜，就地取材，灵活运用。

密封只有控制库房温湿度的作用，而没有调节的作用。密封是相对的，当出现不适宜温湿度的情况下，还必须进行调节，因此只靠密封一种措施不能达到使库房温湿度适宜的目的，必须和其他措施结合使用。

3）吸潮

吸潮是一种降湿的辅助办法。在梅雨季节或阴雨天，当库内湿度过高，不适宜商品保管，而库外湿度也过大，不宜进行通风散潮时，可以在密封库内利用干燥剂等吸收空气中的水汽，达到降湿的效果。常用的吸潮材料及工具包括：干燥剂和除湿机。

① 干燥剂。干燥剂是指能除去潮湿物质中水分的物质，常分为两类：化学干燥剂，如硫酸钙和氯化钙等，通过与水结合生成水合物进行干燥；物理干燥剂，如硅胶与活性氧化铝等，通过物理吸附水进行干燥。

a）石灰干燥剂。石灰干燥剂的主要成分为氧化钙，其吸水能力是通过化学反应来实现的，因此吸水具有不可逆性。不管外界环境湿度高低，石灰干燥剂都能保持大于自重 35％的吸湿能力，更适合于低温度保存，具有极好的干燥吸湿效果，而且价格较低，广泛应用于食品、服装、茶叶、皮革、制鞋、电器等行业。

b）氯化钙干燥剂。氯化钙干燥剂主要原料氯化钙是采用优质碳酸钙和盐酸为原料，经反应合成、过滤、蒸发浓缩、干燥等工艺过程精制而成。氯化钙干燥剂具有吸附活性静态减湿和异味去除等功效。不仅吸附速度快，吸附能力高，且无毒，无味，无接触腐蚀性，无环境污染，尤其对人体无损害，广泛应用于油封，光学医疗，保健食品及军工产品。

c）硅胶干燥剂。硅胶干燥剂是一种高活性吸附材料，通常是用硅酸钠和硫酸反应，并经老化、酸泡等一系列后处理过程而制得。硅胶干燥剂是透湿性小袋包装的不同品种的硅胶，主要原料硅胶是一种高微孔结构的含水二氧化硅，无毒、无味、化学性质稳定，具强烈的吸湿性能，是一种高活性吸附材料，广泛应用于仪器、仪表、设备器械、皮革、箱包、鞋类、纺织品、食品、药品等的储存和运输中控制环境的相对湿度,降低和减缓物品受潮,霉变和锈蚀。

②除湿机。机械除湿、降湿是采用机械设备,使湿空气经过滤器并附着于蒸发器上,由于蒸发器的表面温度低于空气露点温度,空气中的水分就会凝结成水滴排出,使空气中的含水量降低。我国常用的有两大类除湿机:一类是冷冻除湿机;另一类是转轮除湿机。除湿机一般适宜于储存棉布、针棉织品、贵重百货、医药、仪器、电工器材和烟糖类的仓间吸湿。在温度为27℃,相对湿度为70%时,除湿机一般每小时可以吸水3~4 kg。使用除湿机除湿,不仅效率高、降湿快,而且体积小、重量轻,不污染商品。但是除湿机的应用必须科学合理,要注意除湿机除湿功能与库房面积的关系,确保除湿的效果。如春秋季多雨,除湿机工作的时间应相应延长。与此同时,要注意除湿与密封的关系,确保除湿在密封的条件下进行,否则难以达到除湿的效果。

五、商品霉腐及其防治

1. 商品霉腐的影响因素

(1) 引起商品霉腐的内在因素。引起商品霉腐的内在因素包括以下三个方面。商品中有霉腐微生物的存在,包括商品在生产、加工、包装、运输、装卸与搬运等过程中污染造成的;商品中有霉腐微生物能够利用的营养物质,易霉腐商品主要含有糖类、蛋白质、脂肪、有机酸、维生素等有机物质;商品中有足够的水分或容易吸水,使得霉菌容易生长繁殖。

(2) 引起商品霉腐的外在因素。引起商品霉腐的外在因素主要就是库房内的温湿度与空气。

① 霉腐微生物的成长,必须有适宜的温度。根据各类微生物生长对温度的不同要求,可以把微生物分成3种类型:低温性(嗜冷)微生物,中温性(嗜温)微生物,高温性(嗜热)微生物。霉腐微生物中大多数是中温性的,最适宜生长的温度为20~30℃,在10℃以下不易生长,45℃以上停止生长。研究发现,各种霉腐微生物在最适宜生长的温度范围内,气温每升高10℃的,其生长可加速1~2倍。

高温和低温对微生物的生长都有较大影响,高温能使微生物细胞内蛋白质凝固,从而杀死微生物。低温虽然可以干扰微生物的新陈代谢,降低微生物的发育速度,致使部分微生物死亡,但是不能全部冻死霉腐微生物。

② 水分是霉腐微生物的生命要素之一,它们的生存和繁殖都离不开水。霉腐微生物所需水分主要来自商品内部,而商品中的水分高低,直接受空气湿度的影响。同时,微生物体内水分的保持,也和空气湿度有着密切的关系。因此,霉腐微生物生长所需的水分是直接和间接取自商品周围的空气的。

③ 空气中的氧对微生物的生长也有影响。不同的微生物,对氧的需求是不同的,绝大多数霉腐微生物是需氧类型的。

部分商品的安全水分与相对湿度要求及部分霉菌生长的湿度要求分别如表4-2和表4-3所示。

表 4-2 部分商品的安全水分与相对湿度要求

商品名称	安全水分/%	相对湿度/%	商品名称	安全水分/%	相对湿度/%
棉花	11～12	85 以下	皮鞋、皮箱	14～18	60～75
棉布	9～10	50～80	茶叶	10 以下	50 以下
针棉织品	8 以下	50～80	木耳	12～14	65～80
毛织品	9～10	50～80	机制白砂糖	0.1～1.0	80 以下

表 4-3 部分霉菌生长的湿度要求

项目	商品含水量/%	相对湿度/%
部分曲霉	13	70～80
青霉	14～18	80 以上
毛霉、根霉	14～18	90 以上

2. 商品霉腐的过程

（1）受潮。商品受潮为霉菌生长繁殖创造了条件。若商品含水量超过安全水分的限度，此时就容易发霉，如棉布含水量超过 10%，相对湿度超过 75% 时，就有发霉的可能。

（2）发热。商品受潮后发热的原因是多方面的，主要是霉腐微生物开始生长繁殖的结果。由于霉腐微生物的生长繁殖，产生的热量逐渐增加，热量一部分供其本身利用，其余部分就在商品中散发。

（3）发霉。霉菌在商品上生长繁殖，起初有菌丝生长，肉眼能看到的白色毛状物称为菌毛；霉菌继续生长繁殖形成小菌点称为霉点；霉菌代谢产物中的色素，使菌苔呈黄、红、紫、绿、褐、黑等颜色。

（4）腐烂。商品发霉后，由于霉菌摄取商品中的营养物质，通过霉菌分泌酶的作用，将商品内在结构破坏，发生霉烂变质。

（5）霉味。霉味是商品腐烂后产生的气味，包括商品中糖类发酵而产生的酒味、辣味和酸味，蛋白质的腐败而产生的臭味，以及脂肪类酸败而产生的"哈喇味"。

3. 常见易霉腐商品

微生物生长繁殖所需的营养物质有水、碳水化合物（如糖类、淀物、纤维素、果胶等）、蛋白质（包括氨基酸等）、脂肪、无机盐（矿物质）、维生素等。凡是含有这些有机成分的商品都称为易霉腐商品。但是，某些产品（如矿产品、金属制品）本身不会发霉，如果沾染污垢，以此为原料制成的附件、配件，在一定条件下，也会有微生物生长。一般而言，主要有以下几种常见的易发生霉腐的商品。

（1）食品。最容易发生霉腐的食品一般是含蛋白质较多的食品，如肉、鱼、蛋等；含糖较多或者含多种有机物质的食品也很容易霉腐，如糕点、水果、蔬菜、干果干菜、卷烟、茶叶、罐头等。发霉食品易产生霉菌毒素，如黄曲霉毒素。长期食用霉腐食品，易发生中毒性肝炎、肝硬化和肝癌。

（2）日用品。在日用品中，各种化妆品是最容易发生霉腐的。因为化妆品的配料多是甘油、白油、水等，都很容易使微生物生长繁殖。还有一些含纤维素较多的日用品，如纸张及其制品也易发生霉腐。

(3)药品。像糖浆剂、合剂、颗粒剂、片剂、丸剂等,如果包装不严,就容易发霉,尤其是中药材(中药片剂)在储存保管中最易发霉。这是由于空气中有大量的霉菌孢子,透过药品包装或散落在药材表面,当遇到适宜的温度(25℃)、湿度(空气中相对湿度在85%以上或药材含水率超过15%),合适的环境(阴暗、不通风)和足够的营养物质等条件,即萌发成菌丝(发霉)并产生酵素,将药品中的糖类、蛋白质、脂肪胶质等营养成分分解,导致腐败。

(4)皮革及其制品。毛皮及皮革制品一般都是含蛋白质较多的非食品商品,同时一些皮革制品表面修饰材料的主要成分是酪蛋白,一旦温度湿度适宜,微生物就会在其上面繁殖,从而产生霉变,对皮革及其制品造成严重的破坏。

(5)纺织原料及其制品。蚕丝、麻、棉、羊毛或其他动物粗细毛等天然纤维及其制品,在一定的温湿度条件下,很容易发生霉变。微生物在这些物品表面繁殖,会对纤维的色泽、强度产生不良的影响。

(6)工艺美术品。例如,竹制品、木制品、草制品、麻制品等,也容易在储存过程中发生霉腐。还有一些商品,如橡胶、油漆、涂料等,如果在合适的温湿度条件下,都可能发生霉变。

4.商品霉腐的防治

商品霉腐的防治就是采取有效措施预防商品霉腐的发生,减少因霉腐而产生的损失。商品在仓库储存保管过程中,应采取以下方法防治霉腐。

1)化学药剂防霉腐

化学药剂能杀灭和抑制霉菌,其机理主要是使菌体蛋白质变性、沉淀、凝固,破坏菌体正常的新陈代谢,降低菌体细胞表面张力,改变细胞膜的通透性,导致细胞的破裂或分解,即可抑制霉体的生长,通常称这类化学药剂为防霉腐剂。有些商品可采用化学药剂防霉腐,在生产过程中把防霉腐剂加入到商品中,或把防霉腐剂喷洒在商品体和包装物上,或喷散在仓库内,达到防霉腐的目的。

常用的防霉腐剂有百菌清、多菌灵、灭菌丹、菌霉净、尼泊金酯类、苯甲酸及其钠盐等。苯甲酸及其钠盐对人体无害,是国家标准规定的食品防腐剂;托布津对水果、蔬菜有明显的防腐保鲜作用;水杨酰苯胺及五氯酚钠等对各类日用工业品及纺织品、服装鞋帽等有防腐的作用。有实际应用价值的防霉腐剂应该是低毒的,使用时比较安全;要有较强的适用性;有很好的效果以确保商品能长时间的储存。

在使用化学药剂防霉腐时可采取下列方法。

① 可将防霉腐剂溶成溶液,喷洒或涂布在产品表面。

② 将产品浸泡在一定浓度的防霉腐溶液中。

③ 可在生产包装材料时添加防霉腐剂,再用这种防霉腐包装材料包装产品,或者直接将一定比例的防霉腐剂加到制品中去。

④ 将挥发性的防霉腐剂(如多聚甲醛、环氧乙烷)包成小包,密封于商品包装带中,通过防霉腐剂的挥发成分防止商品霉腐,这种方法又称为气相防霉腐。

2)气调防霉腐

霉腐微生物与生物性商品的呼吸作用都离不开空气、水分、温度这三个要素,只要有效地控制其中一个要素,就能达到防止商品发生霉腐的目的。气调防霉腐的方法就是利用这样的原理，在密封条件下，改变空气组成成分，降低氧气的浓度，抑制霉腐微生物的生命活动，从而达到防霉腐的目的。当空间中二氧化碳浓度为10%～14%时，对霉菌有抑制作用，若浓度超过40%时，即可杀死多数霉菌。

气调防霉腐的方法有密封法和降氧法两种。

① 密封法是实现气调防霉腐的关键，以不透气为宜，并且应该安装测气、测温、充气、抽气口，以及取样口等装置，以垛密封简便易行、效果好。

② 降氧法，即控制空气中氧气的浓度，人为地造成一个低氧的环境，使霉腐微生物生长繁殖及生物性商品的呼吸作用受到限制。目前采用较普遍的方法有人工降氧法和自然降氧法。人工降氧法的具体措施是把商品的货垛或包装用厚度为0.25～0.30 mm的塑料薄膜进行密封，用气泵先将货垛或包装中的空气抽到一定的真空程度，再将氮气充入；也可以充入二氧化碳，但是不必将密封货垛抽成真空，少量抽出一些空气，然后充入二氧化碳，当二氧化碳气体的浓度达到50%时，即可对霉腐微生物产生强烈的抑制和杀灭作用。这种方法效果显著，应用面广。自然降氧法就是在密封的储藏室中，利用生物性商品自身的呼吸作用，逐渐消耗密封垛内的氧气，使密封垛内自行逐步降低氧气的浓度，增加二氧化碳的浓度，从而达到自然降氧防止商品霉腐的目的。这种方法虽然工艺简单，管理方便，但效果一般，所以多应用于水果、蔬菜的防霉腐保鲜。

3) 低温防霉腐

多数含水量大、易发生霉腐的生物性商品，如鲜肉、鲜鱼、水果、蔬菜等，要长期保管，多采用低温防霉腐的方法。这种方法就是通过降低商品本身及仓库内的温度，一方面抑制生物性商品的呼吸、氧化过程，使其分解受阻；另一方面抑制霉腐微生物的代谢与生长繁殖，从而达到防霉腐的目的。低温防霉腐所需的温度与时间，应视具体商品而定，一般温度越低，持续时间越长，霉腐微生物的死亡率越高。

低温分冷藏和冷冻两种，冷藏温度一般为3～5℃，在此温度范围内，霉菌生长受到极大抑制，但并不致死，适用于含水量大且不耐冷冻的食品，如水果、蔬菜等。冷冻温度在－12℃以下甚至更低，在此温度下，霉菌多数死亡，适用于耐低温的物品，如肉类、鱼类等。常用的制冷剂有液态氨、天然冰及冰盐混合物等。需要注意的是，低温防霉腐包装应使用能耐所需低温的包装材料。

4) 干燥防霉腐

干燥防霉腐就是通过减少仓库环境中的水分和商品本身的水分，使霉腐微生物得不到生长繁殖所需水分而实现防霉腐。目前世界主要采用晒干或红外线干燥等方法对粮食、食品等进行干燥保藏，这也是最常见的干燥防止霉腐的方法。此外，在密封条件下，用石灰、无水氯化钙、五氧化二磷、浓硫酸、氢氧化钾或硅胶等作干燥剂，也可很好地达到食品、药品和器材等长期防霉腐的目的。

5) 储存物品的合理保管

首先，加强每批物品的入库检查，检查有无水湿和霉腐现象，检查物品的自然含水量是否超过储存保管允许的范围，包装是否损坏受潮，内部有无发热现象等。其次，针对不同性质的物品，采取分类储存保管，达到其所需的不同储存保管条件，以防止物品的霉变。最后，根据不同季节、不同地区的不同储存保管条件，采取相应的通风降湿措施，使库内温湿度达到具有抑制霉菌生长和繁殖能力的要求。

6) 其他方法

(1) 电离辐射防霉腐。它是用X、γ等射线照射商品，杀死霉菌。
(2) 微波辐射防霉腐。它是用微波处理商品，霉菌受微波作用而死亡。
(3) 紫外线照射防霉腐。它是将商品或包装置于紫外线下，可杀死位于表面的霉菌。
(4) 远红外辐射防霉腐。霉菌经远红外辐射后，菌体会迅速脱水干燥而死亡。

六、仓储害虫及其防治

仓储害虫是指在货仓内危害储藏商品和仓库建筑设施的许多害虫，这些害虫一般又以危害储藏粮食为主，所以也称贮粮害虫。它们种类繁多，生活习惯多样。仓储害虫蛀食污染各种仓库商品，传播疾病，给人类造成巨大的经济损失，必须给予高度重视。

常见易虫蛀商品包括毛、丝织品及毛皮制品，竹、藤制品，木材，纸张及纸制品，粮食，烟草，肉品，干果干菜，中药材等。所谓易虫蛀商品，主要是指蛋白质、脂肪、纤维素、淀粉及糖类、木质素等营养成分含量较高的商品。

1. 仓储害虫的来源

仓储害虫的来源主要有以下几个方面：

① 商品入库前已有害虫潜伏在商品之中；
② 商品包装材料内隐藏害虫或虫卵；
③ 运输工具带来害虫，车、船等运输工具如果装运过带有害虫的粮食、皮毛等，害虫就可能潜伏在运输工具之中，再感染其他商品；
④ 仓库内隐藏有害虫；
⑤ 仓库环境不够清洁，仓库内杂物、垃圾等未及时清理干净，潜有并滋生害虫；
⑥ 邻近仓间、邻近货垛储存的生虫商品，感染了没有生虫的商品；
⑦ 储存地点的环境影响，如仓库地处郊外，常有麻雀飞入、老鼠窜入，它们身上常常带有虫卵，田野、树木上的害虫也会进入仓间，危害商品。

2. 仓储害虫的种类

仓储害虫在个体发育过程中都要经过变态，不论仓储害虫表现为完全变态还是不完全变态，幼虫期都是其中一个重要阶段，因幼虫需大量取食，所以此时也是危害商品最严重的阶段。仓储害虫有以下几种。

(1) 黑皮蠹。黑皮蠹又名毛毡黑皮蠹，属于鞘翅目，皮蠹科。幼虫耐干、耐寒、耐饥能力较强。其食性相当广杂，除喜食动物性商品外，还严重危害粮食、干果、烟叶、干菜等商品。

(2) 竹长蠹。竹长蠹又名竹蠹，属于鞘翅目，长蠹科。喜食竹材制品及包装。长蠹科仓储害虫除了竹长蠹外，危害较大的还有角胸长蠹。

(3) 烟草甲。烟草甲又名苦丁茶蛀虫、烟草标本虫，属于鞘翅目，窃蠹科，喜食烟叶、卷烟及部分中药材，并能危害丝毛织品及皮毛、皮革、书籍、茶叶等。窃蠹科仓库害虫除烟草甲外，还有危害中药材、面粉及其制品的药材甲。

(4) 锯谷盗。锯谷盗又名锯胸谷盗，属于鞘翅目，锯谷盗科，大多数以成虫潜伏越冬，成虫可活140～996天，抗寒、抗药性强，喜食干果类和部分中药材。

(5)袋衣蛾。袋衣蛾又名负袋衣蛾。成虫能结成茧袋并负袋爬行。幼虫耐寒性强,在 $-10\sim-6℃$ 的低温下不致冻死。成虫一般产后 1~2 天死亡。在仓库中,幼虫主要危害毛制品、毛织品、毛衣、毡垫等。

仓储害虫还有天牛科的星天牛、褐幽天牛,豆象科的各种豆象,以及象虫科的玉米象等。除此之外,还有白蚁和老鼠这两种害虫,它们不仅啃食仓库内储存的商品,还破坏仓库及其他建筑设施。老鼠还能传播疾病,给人们造成巨大的经济损失。

3. 仓储害虫的防治

仓储害虫不仅破坏商品的组织结构,致使商品发生破碎和产生孔洞,还排泄自身的各种代谢废物沾污商品,影响商品的质量和外观,有的还会产生有毒物质或传播疾病。例如,食品被害虫污染霉变后产生有毒物质,人类食用后常引起腹泻、呕吐、起疹等,并能引发多种疾病,给身体健康造成损害。因此,仓储害虫的防治是当今仓储商品养护的一项重要内容,其防治工作有以下几个方面。

1) 杜绝仓储害虫来源

(1) 商品原材料的防虫、杀虫处理。食品生产的原材料如糖、水果、谷物、肉类等物品在流通过程中要进行严格检疫,发现检疫对象时禁止调运或采取措施,彻底消灭检疫对象。粮食类商品入库前一定要晒干,控制含水率;入库后要严格执行检查制度,查虫情,查温湿度,查粮质。对于新入库的该类商品,1 个月内 3 天查一次,待仓库内湿度正常后一般 10~15 天查一次。对于那些质量差、水分高、近墙边、近底部和上面的粮食和食品,要勤查、细查,发现问题及时处理。在寒冷的冬季,把储藏物品放在室外摊晾可冻死大部分害虫,这就是低温杀虫;夏季炎热的中午,把储藏物品晒在水泥地上也可杀死害虫,这是因为一般仓虫在 38~40℃ 的环境中就失去活动能力,在 45℃ 以上的环境中经过 2 小时就死亡。夏季炎热中午水泥地上温度可达 50℃ 左右,利用这种高温可杀死害虫。豆象可用沸水浸 25~28 s 杀死。

(2) 入库商品的虫害检查和处理。进行商品入库验收时,首先检查商品包装周围的缝隙处,有无虫茧形成的絮状物、仓虫排泄物和蛀粉等,然后开包检查。也可通过翻动敲打商品,观察有无蛾类飞动。检查中如发现仓虫,必须做好记录并及时报告。不经杀虫处理,禁止入库。

(3) 仓库的环境卫生及备品用具的消毒。仓房周围的建筑物、包装材料和垃圾中,都潜藏有大量的仓虫,因此商品入库前对仓库及周边环境一定要进行彻底清洁或消毒,做到仓内面面光,仓外不留杂草、垃圾、砖石瓦砾、污水等。根据不同季节,对包装器材、用具、垫盖物等采用日晒、冷冻、开水烫、药剂消毒等方法加以处理。

2) 仓储害虫防治的措施

(1) 物理防治。物理防治就是利用物理因素(光、电、热、冷冻、原子能、超声波、远红外线、微波及高频振荡等)破坏害虫的生理机能与机体结构,使其不能生存或抑制其繁殖。常用的方法有以下几种。

① 灯光诱集,就是利用害虫对光的趋向性在库房内安装诱虫灯,晚上开灯时,使趋光而来的害虫被迫随气流吸入预先安置的毒瓶(瓶内盛少许氰化钠或氰化钾)中,致使其中毒而死。

② 高温杀虫,就是将温度升高至 40℃ 以上,使害虫机体的生理活动受到抑制,繁殖率下降,进入热麻痹状态,直至死亡。

③ 低温杀虫，就是将环境温度降低，使害虫机体的生理活动变得缓慢，进入冷麻痹状态，直至死亡。

④ 电离辐射杀虫，就是用几种电离辐射源放射出来的 X 射线、γ 射线或快中子射线等，杀伤害虫或使其不育。

⑤ 微波杀虫，就是使害虫在高频电磁场的微波作用下，体内的水分、脂肪等物质激烈地振荡，产生大量的热，直至体温升高至 68℃时死亡。此法处理时间短，杀虫效力高。

此外，还可使用远红外线、高温干燥等方法进行防虫。

(2) 化学防治。化学防治就是利用化学药剂直接或间接毒杀害虫的方法。常用药剂有以下几种类型。

① 杀虫剂。一些杀虫剂接触虫体后，能穿透其表皮进入体内，使害虫中毒死亡，为触杀剂，如敌敌畏、六六六等；还有一些杀虫剂配成诱饵，被害虫吞食后通过胃肠吸收进入体内，使其中毒死亡，为胃毒剂。

② 熏蒸剂。杀虫剂的蒸气通过害虫的气门及气管进入其体内，导致中毒死亡，叫熏蒸作用。具有熏蒸作用的杀虫剂称熏蒸剂。常用的熏蒸剂有氯化苦、溴甲烷、磷化铝、环氧乙烷和硫黄等。熏蒸方法可根据商品数量多少，结合仓库建筑条件，酌情采用整库密封熏蒸、帐幕密封熏蒸、小室密封熏蒸，以及密封箱、密封缸熏蒸等形式。必须注意的是，上述几种熏蒸剂均为剧毒气体，使用时必须严格落实安全措施。

③ 驱避剂。驱避剂驱虫是利用易挥发并具有特殊气味和毒性的固体药物挥发出来的气体在商品周围经常保持一定的浓度，从而起到驱避、毒杀仓储害虫的作用。可以将药液渗入棉球、旧布或废纸中，每距离 1~2 m，悬挂于货垛或走道里，使药力慢慢地挥发于空气中，药性可滞留 5~6 天，这对羽化的成虫具有明显的杀伤力。常用驱避剂药物有精萘、合成樟脑等。

在化学防治中，要选用对害虫有较高毒性的药剂，用药时间应选择在害虫繁殖旺盛、气温较高的情况下进行。一般在每年的 5 月、7 月和 10 月进行杀虫，每月喷洒药剂 2~3 次，每次间隔一周左右的时间。施药时，应严格遵守药物使用规定，注意人身安全和被处理商品、库房建筑及备品用具的安全，并应采取综合防治与轮换用药等方法，以防形成抗药性。

4. 鼠害的防治

老鼠属啮齿目鼠科动物，种类很多，繁殖力很强，而且性格机警狡猾，喜欢藏在阴暗隐蔽处，多在夜间活动，食性广杂。老鼠直接损害粮食及其他库存商品，破坏商品包装，并传播病菌，对人类危害很大。据资料记载，25%的偶发性火灾是由老鼠啃咬电线引起的。仓库鼠害的防治主要有以下几种方法。

(1) 物理灭鼠。物理灭鼠就是使用鼠夹、鼠笼、粘鼠板、超声波驱鼠器等器械防治鼠害。使用鼠夹时可在鼠夹上放些引诱老鼠的食物，在小范围内，可先布饵不放夹，以消除老鼠的新物反应，然后支夹守候，并及时取走死鼠；鼠笼适用于老鼠数量多，为害严重的地方；粘鼠板就是将粘鼠胶涂在木板上，中间放饵来诱鼠，老鼠粘上就不易逃脱；超声波驱鼠器使用简便，安全可靠，效率高，不污染环境，尤其适合在粮食、食品、编织品仓库使用。

(2) 化学灭鼠。化学灭鼠又称药物灭鼠。化学灭鼠使用的药剂包括胃毒剂、熏杀剂、驱避剂和绝育剂等。其中，以胃毒剂的使用最为广泛，使用方式是制成各种毒饵，效果好，用法简单，用量很大。目前，主要应用抗凝血类杀鼠剂，有溴敌隆、大隆等。

5. 白蚁的防治

白蚁属等翅目昆虫,是世界性大害虫之一。白蚁主要靠蛀蚀木竹材、分解纤维素作为营养来源,也能蛀蚀棉、麻、丝、毛及其织品,皮革及其制品,以及塑料、橡胶、化纤等高聚物商品,对仓库建筑、货架、商品包装材料等都有危害。影响白蚁生存的环境条件因素包括气温、水分和食料。应根据白蚁的生活习性采取防治措施,阻断传播入库途径。

(1) 在白蚁的危害处,设法找到蚁路和蚁巢。将灭蚁粉剂尽可能地喷洒到蚁路内的白蚁身上和蚁巢内,使其能够相互传染药物,以达到灭治效果。

(2) 在发现白蚁危害处,如木制门窗处,可将木制门窗框按一定距离钻孔灌注药液,周边土壤同时也要喷洒药液,使木制门窗框及土壤都含有一定的毒素。白蚁活动取食或触毒后都会中毒死亡。

(3) 在发现白蚁危害处设立诱杀桩、诱杀坑、诱杀堆、诱杀毒饵等。这几种灭蚁方法可单独使用,也可结合使用。

(4) 采用热气或毒气杀灭方法,也可在一定程度上取得不错的效果。

七、金属材料和金属制品的保养技术

防止金属锈蚀是金属材料和金属制品保管的一项重要任务。造成金属锈蚀的原因很多,如大气锈蚀、土壤锈蚀、海水锈蚀、接触锈蚀等;而产生这些锈蚀的根本原因是化学锈蚀和电化学锈蚀,而且电化学锈蚀最为普遍、最为严重。金属材料和金属制品的保养技术分为两大类:金属防锈和金属除锈。

1. 金属防锈

金属仓储保管应注重预防锈蚀,加强日常保养有更重要的经济意义。金属材料和金属制品的防锈方法很多,有些在生产过程就予以考虑。在仓储保管中所能采用的防锈办法主要有以下几种。

(1) 选择适宜的保管场所,保持库房干燥。按不同物品的物理化学性质,选择满足其保管条件的保管场所,加强通风降温,如垛位的上遮下垫、封垛、除湿、降温等。相对湿度在60%以下,就可以防止金属制品表面凝结水分,生成电解液层而遭受电化学腐蚀。但相对湿度在60%以下较难达到,一般库房应控制在65%~70%。保管金属制品的场所,不论是库内还是库外,均应清洁干燥,不得与酸、碱、盐类商品等混存。不同种类的金属制品在同一地点存放时,也应有一定的间隔距离,防止发生接触腐蚀。

(2) 气相防锈。气相防锈是利用挥发性缓蚀剂,在金属制品周围挥发出缓蚀气体来阻隔腐蚀介质的腐蚀作用,以达到防锈目的。气相缓蚀剂在使用时不需涂在金属制品表面,只用于密封包装或容器中。因为它是一种挥发性物质,在很短时间内就能充满包装或容器内的各个角落和缝隙,既不影响商品外观,又不影响使用,也不污染包装,能够有效防锈。

(3) 涂油防锈。涂油防锈是金属制品防锈的常用方法。它是在金属表面涂刷一层油脂薄膜,使商品在一定程度上与大气隔离开来,达到防锈的目的。这种方法省时、省力、经济、方便且防锈性能较好。涂油防锈一般采取按垛、按包装或按件涂油密封。涂油前必须清除金属表面灰尘污垢,涂油后要及时包装封存。防锈油是以油脂或树脂类物质为主要成分,加入油溶性缓蚀剂所组成的暂时性防锈涂料。防锈油中的油脂或树脂类物质为涂层和成膜物质，常用的有润滑油、凡士林、石蜡、沥青、松香及合成树脂等。油溶性缓蚀剂是既有极性基团，又有非极性基团的有机化合物（如硬脂酸、石油脂等），也是能溶于油脂的表面活性剂。常用的油溶性缓蚀剂有石油磺酸钡、二壬基萘磺酸钡、硬脂酸铝、羊毛脂及其皂类等。将金属制品浸涂或热刷防锈油，可以在一定的时间内隔绝大气中的氧、水分及有害气体对金属制品的侵蚀，防止或减缓锈蚀。

（4）塑料封存。塑料封存就是利用塑料对水蒸气及空气中腐蚀性物质的高度隔离性能，防止金属制品在环境因素作用下发生锈蚀。常用的方法有以下几种。

① 塑料薄膜封存。塑料薄膜封存是指用塑料薄膜直接在干燥的环境中封装金属制品，或封入干燥剂以保持金属制品的长期干燥，不致锈蚀。

② 收缩薄膜封存。收缩薄膜封存是将薄膜纵向或横向拉伸几倍，处理成收缩性薄膜，使得包装商品时其会紧紧黏附在商品表面，既防锈又可减少包装体积。

③ 可剥性塑料封存。可剥性塑料封存是以塑料为成膜物质，加入增塑剂、稳定剂、缓蚀剂及防霉剂等加热熔化或溶解，喷涂在金属表面，待冷却或挥发后在金属表面可形成保护膜，阻隔腐蚀介质对金属制品的作用，达到防锈的目的，是一种较好的防锈方法。

2. 金属除锈

金属除锈方法可区分为人工除锈、机械除锈和化学除锈3种形式。

（1）人工除锈。人工除锈是用简单的工具，如布、刷、砂纸、刻刀等，并用手工进行的除锈。

（2）机械除锈。机械除锈是利用机械摩擦的方法，清除金属表面的锈蚀。常用抛光机械和钢（铜）丝轮除锈。

（3）化学除锈。化学除锈是采取化学方法作用于被锈蚀的金属材料或其制品，达到除锈的目的。使用化学除锈方法除锈，主要使用除锈剂。例如，铬酐、磷酸与水按一定的配方，将锈蚀金属浸入其溶液中，至锈蚀除净取出，并用清水冲洗后，迅速放入钝化液即可。

金属制品的养护处理方法不同，在选择防锈材料及方法时，应考虑其特点、储存环境条件、储存期的长短等因素，同时还要考虑相关的成本及防锈施工的难易，以便收到较好的防锈效果。

任务四　仓储安全管理

仓储安全管理是仓库管理的重要组成部分，不仅涉及保障财产安全、人身安全，执行国家的治安保卫管理法规和政策，同时也涉及保证仓库能够按照合同履行各项义务，降低和防止经营风险等。仓储安全管理可以制止恶性侵权行为的发生，防范意外事故的发生，维护稳定安全的仓库环境，保护仓库及仓储财产不受破坏和侵害，保证仓储生产经营的顺利开展。

一、治安保卫组织管理

治安保卫的管理机构由仓库的整个管理机构组成，高层领导对整个仓库的安全负全责；各部门、机构的领导是本部门的治安责任人，负责本部门的治安保卫管理工作，对本部门的治安保卫工作负责。专职保卫机构在仓库高层领导的领导下，制定仓库治安保卫规章制度、工作计划；督促各部门领导的治安保卫工作，组织全员的治安保卫学习和宣传，做好仓库内的治安保卫工作；与当地公安部门保持密切联系，协助公安部门在仓库内进行治安管理活动，管理治安保卫的器具，管理专职保卫员工。仓库的治安保卫工作内容主要有防盗、防火、防抢、防破坏、防骗，以及员工人身安全保护、保密等工作。仓库主要的治安保卫工作及要求如下。

（1）守卫大门和要害部门。大门守卫是维持仓库治安的第一道防线。大门守卫除了要负责开关大门，限制无关人员，接待入库办事人员并及时审核身份与登记以外，还要检查入库人员是否携带火源、易燃易爆物品，检查入库车辆的防火条件，收留放行条，查问和登记出库人员随身携带的物品，特殊情况下有权检查当事者物品、封闭大门。对于危险品仓、贵重品仓、特殊品仓等要害部位，需要安排专职守卫看守，限制无关人员接近，防止危害、破坏和失窃。

（2）治安检查。治安责任人应按规章准则经常检查治安保卫工作。治安检查实行定期检查与不定期检查相结合的制度。班组每日检查，部门每周检查，仓库每月检查，及时发现治安保卫漏洞、安全隐患，通过有效手段消除各种隐患。

（3）巡逻检查。巡逻检查一般由两名保安员共同进行，携带保安器械和强力手电筒，不定时、不定线、经常地巡视整个仓库的安全保卫工作。保安员应查问可疑人员，检查各部门的防卫工作，关闭无人办公的办公室，关好仓库门窗，关闭电源，禁止挪用消防器材，检查仓库内有无异常现象，停留在仓库内过夜的车辆是否符合规定等。巡逻检查中发现不符合治安保卫制度要求的情况，应采取相应的措施处理或者告知主管部门处理。

（4）防盗设施、设备的使用。仓库的防盗设施大至围墙、大门、防盗门，小到门锁、窗。仓库应该根据法规规定和治安保管的需要，设置和安装这些设施。仓库使用的防盗设备除了专职保安员的警械外，主要有视频监控设备、自动警报设备、人工报警设备。仓库应按照规定，合理利用配置的设备，专人负责操作和管理，确保其有效运作。

（5）治安应急。治安应急是指仓库发生治安事件时，采取紧急措施，防止和减少事件造成损失的制度。治安应急需要通过制订应急方案，明确应急人员的职责，规定发生事件时的信息（信号）发布和传递方法。这些应急方案要在平时经常进行演习。

二、仓储生产安全管理

1. 安全作业管理内容

安全作业管理是经济效益管理的组成部分，安全作业涉及货物的安全、作业人员人身安全、作业设备和仓库设施的安全。安全作业管理工作应包括以下内容。

（1）安全作业管理制度化。安全作业管理应成为仓库日常管理的重要项目，通过制度化的管理保证管理的效果，制定各种科学合理的作业安全制度、操作规程和安全责任制度，并通过严格的监督，确保管理制度得以有效和充分的执行。

（2）加强劳动安全保护。①仓库要遵守《中华人民共和国劳动法》的劳动时间和休息规定，依法安排加班，保证员工有足够的休息时间，包括合适的工间休息。提供合适和足够的劳动防护用品，如高强度工作鞋、安全帽、手套、工作服等，并督促作业人员使用和穿戴。②采用具有较高安全系数的作业设备、作业机械。作业工具应适合作业要求，作业场地必须具有合适的通风、照明、防滑、保暖等适合作业的条件。不进行冒险作业和不安全环境作业，在大风、雨雪影响作业时暂缓作业，避免人员带伤病作业。

（3）重视作业人员资质管理、业务培训和安全教育。对于新参加仓库工作和转岗的员工，应进行安全作业教育，确保其熟练掌握岗位的安全作业技能和规范。从事特种作业的员工必须经过专门培训并取得特种作业资格，方可进行作业，并且仅能从事其资格证书限定的作业项目操作，不能混岗作业。安全作业宣传和教育是仓库的长期性工作，安全作业检查是安全作业管理的日常性工作，通过不断的宣传、严格的检查，严厉地对违章和忽视安全的行为进行惩罚，强化作业人员的安全责任心。

2. 安全作业基本要求

1）人力作业安全

（1）人力作业仅限制在轻负荷的作业。男工人力搬举货物每件不超过 80 kg，距离不大于 60 m；集体搬运时每个人负荷不超过 40 kg；女工不超过 25 kg。

（2）尽可能采用人力机械作业。人力机械承重也应在限定的范围内，如人力绞车、滑车、拖车、手推车等不超过 500 kg。

（3）只在适合作业的安全环境里进行作业。作业前应使作业人员清楚地了解作业要求、作业环境，向其指明危险因素和危险位置。

（4）作业人员按要求穿戴相应的安全防护用具，使用合适的作业工具进行作业。采用安全的作业方法，不采用自然滑动和滚动、推倒垛、挖角、挖井、超高等不安全作业。作业人员在滚动货物的侧面作业。注意作业人员与操作机械的配合，在机械移动作业时作业人员需避开。

（5）合理安排工间休息。每作业 2 h 至少有 10 min 休息时间，每 4 h 有 1 h 休息时间。

（6）必须有专人在现场指挥和进行安全指导，严格按照安全规范进行作业指挥。作业人员避开不稳定货垛的正面、塌陷、散落的位置，以及运行设备的下方等不安全位置；在作业设备调位时暂停作业；发现安全隐患时及时停止作业，消除安全隐患后方可恢复作业。

2）机械作业安全

（1）使用合适的机械、设备进行作业。尽可能采用专用设备作业，或者使用专用工具。使用通用设备，必须满足作业需要，并进行必要的防护，如货物绑扎、限位等。

（2）所使用的设备应无损坏。设备不得带"病"作业，特别是设备的承重机件，更应无损坏，符合使用的要求。应在设备的许用负荷范围内进行作业，决不超负荷运行；对于危险品，还需减低负荷的 25% 进行作业。

（3）设备作业时要有专人进行指挥。采用规定的指挥信号，按作业规范进行作业指挥。

（4）汽车装卸时，应注意保持安全间距。汽车与堆物距离不小于 2 m，与滚动物品距离不得小于 3 m。多辆汽车同时进行装卸时，直线停放的前后车距不得小于 2 m，并排停放的两车侧板距离不得小于 1.5 m。汽车装载应固定妥当，绑扎牢固。

（5）移动吊车必须在停放稳定后方可作业。叉车不得直接叉运压力容器和未包装货物；移动设备在载货时需控制行驶速度，不可高速行驶。货物不能超出车辆两侧 0.2 m，禁止两车共载一物。

（6）移动设备不得载人运行。除了连续运转设备如自动输送线外，其他设备需停止稳定后方可作业，不得在运行中作业。

三、仓储消防管理

从仓库不安全因素及危害程度来看,火灾造成的损失最大。仓库火灾不仅造成仓储货物的损害,还损毁仓库设施,燃烧和燃烧产生的有毒气体直接危及人身安全。仓库存储大量的物资,物资存放密集,机械、电器设备大量使用,管理人员偏少或者疏忽,具有发生火灾的系统性缺陷。仓库的消防工作,是仓储安全管理的重中之重,也是长期的、细致的、不能疏忽的工作。

1. 引起仓库火灾的火源

引起仓库火灾的火源很多,一般主要分为两大类:直接火源和间接火源。

(1) 直接火源。直接火源是指直接产生火花的火源,主要有:明火、电火花、雷电与静电。

① 明火。明火是指生产和生活使用的炉火、灯火、焊接火花及未灭的烟头等。

② 电火花。电火花是指电线短路、用电超负荷、漏电、电气设备产生的电火花,以及电器设备升温等引起的自燃。

③ 雷电与静电。雷电是指瞬间产生的高压放电,引起可燃物质的燃烧;静电则是因为摩擦、感应,使物体表面电子大量聚集,向外以电弧的方式传导的现象,同样引起可燃物质的燃烧。

(2) 间接火源。间接火源主要有:由于热源加热引起燃烧,如把火柴、草料、棉花、纸张、油品等易燃物品存放在电热设备附近引起火灾;物品本身自燃起火,某些商品由于自身具有较强的易燃性,在既无明火又无外来热源的条件下,由于存储条件不当而发生自行燃烧起火。

2. 仓库火灾种类

引起火灾的可燃物不同,因而需要采用不同的灭火方法。仓库火灾按起火源进行分类有如下几种。

(1) 普通火灾。普通火灾是指普通可燃固体燃烧所引起的火灾,如棉花、化纤、煤炭等。普通火灾虽然火势扩散较慢,但燃烧较深入,货堆内部都在燃烧。灭火后重燃的可能性极高。对于普通火灾较适合用水灭火。

(2) 油类火灾。油类火灾是指各种油类、油脂发生燃烧所引起的火灾。油类属于易燃物品,且还具有流动性,着火的油流动,会迅速扩大着火范围。油类轻于水,会漂浮在水面,随水流动,因此不能用水灭火,只能采用泡沫、干粉等灭火。

(3) 电气火灾。电气火灾是指电器、供电系统漏电所引起的火灾,以及具有供电的仓库发生的火灾。其特征是在火场中还有供电存在,有人员触电的危险;另外由于供电系统的传导,还会在电路的其他地方产生电火源。因而发生火灾后,要迅速切断供电,采用其他安全方式照明。

(4) 爆炸性火灾。爆炸性火灾是指具有爆炸性的货物引发的火灾,或者火场内存在爆炸性物品,如易发生化学爆炸的危险品,会发生物理爆炸的密闭容器等。爆炸不仅会加剧火势,扩大燃烧范围,更危险的是直接对人的生命造成伤害。发生这类火灾时的首要工作是保证人身安全,迅速撤离人员。

3. 常见的灭火方法

常见的灭火方法有以下几种。

（1）冷却法。冷却法是在灭火过程中，把燃烧物的温度降低到其燃点以下，使其不能燃烧。例如，水、酸碱灭火器、二氧化碳灭火器等均有一定的冷却作用，同时还能够隔绝空气。

（2）窒息法。窒息法是使燃烧物周围的氧气含量迅速减少，致使火窒息的方法。在灭火过程中，可以用水、湿棉被、四氯化碳灭火器、泡沫灭火器等，这些都是用窒息法灭火的器具。

（3）隔绝法。隔绝法是在灭火过程中，为避免火势蔓延和扩大，采取拆除部分建筑或及时疏散火场周围的可燃物，孤立火源，从而达到灭火的目的。

（4）分散法。分散法是将集中的货物迅速分散，孤立火源，一般用于露天仓库。

4. 常用的灭火器材、设备及其适用范围

（1）水。水是仓库消防的主要灭火剂，水在灭火时有显著的冷却和窒息作用，能使某些物质的分解反应趋于缓和，并能降低某些爆炸品的爆炸能力；当水形成柱形时，有一股冲击力能破坏燃烧结构，把火扑灭。水还可以冷却附近其他易燃物质，防止火势蔓延。但对电气设备引发的火灾不能用水来灭火，水更不能用于对水有剧烈反应的化学危险品（如电石、金属钾、保险粉等）的灭火，也不能用于比水轻、不溶于水的易燃液体（如汽油、苯类物品）的灭火。仓库中应有足以保证消防用水的给水、蓄水、泵水设备，以及水塔、消防供水管道、消防车等。当仓库中无自来水设备、距自然水源较远时，必须修建水池，以储备消防用水。有自来水设备的仓库，按面积大小，合理设置消防栓，应保证在每一个可能着火点上，有不少于两个水龙头可以进行灭火。

（2）沙土。沙土是一种廉价的灭火物质，沙土能起窒息作用，覆盖在燃烧物上可隔绝空气，从而使火熄灭。沙土可用以扑救电气设备及液体燃料引起的火灾，也可用于扑灭酸碱性物质引起的火灾，以及过氧化剂与遇水燃烧的液体和化学危险品引起的火灾。因此，仓库中应备有沙箱。但须注意的是，爆炸性物品（如硫酸铵等）不可用沙土灭火，而应用冷却法灭火，可用水浸湿的旧棉絮、旧麻袋，覆盖在燃烧物上。

（3）灭火器。灭火器是一种轻便、易用的消防器材，其种类较多，用途不同，灭火时应视具体情况正确选用。

① 泡沫灭火器。泡沫灭火器适宜于扑救汽油、煤油、柴油、苯、香蕉水、松香水等易燃液体的火灾。在扑救电气火灾时，应先切断电源。提取灭火器时要注意筒身不宜过度倾斜。

② 二氧化碳灭火器。二氧化碳灭火器对扑灭电气设备、精密仪器、电子设备、珍贵文件、小范围的油类等发生的火灾最适宜，但不宜用于金属钾、钠、镁等的灭火。

③ 1211灭火器。1211灭火器适用于扑灭油类、有机溶剂、精密仪器等火灾。它的绝缘性能好，灭火时不污损物品，灭火后不留痕迹，并有灭火效率高、速度快的优点。

④ 干粉灭火器。干粉灭火器具有无毒、无腐蚀、灭火速度快的优点，适用于扑灭油类、可燃气体、电气设备等的火灾。

（4）自动消防设备。常见的自动消防设备有离子烟感火灾探测报警器、光电报警器、温

感报警器和自动喷洒灭火装置等。

5. 防火工作的要求

(1) 普及防火知识。坚持经常性的防火宣传教育,普及防火知识,不断提高仓库全体职工防火的警惕性,让每位职工都学会基本的防火灭火方法。

(2) 遵守建筑设计防火规范。新建、改建的仓库要严格遵照建筑设计防火规范的相关规定,不得擅自搭建违章建筑,也不得随意改变建筑的使用性质。仓库的防火间距内不得堆放可燃物品,不得破坏建筑物内已有的消防安全设施,消防通道、安全门、疏散楼梯、走道。

(3) 易燃、易爆的危险品仓库必须符合防火防爆要求。凡是储存易燃、易爆物品的危险品仓库,进出的车辆和人员必须严禁烟火;储存危险品应专库专储,性能相抵触的商品必须严格分开储存和运输。专库须由专人管理,防止剧烈震动和撞击。易燃、易爆危险品仓库内,应选用不会产生电火花的电器开关。

(4) 电气设备应始终符合规范的要求。仓库中的电气设备不仅安装时要符合规定,而且要经常对其进行检查,一旦发现绝缘损坏要及时更换,不应超负荷,不应使用不合规格的保险装置。电气设备附近不能堆放可燃物品,工作结束应及时切断电源。

(5) 明火作业须经消防部门批准,方可动火。若需电焊、气割、烘烤取暖、炉灶、锅炉等,须经消防部门批准,才能动火工作。

(6) 配备消防设备和火灾报警装置,要有防火安全措施。根据仓库的规模、性质、特点,配备一定数量的防火、灭火设备及火灾报警器,按防火、灭火的要求,分别布置在明显和便于使用的地点,并定期进行维护和保养,使之始终保持完好状态。

(7) 遇火警或爆炸应立即报警。如遇仓库发生火灾或爆炸事故,必须立即向当地的公安消防部门报警。事故过后,应根据"三不放过"的原则,认真追查原因,严肃处理事故责任者,并以此教育广大职工。

四、仓储防盗管理

为了确保物资安全,对仓库来说,除了防火以外,防盗和防破坏也很重要。尽管仓储部门大都十分重视仓储防盗管理,花费了大量人力和精力,但是由于盗贼的狡猾,以及保卫人员的精力有限,盗窃和破坏案件还是难以避免。因此,有必要借助现代科学技术手段,如防盗报警技术,对贵重物资进行防盗监视。

1. 防盗系统的种类

防盗系统一般分为4种,即单机报警系统、有线式防盗报警系统、无线式防盗报警系统和混合式防盗报警系统。

(1) 单机报警系统。单机报警系统是指将传感器和控制器装在一起的报警器。它的结构简单,价格低廉,设置方便。把它置于监护场所的隐蔽处,一旦有人入侵,立即发出报警声响,可以吓跑盗贼,同时也向附近值勤人员发出信息。这类报警器只要使用得当,能起到一定的效果;还可以进行适当改动,如增加同总机的信号联系,作为分机用于分级控制的报警系统中。

(2) 有线式防盗报警系统。有线式防盗报警系统是指用导线传感器和控制器,以及分机和总机联结起来所形成的报警系统。它适用于保护区域和控制器安装地点固定不变的情况。

虽然这种系统需要铺设导线，增加投资，但是其比较稳定可靠，抗干扰性能好，因而仍有不少用户喜欢采用。因为电话线也可以传输报警信号，所以就出现了电话—防盗报警系统。它是利用内部电话线路，在工作人员下班后或在夜间改为传输报警信号，一举两得。

（3）无线式防盗报警系统。无线式防盗报警系统是指用无线电通信方式把传感器和控制器联系起来构成的报警系统。它的特点是：无线式防盗报警系统的安装使用灵活方便，避免了有线式防盗报警系统安装完毕后不易改动的缺点，适用于防范区域经常发生变动的场合，甚至可以把传感器放到火车、汽车等可移动物体上。当然，其位置应处于无线电信号可以到达的范围之内。在无线式防盗报警系统中，为了区分报警部位，一般采用频分制、时分制或编码方式。

（4）混合式防盗报警系统。常见的形式有：传感器同分机之间距离较近，采用有线方式；分机同总机之间距离较远，采用无线方式。在同一系统中，既有有线方式，又有无线方式，所以称为混合式防盗报警系统。

2. 常用防盗报警传感器

防盗报警传感器是防盗报警系统的关键，其性能好坏及选用是否恰当，在很大程度上决定了系统在投入使用后能否达到预定目的。因此，应用防盗报警技术，要重点了解传感器的原理、性能和用途。

（1）断线式传感器是把细导线布置在盗贼必经之路的隐蔽处，一旦被绊断，即报警。因断线式传感器容易暴露，现在已不常用。

（2）人体感应传感器一般布置在门窗附近，当有人靠近时即报警。其缺点是容易受环境、气候影响，调整较麻烦，误报也较多。

（3）光电式传感器包括光束发射和接收两部分功能。当有物体通过其间时，光束被遮挡，即报警。为便于隐蔽，光束多采用激光或红外线，并采用脉冲发射，瞬时功率大，作用距离远，同时也便于排除其他连续光源的干扰，在防范区域四周或主要道口常用它构成封锁线。为区分飞虫、飞鸟、人体对光束的遮挡，以排除误报，通常采用对遮挡时间进行鉴别的方法。

（4）微波传感器是利用多普勒效应原理，对移动目标进行探测。它类似于一个小型简易多普勒雷达，所防范的区域是一个立体空间，常用在走廊或库房内部。

（5）开关传感器。最常用的开关传感器可分为有触点和无触点两类。前一类如微动开关和磁控开关，多是安装在门窗上，当门窗被打开时报警。后一类如接近开关和触摸开关：接近开关主要用来对金属物体进行探测，可以用作触锁报警；触摸开关是利用人手触及其敏感部位时，由人体感应电流使晶体管由截止变为导通而报警，也可以用作触锁或触门报警。

（6）闭路电视和电锁。闭路电视和电锁经常用于防盗系统中，而且有着特殊效果。闭路电视，再配备微光摄像机，可以在夜间对出事地点进行连续观察和录像。电锁一般由值班室控制，既可以防外盗，又可限制内部人员下班后随意开门进库。

知识拓展

跨境电商海外仓储

海外仓储是指在除本国各地区之外的其他国家设立海外仓库,通常用于电子商务。商品从本国出口,通过空运、海运等形式运送到目的地的仓库。买家在网上直接下单购买所需商品,卖家收到订单后,通过网络直接对海外仓库服务人员下达指令,根据指令完成订单任务。商品在买家所在地包装递送,极大地缩短了从本国发货物流所需的时间。

1. 海外仓储的成本

海外仓储在跨境电商行业中的运用已经非常普遍,也形成了一套标准化的成本模式:大体上可以包含头程费用、本地配送费用、仓储及处理费。

(1) 头程费用是指货物从国内到海外仓库所需的运费;

(2) 本地配送费用是指在海外的本土地区配送给客户商品时所花费的本地快递费用;

(3) 仓储及处理费是指客户的商品存放在海外仓库与处理当地配送时所需的费用。

2. 海外仓储的优势

(1) 海外仓储是全新的物流模式。时代的发展离不开创新,若墨守成规,止步不前,终究会被行业所淘汰。

(2) 提供多元化的服务,买家在购买商品时,有更多的选择;利润低,但有多个盈利点,综合起来利润高,提升市场竞争力,满足客户的购物体验。

(3) 降低物流成本、灵活的本地配送、仓库管理实现多元化等功能,对于物流企业来说,这是发展中必备的良药。

3. 海外仓储的管理系统

(1) 仓库管理系统(WMS)。仓库管理系统是综合型的管理系统,功能包括出库、入库、库存调拨、仓库调拨与虚仓管理、盘点、批次管理、物料对应、质检、即时库存等。其各项功能可综合利用,完善企业仓储信息管理、仓库运行实况处理,有效地控制跟踪仓库的成本与物流,在运输的全过程中把握全局实况。仓库管理系统既可以独立完成库存各项操作,也可以与其他系统结合使用,为企业的业务流程与财务管理提供更完善的信息。

(2) (货代/物流/快递)管理系统(TMS)。该系统包括报价、自动查件、运单、收付款核销对账等功能。其使用简单,易上手,没有烦琐的过程和过多华而不实的功能。其采用收货、分货、出货一站式操作模式,计算收货价的同时,也相应地排好了成本价的顺序,操作人员直接选择出货渠道、出货代理,有效提升了客服人员的工作效率。该系统记录每一货物的所有操作过程,包括重写目的地及修改重量、金额、其他费用等相关信息,为其规范业务管理、精确财务管理、提升效率、扩大利润空间创造条件。

资料来源:https://www.chinabrands.cn/dropshipping/article-haiwaicang-200.html

自我测试

一、填空题

1. 储位管理的要素有：_____、_____、_____、_____、_____。
2. 在仓库的储位管理作业中，根据作业方式不同保管区域分为：_____、_____、_____。
3. 储位分配方式有：_____、_____、_____。
4. 堆垛的基本要求是：_____、_____、_____、_____、_____。
5. 堆垛方法包括：_____、_____、_____、_____、_____、_____。
6. 仓库密封保管的形式有：_____、_____、_____。
7. 货垛的规范要求中"五距"是指_____、_____、_____、_____、_____。
8. 仓储害虫的化学防治方法有：_____、_____、_____。

二、单选题

1. （　　）允许货物存放在仓库里的任何地方，每一个货位均可以存放任何一种物资（相互有不良影响者除外）。
   A. 定位储存　　B. 随机储存　　C. 分类储存　　D. 分类随机储存
2. （　　）是指根据物品的包装、外形、性质、特点、重量和数量，结合季节和气候情况，以及储存时间的长短，将物品按一定的规律码成各种形状的货垛。
   A. 分货　　B. 堆垛　　C. 分拣　　D. 上架
3. （　　）存货是指所有物品按顺序摆放在空的货架中，不事先确定各类物品专用的货架。
   A. 固定型　　B. 周转型　　C. 流动型　　D. 可变型
4. （　　）是将每票物品按件成行或列排放，每行或列一层或数层高，垛形呈长条形。
   A. 行列垛　　B. 立体梯形垛　　C. 平台垛　　D. 井形垛
5. 将传感器和控制器装在一起，其结构简单、价格低廉、设置方便，这种防盗系统属于（　　）。
   A. 有线式防盗报警系统　　B. 单机报警系统
   C. 无线式防盗报警系统　　D. 混合式防盗报警系统
6. 常见堆垛方法中（　　）堆垛是逐件、逐层向上重叠堆码，一件压一件的堆码方式。
   A. 重叠式　　B. 纵横交错式　　C. 仰伏相间式　　D. 压缝式
7. （　　）是指在货物码垛前，在预定的货位地面位置，使用衬垫材料进行铺垫。
   A. 堆码　　B. 码垛　　C. 垫垛　　D. 垛基
8. 苫盖的方法主要有（　　）、隔离苫盖法、鱼鳞式苫盖法和活动棚架苫盖法。
   A. 整体苫盖法　　B. 就垛苫盖法　　C. 局部苫盖法　　D. 选择苫盖法

9. 在灭火过程中，为避免火势蔓延和扩大，采取拆除部分建筑或及时疏散火场周围的可燃物，孤立火源，从而达到灭火的目的，这种灭火方法是（　　）。
   A. 冷却法　　　　B. 窒息法　　　　C. 隔绝法　　　　D. 分散法
10.（　　）适宜于扑救汽油、煤油、柴油、苯、香蕉水、松香水等易燃液体的火灾。
   A. 水　　　　　B. 沙土　　　　C. 二氧化碳灭火器　　D. 泡沫灭火器

三、多选题

1. 仓储作业过程是指仓库从接收物品开始直到把这些物品完好地发放出去的全部活动过程，包括（　　）3 个阶段。
   A. 入库　　　　B. 出库　　　　C. 验收　　　　D. 储存
   E. 运输

2. 储位分配方式有（　　）。
   A. 人工分配方式　　　　　　B. 计算机辅助分配方式
   C. 计算机全自动分配方式　　D. 分类随机分配方式
   E. 自选方式

3. 货物存放的方式有（　　）。
   A. 散堆法　　　　　　B. 托盘、货架平放
   C. 单区堆垛法　　　　D. 堆垛
   E. 立体堆码

4. 引起商品质量变化的内在因素有（　　）。
   A. 商品的化学性质　　B. 有害气体的影响
   C. 商品的物理性质　　D. 商品的机械性质
   E. 温湿度

5. 物料先进先出的方法有（　　）。
   A. 联单制　　　　B. 双区制　　　　C. 移区制　　　　D. 重力供料制
   E. 单区制

6. 货物储存策略主要有（　　）。
   A. 定位储存　　　B. 随机储存　　　C. 分类储存　　　D. 分类随机储存
   E. 共同储存

7. 苫盖的方法有（　　）。
   A. 直接苫盖法　　B. 隔离苫盖法　　C. 鱼鳞式苫盖法　　D. 活动棚架苫盖法
   E. 局部苫盖法

8. 影响商品质量变化的外在因素有（　　）。
   A. 温湿度　　　　　　　B. 日光照射
   C. 商品的内部结构　　　D. 臭氧和氧的作用
   E. 有害气体的影响

9. 仓库温湿度的控制与调节方法有（　　）。
   A. 仓库密封　　　　B. 通风
   C. 吸潮　　　　　　D. 保持商品相对湿度
   E. 保持商品温度

10. 金属除锈方法有（ ）。
    A. 人工除锈　　B. 机械除锈　　C. 熏蒸法　　D. 化学除锈
    E. 驱避法

四、问答题

1. 什么是储位管理？储位管理的要素有哪些？
2. 储位分配的原则有哪些？
3. 堆垛的基本要求及方法是什么？
4. 苫盖的目的和要求分别是什么？
5. 什么是商品霉腐？防止商品发生霉腐的方法有哪些？

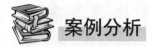

案例分析

东营供电公司物资仓库实行"四化管理"

东营供电公司全面推进物资集约化，实行物资仓库"四化管理"，提高节能降耗水平，降低公司运行成本。

一是存放定置化。该公司对库存物资进行定位管理，按照不同的商品分类、分区管理的原则来存放，库房内分为三个区域：大量存储区，即以整箱或栈板方式储存；小量存储区，即将拆零物品和小件物品放置在陈列架上；临时存储区，即将临时存放的物品放置在专门的区域。

二是管理科学化。为了避免潮湿，保持良好通风，放置时间较长的物品尽量摆放在货架上，不与地面接触，易受潮物品包装箱内放有防潮剂，并进行定期巡查，发现防潮剂失效及时更换。物品储存货架设置有存货卡，物品进出遵循先进先出的原则，每周对仓库物料进行盘点清仓，做到账、物、卡三相符。

三是账目规范化。对出入库单、验收单等原始资料和账簿，及时收集，整理建档，按时上交相关的材料收支存报表，及时准确地登记材料明细分类账簿。仓库管理人员与订货人员随时进行沟通，确保所有物资随到随存、随需随取。

四是安全常态化。该公司定期对库房进行安全检查，不放过每一个可能存在隐患的部位和环节，防止仓库安全事故。定期对仓库的防火、防盗情况，充油设备的安全情况，以及抢修物资的保管检查情况，废旧物资的管理和仓库管理人员的生活用电等方面进行全面的检查。

资料来源：http://www.chinawuliu.com.cn/xsyj/201212/14/202139.shtml

问答：
1. 仓库内货物的存放方式有哪几种？东营供电公司物资仓库内货物采用的是哪种存放方式？这种存放方式有哪些优点？
2. 仓储管理的基本要求有哪些？东营供电公司物资仓库是怎样进行仓储货物管理的？
3. 结合案例分析东营供电公司物资仓库进行仓储安全管理的方法。

项目实施

情境实训一 货位编号与货位分配

一、情境描述

陆通物流配送中心,拥有平房仓库2间,露天货场2个,简易货棚2个,4层楼房仓库1栋,每层10个仓间。各种仓库的货位没有编号,也没有指定存放货物种类。

二、实训目的

1. 掌握仓库编号和货位编号的一般方法。
2. 能够根据商品特点和仓库条件规范地完成储位指派。
3. 通过本项目实训操作,培养、提高学生进行货位编号的基本操作技能。

三、实训内容

1. 在货物分区、分类的基础上,将仓库范围的房、棚、场,以及库房的楼层、仓间、货架、走支道等,按地点、位置顺序编号,并做出明显标志,以便货物进出库可按号存取。

2. 货位摆放原则:最接近物流出口原则;以库存周转率为排序依据的原则;关联原则;唯一原则;系列原则;隔离易混物料原则;批号管理原则;面对通道原则;合理搭配原则;上轻下重原则;化学品、易燃易爆危险品单独区域存放原则。

四、实训条件

储位知识;各种货架的规格及使用方式;货位编号规则。

五、实训步骤

为整个仓库(包括库房、货棚、货场)进行编号;为货场货位编号;为货架货位编号;根据储存商品的特点及方便储存作业的要求,为其指派仓库和货位。

六、作业题

试结合该公司储存商品的特点为储存场所编制货位号,每小组提交一份货位存储图。

情境实训二 仓储理货员的岗位职责和操作流程

一、情境描述

鑫达公司要保管的物品已验收堆放在临时货区,要求按照双方签订合同的内容,根据商品特点和仓库类型分别存入仓库的指定储位，并对货物按照合同条款进行保管和养护。

二、实训目的

掌握货物码放堆垛技术；了解货物上架的流程和方法；明确仓储理货员的岗位职责和业务操作流程。

三、实训内容

1. 按照入库准备中的分工完成入库操作，各个岗位人员到位。
2. 按照货物堆码的操作要求，完成货物组托。
3. 启动仓储管理系统软件，使用无线手持终端完成系统组托作业。
4. 使用无线手持终端完成系统上架作业，并将货物按照系统指示完成实际上架操作。

四、实训条件

1. 仓储管理系统软件。
2. 仓储实训室货物上架实训；货箱、条码、条码扫描器、叉车等。

五、实训步骤

学习货物码放堆垛技术，仓储实训室货物上架入库现场操作，每种商品的保养技术，要求：

(1) 叉车只做垂直运动，不做长距离水平运动；
(2) 存放货物顶距不得小于 150 mm；
(3) 小组上架操作人员严格按照 ABC 分析法的结果对货物进行操作；
(4) 组托和货物上架实际的操作要与小组提交的示意图相一致。

六、作业题

1. 货物码放堆垛的方法有哪几种？分别有什么特点？请画出垛形图。
2. 仓储理货员的岗位职责和操作流程是怎样的？

情境实训三　仓储保管员、养护员的岗位职责和操作流程

一、情境描述

对陆通物流配送中心储存的商品进行保管与养护。

二、实训目的

熟悉每种商品的特点；掌握商品养护的基本技术和方法。

三、实训内容

查阅相关资料，熟悉家电用品、日化用品、袋装食品及蔬菜等 4 类商品的特性；学习每

种商品的保管和养护方法。

四、实训条件

1. 以小组为单位组织分工、讨论。
2. 学习相关商品的特性、保管方法等。
3. 设计最常规、通用的保管和养护方法。控制温湿度：查阅每种商品的温湿度控制范围，制定相应的控制标准。常规的卫生管理：注意防尘和保持清洁。
4. 针对不同商品的特性进行区别保管，提示：
（1）家电用品要防锈蚀、霉腐，必要时也要防虫害；
（2）日化用品在防氧化、挥发和分解方面，主要应注意避免日晒、包装严密等；
（3）食品类商品要防霉腐、虫蛀，设计方案时要注意不污染食品本身；
（4）蔬菜主要应注意保鲜，防止腐烂变质，注意温湿度和清洁度控制，考虑合适的包装。

五、实训步骤

1. 分析商品最容易发生的变化，比如家电用品的老化、锈蚀、霉腐，日化用品的氧化、挥发、分解，食品的霉腐、虫蛀，蔬菜的呼吸作用、后熟作用等。
2. 可在小组内分工，由不同的成员分别设计不同产品的养护方案，然后小组共同讨论、修订。

六、作业题

1. 小组成员进行分工，分别对不同大类商品设计保管与养护方案（要考虑其经济性和实用性，要采用先进的技术，也要注意节约成本等），并根据不同商品仓储存在的问题提出解决办法，如：
（1）造成霉腐的原因有哪些？如何进行有效的预防与控制？
（2）造成金属锈蚀的原因有哪些？如何进行有效的预防与控制？
（3）造成虫蛀的原因有哪些？如何进行有效的预防与控制？
2. 仓储理货员的工作职责有哪些？

项目五

库存管理与控制

【项目说明】

库存管理是对库存货物时间与存量的控制,以此来降低仓储成本。良好的库存控制既能够满足货物供应的需要,不缺货,又能够尽可能地降低成本。本项目对库存控制的含义及库存控制的一些方法如ABC分析法、定期订货法、定量订货法等内容进行叙述。随着管理科学及计算机技术的发展,库存控制方法和技术也在不断革新。

【知识目标】

1. 明确库存的含义、功能和分类;
2. 了解盘点的方法;
3. 掌握库存控制的方法;
4. 熟悉补货的方法。

【能力目标】

1. 掌握库位、库存查询方法,提升盘点问题的处理能力;
2. 掌握JIT存货管理、MRP现代物流管理技术;
3. 具备ABC分类操作和经济批量(EOQ)确定的能力;
4. 掌握发货订单的处理流程,能够高效地收集、处理大量的订单;
5. 掌握供应链管理环境下的库存控制方法。

 导入案例

海尔"零距离、零库存、零运营成本"的成功经验

海尔建立了具有国际先进水平的自动化、智能化的现代物流体系,使企业的运营效益发生了奇迹般的变化,资金周转达到一年15次,突破了构筑现代企业核心竞争力的瓶颈。

海尔现代物流从根本上重塑了企业的业务流程,真正实现了市场化程度最高的订单经济。海尔现代物流的起点是订单,把订单作为企业运行的驱动力,作为业务流程的源头,完全按订单组织采购、生产、销售等全部经营活动。从接到订单时起,海尔就开始了采购、配

送和分拨物流的同步流程，现代物流过程也就同时开始。由于物流技术和计算机管理的支持，海尔现代物流通过 3 个 JIT，即 JIT 采购、JIT 配送、JIT 分拨物流来实现同步流程。这样的运行速度为海尔赢得了源源不断的订单。

海尔现代物流从根本上改变了物在企业的流通方式，基本实现了资本效率最大化的零库存。海尔改变了传统仓库的"蓄水池"功能，使之成为一条流动的"河"。海尔认为，提高物流效率的最大目的就是实现零库存，现在海尔的仓库已经不是传统意义上的仓库，它只是企业的一个配送中心，成了为下道工序配送而暂时存放物资的地方。

海尔现代物流从根本上打破了企业自循环的封闭体系，建立了市场快速响应体系。面对日趋激烈的市场竞争，现代企业要占领市场份额，就必须以最快的速度满足终端消费者多样化的个性需求。因此，海尔建立了一整套对市场的快速响应系统。

（1）建立网上订单管理平台。全部采购订单均由网上发出，供货商在网上查询库存，根据订单和库存情况及时补货。

（2）建立网上支付系统。

（3）建立网上招标竞价平台。供应商与海尔一道共同面对终端消费者，以最快的速度、最好的质量、最低的价格供应原材料，提高了产品的竞争力。

（4）建立信息交流平台，供应商、销售商共享网上信息，保证了商流、物流、资金流的顺畅。

集成化的信息平台，形成了企业内部的信息"高速公路"，架起了海尔与全球用户资源网、全球供应链资源网和计算机网络的桥梁，将用户信息同步转化为企业内部信息，以信息替代库存，强化了整个系统执行订单的能力，海尔物流成功地运用电子商务体系，大大缩短了海尔与终端消费者的距离，为海尔赢得了响应市场的速度，扩大了海尔产品的市场份额。

资料来源：https://zhidao.baidu.com/question/360458613606735852.html

问题与思考：

1. 库存盘点的方法有哪些？分别有什么特点？
2. 什么是经济批量订货？经济批量订货的计算方法是什么？
3. 结合案例分析海尔"零距离、零库存、零运营成本"的成功经验。

项目任务

任务一 库 存 概 述

一、库存的概念

库存（inventory）是指某段时间内仓库的物品储备。这些存货是可看见、可称量、可计算的有形资产。库存里的物资称为存货，是储存作为将来目的而暂时闲置的资源。闲置的资源可以在仓库里、生产线上或货架上，也可以在运输中。从理论上讲，库存属于闲置的资源，不但不会创造价值，反而还会因占用资源而增加企业的成本，本身是一种浪费。实际上库存不可避免，因为不具备彻底消除库存的条件，所以又要求保持合理水平的库存，以保证生产经营的正常进行。

二、库存的功能

在现实经济生活中,商品流通并不是始终处于动态的。作为储存的表现形态,库存是商品流通的暂时停滞,是商品运输的必需条件,"没有商品储存,就不会有商品流通"。库存在商品流通过程中的功能如下。

(1) 调节供需矛盾,消除生产与消费时间差的功能。有的产品季节性生产常年消费,比如粮食作物集中在秋季收获,但粮食的消费在一年之中是均衡的;有的产品常年生产季节性消费,如清凉饮料和啤酒等产品一年四季都在生产,但其消费在夏季相对比较集中。这表明生产与消费之间、供给与需求之间在一定程度上存在着时间上的差别。为了维护正常的生产秩序和消费秩序,尽可能地消除供求之间、生产与消费之间在时间上的不协调性,库存起到了重要的调节作用,能够很好地平衡供求关系、生产与消费关系,起到缓冲供需矛盾的作用。

(2) 创造库存的"时间效用"功能。所谓"时间效用",就是同一种商品在不同的时间销售(消费),可以获得不同的经济效果(支出),为了避免商品价格上的损失或为了从商品价格上涨中获利而建立的投机库存恰恰能够实现库存的"时间效用"功能。但也应该看到,在增加投机库存的同时,也占用了大量的资金和库存维持费用。因此,只要从经济核算角度评价其合理性,库存的"时间效用"功能就能显示出来。

(3) 降低物流成本的功能。对于生产企业而言,保持合理的原材料和产成品库存,可以消除或避免因上游供应商原材料供应不及时而需要进行紧急订货增加的物流成本,也可以消除或避免下游销售商由于销售波动进行临时订货而增加的物流成本。事实上,近年来在国外出现了一种新的库存管理方法——供应商管理库存(vendor managed inventory,VMI),这种库存管理方法打破了传统的各自为政的库存管理模式,体现了供应链的集成化管理思想,适应了市场变化的要求,是库存功能的新发展。

三、库存的分类

不同的企业,库存的对象有所不同。例如,航空公司的库存是其飞机的座位;百货商店的库存是各种各样的商品;电视机厂的库存是各种零部件、产成品等。制造业的库存可分为原材料、产成品、零部件和在制品等;而服务业的库存则是指用于销售的实物和服务管理所必需的供应品。基于对库存对象的分析,库存有以下几种分类方式。

1. 按照作用和性质来分

(1) 预期性库存。预期性库存是指为预期生产或销售的增长而保持的库存。

(2) 缓冲性库存。缓冲性库存是指对未来不确定因素起缓冲作用而保持的库存。

(3) 在途性库存。在途性库存是指运输过程中的库存。

(4) 周转性库存。周转性库存是指在进货时间间隔中可保证生产或销售连续性而保持的库存。

2. 按照一项商品的需求与其他项商品的需求关系来分

(1) 独立需求库存。为了满足来自用户对企业产品和服务的需求而设置的库存称为独立需求库存。独立需求库存最明显的特征是需求的对象和数量不确定，如企业生产的产成品、提供给其他企业继续加工的半成品，其需求量是不确定的，一般可通过预测的方法来估算。

（2）相关需求库存。为了满足企业内部物料转化过程各环节之间的需求而设置的库存称为相关需求库存，也称为非独立需求库存。它依附于独立需求库存，可根据对最终产品的需求及产品的结构而精确地计算出来，如自行车与轮胎之间的关系。

3. 按照库存对象、库存时间及库存目的来分

（1）经常储备库存。经常储备库存是指某种商品在前后两批采购的供应间隔期内，为保证生产销售正常进行所必需的、经济合理的商品储备。

（2）保险储备库存。保险储备库存是为预防商品到货误期或商品的品种、规格不合要求等意外情况，保证生产销售正常进行而储备的商品。

（3）季节性储备库存。季节性储备库存是指商品的生产或运输受到季节影响，为保证生产销售正常进行而储备的库存。

4. 按照对商品需求的重复次数来分

（1）单周期库存。单周期库存也称为一次性订货问题，即某物料在一定时期内只订货一次，库存消耗完也不再补充订货，其库存时间不会太长，如奥运纪念章、新年贺卡等。单周期库存一般发生在下面两种情况：一是偶然发生的物品需求；二是经常发生，但生命周期短、数量不确定的物品需求。对这类物品的库存控制问题称为单周期库存问题。

（2）多周期库存。多周期库存也称为重复性订货问题，即对某物料的需求在较长的时间内是重复的、连续的，其库存需要不断地补充，如工厂常用的原材料、零配件等物料需要经常补充库存。在实际生产中，大多数库存都是多周期库存，为人们研究的重点。

四、库存成本

库存成本主要分为订货成本、保管成本、缺货成本、进货成本与购买成本。订货成本是指从发出订单到收到存货整个过程中所付出的成本，如订单处理成本（包括办公成本和文书成本）、运输费、保险费及装卸费等；保管成本是指为保管物品而发生的全部费用；缺货成本是因存货不足而造成的损失；进货成本与购买成本是指在进货途中为进货所花费的全部支出。

在库存成本中，与订货批量无关的成本称为固定成本，与订货批量有关的成本称为变动成本。因此，进货成本与购买成本是固定成本，而订货成本、保管成本、缺货成本是变动成本。

任务二　库存的盘点作业

一、盘点的概念与目的

1. 盘点的概念

盘点是指对库存商品进行账、卡、货三方面的数量核对工作。在仓储作业过程中，商品不断地进库和出库，其中产生的数量误差，经过一段时间的积累会使库存资料反映的数据与实际数量不相符。有些商品因长期存放，品质下降，已不能够满足用户需要。

通过核对，管理人员可以及时发现库存商品数量上的溢余、短缺、品种互串等问题，以便分析原因，采取措施，挽回和减少保管损失；同时还可以检查库存商品有无残损、呆滞、质量变化等情况。

2. 盘点的目的

（1）核查实际库存数量。通常货物在一段时间内不断地进出库，在长期的累积下，库存资料容易与实际数量产生不符的现象。盘点可以确定物料的现存数量。根据盘点数据，按照不同的物品名称建立仓库台账，细心登记每天仓库物品的出、入库结存情况；严格控制出仓、入仓、领料单据的填写，尽量控制漏单情况出现，并纠正账物不一致的现象，这样就不会因账面的错误而影响正常的生产计划；通过盈亏调整，使库存账面数量与实际库存数量一致。

（2）稽核货物管理的绩效。为了稽核货物管理的绩效，使出入库的管理方法和保管状态变得清晰，如呆料、废料多寡，物料的保管与维护，物料的存货周转率等，均可通过盘点发现问题，并加以改善。通过盘点查明盈亏的原因，发现物品管理中存在的问题，并通过解决问题来改善作业流程和作业方式，能够提高人员素质和企业的管理水平。

（3）计算企业的损益。库存物品总金额直接反映企业流动资产的使用情况，库存量过高，流动资金的正常运转将受到威胁。因此，为了能准确地计算出企业实际损益，必须通过盘点以确知物料现存数量，一旦发觉库存太多，即表示企业的经营受到压力。

（4）整理仓库，及时补货。按照已划分好的区域、货架，将已经归类的物品对号入座，物品摆放整齐，使商品名称、规格型号清晰，数量准确，最终将仓库整理一步到位；对需要补货的，应迅速采取订购措施，保证供应。

二、盘点的内容

（1）查数量。通过点数查明商品在库的实际数量，核对库存账面资料与实际库存数量是否一致。

（2）查质量。检查在库商品质量有无变化，有无超过有效期和保质期，有无长期积压等现象，必要时还必须对商品进行技术检查。

（3）查保管条件。检查对于各种商品的保管条件是否与保管要求相符合，如堆码是否合理稳固，库内温湿度是否符合要求，各类计量器具是否准确等。

（4）查安全。检查各种安全措施和消防设备、器材是否符合安全要求，建筑物和设备是否处于安全状态。

三、盘点的方法及常用的表式

1. 盘点的方法

盘点分为账面盘点、现货盘点。

（1）账面盘点。账面盘点又称永续盘点，是把每天入库及出库货品的数量及单价，记录在计算机或账簿上，然后不断地累计加总算出账面上的库存量及库存金额。账面盘点的方法就是将每一种货品分别设账，然后将每一种货品的入库与出库情况详加记录，不必实地盘点即能随时从计算机或账簿上查悉货品的存量。

(2) 现货盘点。现货盘点也称为实地盘点或实盘，就是实际清点调查仓库内的库存数，再依据货品单价计算出实际库存金额的方法。现货盘点依据盘点时间频率的不同又分为期末盘点和循环盘点。

① 期末盘点。期末盘点是指在会计计算期末统一清点所有商品数量的方法。由于期末盘点是将所有商品一次点完，因此工作量大，要求严格。期末盘点通常采取分区、分组的方式进行，其目的是明确责任，防止重复盘点和漏盘。分区即将整个储存区域划分成一个一个的责任区，不同的区域由专门的小组负责点数、复核和监督，因此一个小组通常至少需要三人分别负责清点数量并填写盘存单，复查数量并登记复查结果，第三人核对前两次盘点数量是否一致，对不一致的结果进行检查。等所有盘点结束后，再与计算机或账簿上反映的账面数进行核对。

② 循环盘点。循环盘点是指每天、每周清点一小部分商品，一个循环周期将每种商品至少清点一次的方法。循环盘点通常对价值高或重要的商品盘点的次数多，而且监督也严密一些，而对价值低或不太重要的商品盘点的次数可以尽量少。循环盘点一次只对少量商品进行盘点，因而通常只需保管人员自行对照库存资料进行点数检查，发现问题按盘点程序进行复核，并查明原因，然后调整。循环盘点也可以采用专门的循环盘点单登记盘点情况。

2. 盘点常用的表式

盘点表式通常是根据库存管理的需要和商品特点来设计的，常用的盘点表如表5-1～表5-3所示。

表5-1　盘点单

第一联			
商品名称		填写日期	
商品编号		存放货位号	
单位		数量	
填写人		盘点单号	
第二联			
商品名称		填写日期	
商品编号		存放货位号	
单位		数量	
核对人	填写人	盘点单号	

表5-2　盘点记录表

编号：　　　　　　　盘点日期：

序号	盘点票号	货物编号	品名	规格	单位	初盘数量	复盘数量	确认数量	备注

初盘员：（签名）　　　　　　复盘员：（签名）

表 5-3 盘点盈亏表

日期： 年 月 日

序号	盘点票号	货物编号	品名	规格	单位	实盘数量	账面数量	差异数量	单价	差异金额	差异原因

主要事项说明：

核准： 复核： 制表：

四、盘点的步骤

1. 盘点前的准备

盘点前的准备工作是否充分，直接关系到盘点作业能否顺利进行，甚至盘点是否成功。盘点的基本要求是必须做到快速准确。为了达到这一基本要求，盘点前的充分准备十分必要。应做的准备工作包括：①确定盘点的作业程序；②配合财务会计做好准备工作；③设计印制盘点用表单；④准备盘点基本工具；⑤对盘点人员进行组织与培训。

为使盘点工作得以顺利进行，盘点时必须增派人员协助进行，由各部门增援的人员必须组织化，并且对其进行短期训练，使每位参与盘点的人员充分发挥作用。盘点人员的培训分为两部分：第一，针对所有人员进行盘点方法训练；第二，针对复盘与监盘人员进行认识货品的训练。

2. 盘点方法和盘点时间的确定

（1）盘点方法的确定。盘点方法主要分为账面盘点、实物盘点和账物盘点。因不同现场对盘点的要求不同，盘点的方法也会有差异。为尽可能快速、准确地完成仓库盘点作业，必须根据实际需要确定盘点方法，以免盘点时混淆。

（2）盘点时间的确定。一般性货品就货账相符的目标而言，盘点次数越多越好，但每次盘点需投入人力、物力、财力，因此合理地确定盘点时间非常必要。事实上，导致库存误差的关键因素存在于出入库的过程，可能是因出入库作业单据的输入错误，或是出入库搬运造成损伤，因此一旦出入库作业次数增多时，误差也会随之增加。因此，就一般生产企业而言，因其货品流动速度不快，半年至一年实施一次盘点即可。但在配送中心货品流动速度较快的情况下，既要防止过久盘点对公司造成损失，又要结合可用资源的具体情况，因而最好能结合配送中心各货品的性质制定不同的盘点时间。

3. 盘点现场的清理

盘点现场即仓库的作业区域，仓库盘点作业开始之前必须对其进行整理，以提高仓库盘点作业的效率和盘点结果的准确性。

① 在盘点前，对厂商交来的物料必须明确其所有权。如已验收完成，属本配送中心的物料，应及时整理归库。

② 储存场所在关闭前应通知各需求部门预领所需的物品。

③ 对于储存场所进行整理、整顿，以便计数盘点。

④ 预先鉴定呆料、废品、不良品，以便计数盘点。

⑤ 对账卡、单据、资料进行整理、清算。

⑥ 储存场所的管理人员在盘点前应自行预盘。

4. 仓库盘点作业

仓库盘点作业的关键是点数,盘点时可以采用人工抄表计数,也可以用电子盘点计数器。盘点工作不仅工作量大,而且非常烦琐,易疲劳。因此,为保证盘点准确性,除了加强盘点前的培训工作外,作业时的指导与监督也非常重要。

5. 盘点差异的原因查找

通过盘点发现账物不符,而且差异超过容许误差时,应立即追查产生差异的主要原因。查找原因的方向包括:①是否因记账员素质不高致使货品数目无法表达;②是否因料账处理制度的缺陷导致货品数目无法表达;③是否因盘点制度的缺陷导致货账不符;④盘点所得的数据与账簿的资料差异是否在容许误差范围内;⑤盘点人员是否尽责,产生盈亏时应由谁负责;⑥是否产生漏盘、重盘、错盘等情况;⑦盘点的差异是否可事先预防,是否可以降低料账差异的程度。

6. 盘点结果的处理

盘点结果的处理即对通过盘点发现的问题的处理,分以下几种情况。

(1) 规定标准内的盈亏。规定标准内的盈亏又称"合理盈亏",是指盈亏数量不超过规定标准的,处理办法是经部门主管领导批准后核销。

(2) 超过规定标准的盈亏。超过规定标准的盈亏,应查明原因,作出分析,写出报告,按审批程序报上级备案后,按仓储合同中有关规定处理。

(3) 此多彼少、总数相符。属于同一品种不同规格的,可经货主同意后进行规格间的数量调整;不是同类物资的,按超过规定标准的盈亏处理。

(4) 质量变化。盘点时发现货物的质量发生变化,要查明原因,做好记录,在采取挽救措施的同时,通知货主尽快调拨。对完全变质、失效的货物,除按有关规定提出报废外,更应查明变质原因(是保管不善造成的,还是物资超过规定储存期限所致),以便分清责任、总结经验。

(5) 积压物资。盘点中如发现长期无动态的积压物资或超过保管期限的物资,应立即向货主发出通知,催促处理。

7. 盘点结果的评估

盘点的主要目的是通过盘点来检查目前仓库中商品的出入库及保管状况,并由此发现和解决管理及作业中存在的问题,需要通过盘点了解的问题主要有:实际库存量与账面库存量的差异有多大?这些差异主要集中在哪些品种?这些差异对公司的损益造成多大影响?平均每个品种的商品发生误差的次数情况如何?通过对上述问题的分析和总结,找出在管理流程、管理方式、作业程序、人员素质等方面需要改进的地方,进而改善商品管理的现状,降低商品损耗,减少仓储损失,提高经营管理水平。可以通过以下指标对盘点结果进行分析评估。

① 盘点数量差错:

$$盘点数量差错 = 实际库存数 - 账面库存数$$

② 盘点数量误差率:

$$盘点数量误差率 = \frac{盘点数量差错}{实际库存数}$$

③ 盘点品项误差率：

$$盘点品项误差率 = \frac{盘点误差品项数}{盘点实际品项数}$$

④ 平均每件盘差品金额：

$$平均每件盘差品金额 = \frac{盘点误差金额}{盘点执行次数}$$

⑤ 盘差次数比率：

$$盘差次数比率 = \frac{盘点误差次数}{盘点执行次数}$$

⑥ 平均每品项盘差次数率：

$$平均每品项盘差次数率 = \frac{盘点误差次数}{盘点误差品项数}$$

任务三 库存控制概述

一、库存控制的概念

库存控制（inventory control）又称库存管理，是对制造业或服务业生产、经营全过程的各种物品、产成品及其他资源进行管理和控制，使其储备保持在经济合理的水平上。库存控制的作用主要是：在保证企业生产、经营需求的前提下，使库存量经常保持在合理的水平；掌握库存量动态，适时、适量提出订货，避免超储或缺货；减少库存空间占用，降低库存总费用；控制库存资金占用，加速资金周转。

二、库存控制的原则

（1）保证2~3周的库存水平。对于快速消费品，一般保持2~3周的库存，这是在所有商品销售的基础上确定的一个平均数。食品（生鲜食品除外）的保持期相对其他商品短，对这样的商品要有一个合理库存。

（2）提高商品流动速度。如果库存管理得好，商品在货架上流通得就快，不仅提高了周转率，同时也提高了资金的流动速度，减少了资金的占用率。没有大的库存，也减少了清仓降价的可能性，增加了毛利，进而提高了效益。

（3）采购员按顾客需要采购商品。控制库存的好处就是能够让采购员根据销售情况采购商品，按顾客的要求把顾客喜欢的商品采购进来。

三、传统库存控制方法

常见的传统库存控制方法有：经济批量（又称经济订货量）法、ABC分类法、关键因素分析法（CVA）、安全/保险库存法等。

1. 经济批量法

企业每次订货数量的多少直接关系到库存的水平和库存总成本的大小，因此企业希望找到一个合适的订货数量使它的库存总成本最小,经济批量模型能满足这一要求。该方法是通过平衡采购进货成本和保管仓储成本,确定一个最佳订货数量来实现最低总库存成本。经济批量模型根据需要和订货、到货间隔时间等条件是否处于确定状态可分为确定条件下的模型和概率统计条件下的模型。

2. ABC 分类法

ABC 分类法又称帕累托分析法,就是将库存物资按重要程度分为特别重要的库存(A 类库存)、一般重要的库存(B 类库存)和不重要的库存(C 类库存)三个等级,然后针对不同的级别分别进行管理和控制。ABC 分类法的关键在于:一是如何进行分类,二是如何进行管理。在对库存进行 ABC 分类之后,接着便是根据企业的经营战略,对不同级别的库存进行不同的管理和控制。以表 5-4 为例对 ABC 分类法的应用步骤分析如下。

第一,收集各个品目商品的年销售量、商品单价等数据。

第二,对原始数据进行整理并按要求进行计算,如计算品目数、累计品目数、累计品目百分数、销售额、累计销售额、累计销售额百分数等。

第三,制作 ABC 分类表。在总品目数不太大的情况下,可以用大排队的方法将全部品目逐个列表。按销售额的大小,由高到低对所有品目顺序排列;将必要的原始数据和经过统计汇总的数据,如销售量、销售额等填入;计算累计品目数、累计品目百分数、累计销售额、累计销售额百分数;将品目按一定标准分为 A 类、B 类、C 类,分类标准可参考表 5-5。如果品目数很多,无法全部排列在表中或没有必要全部排列出来,可以采用分层的方法,即先按销售额进行分层,以减少品目栏内的项数,再根据分层的结果将关键的 A 类品目逐个列出来进行重点管理。

表 5-4 ABC 分类表

按销售额分层范围/千元	品目数	累计品目数	累计品目百分数/%	销售额/千元	累计销售额/千元	累计销售额百分数/%	分类结果
>6	260	260	7.5	5 800	5 800	69	A
<5~6	86	346	9.9	500	6 300	75	A
<4~5	55	401	11.7	250	6 550	78	B
<3~4	95	496	14.4	340	6 890	82	B
<2~3	170	666	19.4	420	7 310	87	B
<1~2	352	1 018	29.6	410	7 720	92	B
≤1	2 421	3 439	100.0	670	8 390	100	C

表 5-5 ABC 分类标准表

产品比例/%	占销售量比例累计/%	ABC 分类
10~20	60~80	A
20~30	20~30	B
30~70	其他	C

第四,以累计品目百分数为横坐标,累计销售额百分数为纵坐标,根据 ABC 分类表中的相关数据,绘制 ABC 分类图,如图 5-1 所示。

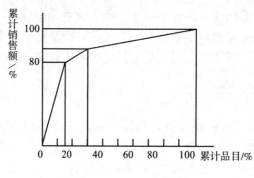

图 5-1 ABC 分类图

第五，根据 ABC 分类的结果，对 A、B、C 三类商品采取不同的管理策略，如表 5-6 所示。

表 5-6 ABC 分类管理策略

	A	B	C
管理要点	投入较大力量精心管理，将库存压缩到最低水平	按经营方针调节库存水平	采用双堆法，用两个库位储存，当一个库位货发完后，另一个库位发货，并补充第一个库位的存货
订货方式	计算每种商品的订货量，按最优批量订货，采用定期订货的方式	采用定量订货方式，当库存降到最低点时发出订货，订货量为经济批量	集中大量订货，以较高的库存来减少订货费用
定额水平	按品种甚至规格控制	按品种大类控制	按总金额控制
检查方式	经常检查	一般检查	按年度或季度检查
统计方法	详细统计，按品种、规格规定统计项目	一般统计，按大类规定统计项目	按金额统计

3. 关键因素分析法

有些公司发现，ABC 分类并不令人满意，因为 C 类物资往往得不到重视。例如，经销鞋的企业会把鞋带列入 C 类物资，但是如果鞋带短缺，将会严重影响到鞋的销售。一家汽车制造厂商会把螺丝列入 C 类物资，但缺少一个螺丝往往会导致整个生产链的停工，因此有些企业采用关键因素分析法（critical value analysis，CVA）。

关键因素分析法的基本思想是把存货按照其关键性分为 3~5 类，分别如下。

① 最高优先级。这是指经营活动中的关键性物资，不允许缺货。
② 较高优先级。这是指经营活动中的基础性物资，允许偶尔缺货。
③ 中等优先级。这多属于比较重要的物资，允许合理范围内缺货。
④ 较低优先级。经营活动中需用这些物资，但可替代性高，允许缺货。

关键因素分析法比 ABC 分类法有着更强的目的性，但人们通常倾向于制定高的优先级，结果高优先级物资种类过多，导致哪种物资都无法得到应有的重视。通常将关键因素分析法和 ABC 分类法结合使用，这样就能对库存进行有效的管理和控制：首先能对存货进行处理，其次还可以达到分清主次、抓住关键的效果。

4. 安全/保险库存法

安全库存又称保险库存，是指当不确定因素（订货期间需求增长、到货延期等）导致更高的预期需求或导致完成周期更长时的缓冲存货，安全库存用于满足提前期需求。那么如何确定安全库存量呢？这主要由企业期望达到的顾客服务水平决定。例如，95%的顾客服务水平意味着在订货至交货这段前置期内需求量大于安全库存量的概率是5%。

$$顾客服务水平 = 1 - 缺货率 \tag{5-1}$$

假设需求变化满足正态分布，安全库存量的计算方法为：

$$S = z\sqrt{\sigma_d^2(\bar{L}) + \sigma_L^2(\bar{d})^2} \tag{5-2}$$

式中：S——安全库存量；

$\bar{L}$——提前期平均值；

$\bar{d}$——日平均需求量；

z——一定顾客服务水平的安全系数，简称安全系数；

σ_d——需求量d的标准差；

σ_L——提前期L的标准差。

顾客服务水平及安全系数如表5-7所示。

表5-7 顾客服务水平及安全系数

顾客服务水平 $F(z)$/%	安全系数 z	顾客服务水平 $F(z)$/%	安全系数 z
100.00	3.09	96.00	1.75
99.99	3.08	95.00	1.65
99.87	3.00	90.00	1.80
99.20	2.40	85.00	1.04
99.00	2.33	84.00	1.00
98.00	2.05	80.00	0.84
97.70	2.00	75.00	0.68
97.00	1.88		

【例5-1】某货代公司是某连锁企业的仓储服务供应商，为其提供商品A的库存管理服务；根据历史记录，客户对商品A的日需求量不稳定，A商品各批次的订货提前期也有一定的波动（见表5-8），合同约定允许缺货率控制在5%，请计算订货点库存量。

表5-8 客户需求与订货提前期记录

日　　期	第1天	第2天	第3天	第4天	第5天	第6天	第7天	第8天	第9天	第10天
需求记录 d/箱	7	12	13	11	9	8	8	9	11	12
批次序号	1	2	3	4	5	6	7	8	9	10
提前期记录 L/天	4	6.5	6	5.5	5	8	6	7.5	6.5	5

解 由题可知，

$$日平均需求量 \bar{d} = \frac{\sum d}{n} = \frac{7 + 12 + \cdots + 12}{10} = 10(箱)$$

$$需求量 d 的标准差 \sigma_d = \sqrt{\frac{\sum(d - \bar{d})^2}{n}}$$

$$= \sqrt{\frac{(7-10)^2 + (12-10)^2 + \cdots + (12-10)^2}{10}} = 1.95(箱)$$

提前期平均值 $\bar{L} = \frac{\sum L}{n} = \frac{4 + 6.5 + \cdots + 5}{10} = 6(天)$

提前期标准差 $\sigma_L = \sqrt{\frac{\sum (L - \bar{L})^2}{n}}$

$$= \sqrt{\frac{(4-6)^2 + (6.5-6)^2 + \cdots + (5-6)^2}{10}} = 1.14(天)$$

安全库存量 $S = z\sqrt{\sigma_d^2(\bar{L}) + \sigma_L^2(\bar{d})^2}$

$$= 1.65 \times \sqrt{1.95^2 \times 6 + 1.14^2 \times 10^2}$$
$$= 20.39 \approx 21(箱)$$

订货点库存量 R = 提前期库存量 + 安全库存量
= 日平均需求量 × 提前期平均值 + 安全库存量
= 10 × 6 + 21 = 81（箱）

【例 5-2】提前期为固定的常数，日需求量变化。

某饭店的啤酒日平均需求量为 10 gal（加仑，英美制中重要体积单位），并且啤酒需求情况服从标准差是 2 gal/天的正态分布，如果提前期是固定的常数 6 天，计算 95% 顾客满意度下的安全库存量。

解 由题意可知，

$$\sigma_d = 2 \text{ gal}/天，L = 6 \text{ 天}，F(z) = 95\%$$

则
$$z = 1.65$$

从而
$$S = z\sigma_d\sqrt{L} = 1.65 \times 2 \times \sqrt{6} = 8.08$$

即在满足 95% 的顾客满意度的情况下，安全库存量是 8.08 gal。

【例 5-3】提前期变化，日需求量为固定的常数。

如果在例 5-2 中，啤酒的日需求量为固定的常数 10 gal，提前期是随机变化的，而且服从均值为 6 天、标准差为 1.5 的正态分布，计算 95% 顾客满意度下的安全库存量。

解 由题意可知，

$$\sigma_L = 1.5 \text{ 天}，d = 10 \text{ gal}/天，F(z) = 95\%$$

则
$$z = 1.65$$

从而
$$S = z\sigma_L d = 1.65 \times 10 \times 1.5 = 24.75$$

即在满足 95% 的顾客满意度的情况下，安全库存量是 24.75 gal。

四、供应链管理环境下的库存控制方法

在供应链管理环境下，为满足消费者需求，实现有效的消费者反应，改善供应链运作过程中的牛鞭效应，需要以最低的流通成本在流通渠道中实现有效的商品流通，而供应商管理

库存(vendor-managed inventory,VMI)和联合库存管理(jointly managed inventory,JMI)是两种有效的方法。

1. 供应商管理库存

供应商管理库存是指以用户企业和供应商双方都获得最低成本为目的,在一个共同的协议下由供应商管理库存,并不断监督协议执行情况和修正协议内容的一种优化供应链的方法。供应商与用户企业按一定方式共享企业的库存与耗用数据(对于制造企业,一般指生产领用;对于商业企业,一般指销售出货),自主决定供货计划,对用户企业进行快速有效的补货。

供应商管理库存模式是在快速响应(quick response,QR)和高效客户响应(efficient customer response,ECR)的基础上发展而来,其核心思想是供应商通过共享用户企业的当前库存和实际耗用数据,按照实际的消耗模型、消耗趋势和补货策略进行有实际根据的补货。由此,交易双方都变革了传统的独立预测模式,尽最大可能地减少由于独立预测的不确定性导致的商流、物流和信息流的浪费,降低了供应链的总成本。供应商管理库存具有以下特征。

① 供应商共享用户企业的库存及耗用量。
② 供应商代替用户企业维持库存水平。
③ 供应商自行对用户企业的库存进行有效补货。
④ 供应商管理库存的所有权根据双方的合同来约定。

库存占用了企业大量的资源,企业最想通过一些先进的管理方法消除库存,向零库存方向努力,提高资金利用率,于是供应商管理库存理念就便应运而生,迎合了企业的这种需要。

2. 联合库存管理

联合库存管理是一种在供应商管理库存的基础上发展起来的上游企业和下游企业权利责任平衡和风险共担的库存管理模式。联合库存管理强调供应链中各个节点同时参与,共同制订库存计划,使供应链过程中的每个库存管理者都从相互之间的协调性考虑,保持供应链各个节点之间的库存管理者对需求的预期一致,从而消除了需求变异放大现象。

在联合库存管理下,供应商取消自己的产成品库存,而将库存直接设置到核心企业的原材料仓库中;分销商不建立自己的库存,而是将产品由核心企业从成品库存直接送到用户手中。联合库存管理实际上是供应链节点纵横两方面的协作。联合库存管理模式如图5-2所示。

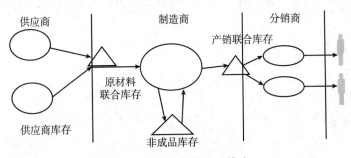

图5-2 联合库存管理模式

五、准时生产下的库存

准时生产（just in time，JIT）的实质是保持物质流和信息流在生产中的同步，实现以恰当数量的物料，在恰当的时间进入恰当的地方，生产出恰当质量的产品。这种方法可以减少库存，缩短工时，降低成本，提高生产效率。

实施准时生产下的库存即追求企业零库存。所谓零库存，是指物料（包括原材料、半成品和产成品等）在采购、生产、销售、配送等一个或几个经营环节中，不以仓库存储的形式存在，而全部处于周转的状态。

准时生产的基本思想是"只在需要的时候，按需要的量，生产所需的产品"，也就是追求一种无库存或库存达到最小的生产系统。准时生产的基本思想是生产的计划和控制及库存的管理。

准时生产的基础之一是均衡化生产，即平均制造产品，使物流在各作业之间，生产线之间，工序之间，工厂之间平衡、均衡地流动。为达到均衡化生产，准时生产一般采用月计划、日计划，并根据需求变化及时对计划进行调整。

准时生产可以使生产资源得到合理利用，涉及劳动力柔性和设备柔性两个方面。当市场需求波动时，要求劳动力资源也作相应调整。当需求量增加不大时，可通过适当调整具有多种技能操作者的操作来完成；当需求量降低时，可采用减少生产班次、解雇临时工、分配多余的操作工去参加维护和维修设备：这就是劳动力柔性的含义。而设备柔性是指在产品设计时就考虑加工问题，发展多功能设备。

准时生产强调全面质量管理，目标是消除不合格品，即消除可能引起不合格品的根源，并设法解决问题。准时生产中还包含许多有利于提高质量的因素，如批量小、零件很快移到下一工序、质量问题可以及早发现等。

任务四　库存补货作业

随着管理工作的科学化，库存管理的理论有了很大的发展。许多新的库存模型应用于企业管理中已取得显著的效果。这里介绍两种基本的补货方式：定量订货法和定期订货法。

一、定量订货法

定量订货法是指当库存量下降到预定的最低库存量（订货点）时，按规定数量（一般以经济批量 EOQ 为标准）进行订货补充的一种库存控制方法，如图 5-3 所示。

项目五 库存管理与控制

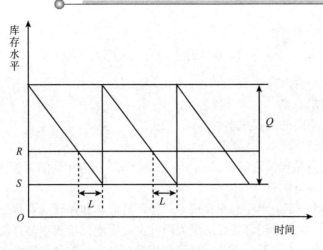

图 5-3 定量订货法

当库存量下降到订货点的库存量 R 时,即按预先确定的订货量 Q 发出订单,经过交货周期(订货至到货间隔时间)L,库存量继续下降,到达安全库存量 S 时,收到订货量 Q,库存水平上升。该方法主要靠控制订货点的库存量 R 和订货量 Q 两个参数来控制订货,达到既最好地满足了库存需求,又能使总费用最低的目的。通常订货点的库存量的确定主要取决于需求量和交货周期这两个因素,在需求量固定均匀、交货周期不变的情况下,不需要设安全库存,这时

$$R = L \times D/365 \tag{5-3}$$

式中:R——订货点的库存量;
L——交货周期,即从发出订单至该批货物入库间隔的时间;
D——该商品的年需求量。

但在实际工作中,常常会遇到各种波动的情况,如需求量发生变化,交货周期因某种原因而延长等,这时必须要设置安全库存量 S,这时订货点的库存量则应用式(5-4)确定。

$$R = L \times D/365 + S \tag{5-4}$$

式中:S——安全库存量。

依据条件不同,订货量的确定可以有多种方法。

1. 基本经济订货量

每次订货量的多少直接关系到库存的水平和库存总成本,为使库存总成本最小,往往需要找到一个合适的订货数量,经济订货量(economic order quantity,EOQ)模型能满足这一要求。经济订货量模型就是通过平衡采购进货成本和仓储保管成本,确定一个最佳的订货数量来实现最低总库存成本的方法。通常,在需求量是已知的和连续的、交货周期是已知的和固定的条件下,年总库存成本的计算公式为:

年总库存成本=年购置成本+年订货成本+年保管成本+缺货成本

假设不允许缺货的条件下

年总库存成本=年购置成本+年订货成本+年保管成本

即

$$TC = DP + DC/Q + QH/2 \tag{5-5}$$

式中：TC——年总库存成本；
　　　D——年需求总量；
　　　P——单位商品的购置成本；
　　　C——每次订货成本，元/次；
　　　H——单位商品年保管成本，元/年（$H=PF$，F 为年仓储保管费用率）；
　　　Q——批量或订货量。

假设年需求总量一定，则年总库存成本只与订货成本和保管成本相关。订货成本由订货次数的多少决定，订货次数随订货量的增大而减少，因此订货成本与订货量成反比关系；保管成本则与订货量成正比关系。因此，经济订货量是订货成本与保管成本之和为最小时的订货量，其关系如图 5-4 所示。

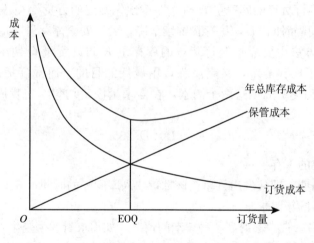

图 5-4　EOQ 订货法

通过对式（5-5）进行求导，并让求导后的方程为零，求解得经济定货量，其计算公式为

$$EOQ = \sqrt{\frac{2CD}{H}} = \sqrt{\frac{2CD}{PF}} \tag{5-6}$$

此时的最低年总库存成本为　　$TC = DP + H(EOQ) \tag{5-7}$

年订货次数为　　$N = D/EOQ = \sqrt{\dfrac{DH}{2C}} \tag{5-8}$

平均订货间隔周期为　　$T = 365/N = 365EOQ/D$

【例 5-4】 某企业 A 商品年需求量为 30 000 个，单位商品的购买价格为 20 元，每次订货成本为 240 元，单位商品的年保管费为 10 元，求解该商品的经济订货量、最低年总库存成本、年订货次数及平均订货间隔周期。

解 经济订货量　　$EOQ = \sqrt{\dfrac{2 \times 240 \times 30\,000}{10}} = 1\,200$（个）

年总库存成本　$TC = 30\,000 \times 20 + 10 \times 1\,200 = 612\,000$（元）

年订货次数　　$N = 30\,000 / 1\,200 = 25$（次）

平均订货间隔周期　$T = 365 / 25 = 14.6$（天）

2. 批量折扣订货的订货量

前面的经济订货量模型是在一定的假设条件下进行的讨论，是比较理想情况下确定订货量的方法，然而实际工作中存在各种限制因素，如供应商为了吸引顾客一次购买更多的商品，往往会采用批量折扣订货的方法，即对于一次购买数量达到或超过某一数量标准时给予价格上的优惠，这个事先规定的数量标准，称为折扣点。在批量折扣的条件下，由于折扣之前购买的价格与折扣之后购买的价格不同，因此需要对原经济订货量模型做必要的修正。

在多重折扣点的情况下，先依据确定条件下的经济订货量模型，计算最佳订货量（Q^*），而后分析并找出多重折扣点条件下的经济订货量，如表 5-9 所示。

表 5-9　多重折扣价格表

折扣区间	0	1	…	t	…	n
折扣点	Q_0	Q_1	…	Q_t	…	Q_n
折扣价格	P_0	P_1	…	P_t	…	P_n

其计算步骤如下。

（1）用确定条件下的经济订货量的方法，计算出最后折扣区间（第 n 个折扣点）的经济订货量 Q_n^* 与第 n 个折扣点的 Q_n 比较，如果 $Q_n^* \geqslant Q_n$，则取最佳订货量 Q_n^*；如果 $Q_n^* < Q_n$，就转入下一步骤。

（2）计算第 t 个折扣区间的经济订货量 Q_t^*。

若 $Q_t \leqslant Q_t^* < Q_t+1$ 时，则计算经济订货量 Q_t^* 和折扣点 Q_t+1 对应的年总库存成本 TC_t^* 和 TC_t+1，并比较它们的大小，若 $TC_t^* \geqslant TC_t+1$，则令 $Q^* = Q_t+1$，否则就令 $Q^* = Q_t$。

如果 $Q_t^* < Q_t$，则令 $t = t+1$，再重复步骤（2），直到 $t=0$，其中 $Q_0 = 0$。

【例 5-5】 A 商品供应商为了促销，采取以下折扣策略：一次购买 1 000 个以上打 9 折；一次购买 1 500 个以上打 8 折，如表 5-10 所示。若单位商品的仓储保管成本为单价的一半，则在这样的批量折扣条件下，该商品的最佳订货量应为多少？（$D = 30\,000$ 个，$P = 20$ 元，$C = 240$ 元，$H = 10$ 元，$F = H/P = 10/20 = 0.5$）

表 5-10　多重折扣价格表

折扣区间	0	1	2
折扣点/个	0	1 000	1 500
折扣价格/（元/个）	20	18	16

解　根据题意列出：

（1）计算折扣区间 2 的经济订货量：

$$Q_2^* = \sqrt{\frac{2CD}{P_2F}} = \sqrt{\frac{2\times 240 \times 30\,000}{16\times 0.5}} = 1\,342\,(个)$$

因为 1 342＜1 500，所以继续下一步。

（2）计算折扣区间1的经济订货量：

$$Q_1^* = \sqrt{\frac{2CD}{P_1F}} = \sqrt{\frac{2\times 240 \times 30\,000}{18\times 0.5}} = 1\,265\,(个)$$

因为 1 000＜1 265＜1 500

所以还需计算 TC_1^* 和 TC_2 对应的年总库存成本。

$$TC_1^* = DP_1 + HQ_1^* = 30\,000 \times 18 + 20 \times 0.5 \times 1\,265 = 552\,650\,(元)$$

$$TC_2 = DP_2 + DC/Q_2 + Q_2P_2F/2$$
$$= 30\,000 \times 16 + 30\,000 \times 240/1\,500 + 1\,500 \times 16 \times 0.5/2 = 490\,800\,(元)$$

由于 $TC_2 < TC_1^*$，因此在批量折扣的条件下，最佳订货量 Q^* 为 1 500 个。

以上仅讨论了单品种商品在批量折扣条件下的经济订货量模型，对于其他如延期购买、价格上涨和多品种商品等条件下的经济订货量模型，请读者自行查阅有关书籍。

二、定期订货法

定期订货法是按预先确定的订货时间间隔，按期进行订货以补充库存的一种库存控制方法。其决策思路是：每隔一个固定的时间周期检查库存项目的储备量。这里假设需求量是随机变化的，因此每次盘点时的储备量都是不相等的，需要补充的数量也随之变化。根据盘点结果与预定的目标库存水平的差额确定每次订货量，这种库存控制方法的储备量变化情况见图 5-5。

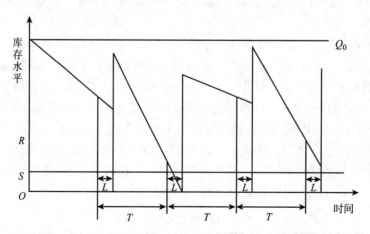

图 5-5 定期订货法

（一）订货周期的确定

订货周期一般根据经验确定，主要考虑制定销售计划的周期时间，常取月或季度作为库存检查周期，但也可以借用经济订货量的计算公式确定使库存成本最有利的订货周期。

(二)目标库存水平的确定

目标库存水平包括两部分:一部分是订货周期加订货提前期内的平均需求量,另一部分是根据服务水平保证供货的保险储备量(安全库存量)。

$$Q_0 = (T+L)r + S \tag{5-9}$$

式中:T——订货周期;

L——订货提前期;

r——平均日需求量;

S——安全库存量。

依据目标库存水平,可得到每次检查库存后提出的订货量。

$$Q = Q_0 - Q_t \tag{5-10}$$

式中:Q_t——在第 t 期检查时的实有库存量。

若存在已订货但未到或顾客延迟购买的情况,则订货量为

$$Q = Q_0 - Q_t - Q_a + Q_b \tag{5-11}$$

式中:Q_a——订货未到量;

Q_b——顾客延迟购买量。

【例 5-6】某货品的平均日需求量为 200 件,订货提前期为 5 天,经济订货周期为 24 天,为保证服务水平设置安全库存量为 300 件,本次盘存量为 500 件,计算目标库存水平与本次订货量。

解 (1)$(T+L)$ 期内的平均需求量 = $(24+5) \times 200 = 5\ 800$(件);

(2)目标库存水平 $Q_0 = 5\ 800 + 300 = 6\ 100$(件);

(3)本次订货量 $Q = 6\ 100 - 500 = 5\ 600$(件)。

三、定量订货法与定期订货法的区别

(1)提出订购请求时点的标准不同。定量订货法提出订购请求的时点标准是,当库存量下降到预定的订货点时,即提出订购请求;而定期订货法提出订购请求的时点标准是,按预先规定的订货间隔周期,到了该订货的时点即提出订购请求。

(2)请求订购的商品批量不同。定量订货法每次请求订购商品的批量相同,都是事先确定的经济定货量;而定期订货法每到规定的请求订购期,订购的商品批量都不相同,可根据库存的实际情况计算后确定。

(3)库存商品管理控制的程度不同。定量订货法要求仓库作业人员对库存商品进行严格的控制、精心的管理,经常检查、详细记录、认真盘点;而用定期订货法时,对库存商品只要求进行一般的管理、简单的记录,不需要经常检查和盘点。

(4)适用的商品范围不同。定量订货法适用于品种数量少、平均占用资金多、需重点管理的 A 类商品;而定期订货法适用于品种数量大、平均占用资金少、只需一般管理的 B 类或 C 类商品。

# 知识拓展

协作计划、预测和补货方法

CPFR（collaborative planning, forecasting and replenishment，协作计划、预测和补货方法，也称为协同式供应链库存管理）是一种协同式的供应链库存管理技术。它在降低销售商存货量的同时，也增加了供应商的销售额。

1995年，沃尔玛与其供应商Warner-Lambert、管理信息系统供应商SAP、供应链软件商Manugistics、美国咨询公司Benchmarking Partners等5家公司联合成立了工作小组，对CPFR进行研究和探索。1998年，美国召开零售系统大会时又对CPFR加以倡导，参与实验的零售企业有沃尔玛、凯马特等，生产企业有P&G、金佰利、HP等。可以说，该系统是目前供应链管理在信息共享方面的最新发展。

从CPFR实施后的绩效看，Warner-Lambert零售商品满足率从87%提高到98%，新增销售收入为800万美元。在CPFR取得初步成功后，零售商、制造商和方案提供商等30多个实体组成了CPFR委员会，与美国VICS协会一起致力于CPFR的研究、标准制定、软件开发和推广应用工作。美国商业部资料表明，1997年美国零售商品供应链中的库存约1万亿美元，CPFR理事会估计，通过全面成功实施CPFR可以减少这些库存的15%～25%，即1 500亿～2 500亿美元。由于CPFR巨大的潜在效益和市场前景，一些著名的企业软件商如SAP、Manugistics、i2等正在开发CPFR软件系统和从事相关服务。

# 自我测试

一、填空题

1. 按照作用和性质划分，库存可分为_____、_____、_____、_____。
2. 按照对商品需求的重复次数划分，库存可分为_____、_____。
3. 对库存商品进行账、卡、货三方面的数量核对工作是_____。
4. 盘点的内容有_____、_____、_____。
5. 盘点的方法有_____。
6. 现货盘点按盘点时间频率的不同可分为_____、_____。
7. 库存控制的原则有_____、_____、_____。
8. 供应链管理环境下两种有效的库存控制方法是_____、_____。
9. 盘点的基本步骤：盘点前的准备、盘点方法和盘点时间的确定、盘点现场的清理、仓库盘点作业、_____、_____、_____。
10. 准时生产的实质是_____。

二、单选题

1. 在进货时间间隔中，可保证生产或销售连续性而保持的库存是（　　）。
　　A. 预期性库存　　　　B. 缓冲性库存　　　　C. 在途性库存　　　　D. 周转性库存

2. 为防止商品到货误期或商品的品种、规格不合要求等意外情况,保证生产销售正常进行而储备商品的库存是（   ）。
   A. 经常储备库存   B. 保险储备库存   C. 季节性储备库存   D. 独立需求库存
3. 把每天入库及出库货品的数量及单价记录在计算机或账簿上,然后不断地累计加总算出账面上的库存量及库存金额,这种盘点方法是（   ）。
   A. 期末盘点   B. 循环盘点   C. 账面盘点   D. 现货盘点
4. 到仓库内去清点数量,再依据货品单价计算实际库存金额的方法称为（   ）。
   A. 实地盘点   B. 账面盘点   C. 期末盘点   D. 循环盘点
5. 通过平衡采购进货成本和保管仓储成本,确定一个最佳的订货数量来实现最低总库存成本的方法称为（   ）。
   A. 安全/保险库存法   B. 经济批量法
   C. ABC 分类法   D. 关键因素分析法
6. 上游企业和下游企业权利责任平衡和风险共担的库存管理模式是（   ）。
   A. 供应商管理库存   B. 经济批量法
   C. ABC 分类法   D. 联合库存管理
7. 按预先确定的订货时间间隔,按期进行订货以补充库存的库存控制方法是（   ）。
   A. 批量折扣订货   B. 基本经济订货量
   C. 定量订货法   D. 定期订货法
8. 以下哪项是库存量过大所产生的问题？（   ）
   A. 造成服务水平的下降,影响销售利润和企业信誉
   B. 使订货间隔期缩短,订货次数增加,订货（生产）成本提高
   C. 影响生产过程的均衡性和装配时的成套性
   D. 占用大量的流动资金,造成资金呆滞,即加重了贷款利息等负担
9. 定期订货法中,目标库存水平的影响因素不包括（   ）。
   A. 订货周期的平均需求量   B. 订货提前期内平均需求量
   C. 根据服务水平保证供货的安全库存量   D. 订货的经济批量
10. 当不确定因素（订货期间需求增长、到货延期等）导致更高的预期需求或导致完成周期更长时的缓冲存货是（   ）。
    A. 供应链管理库存   B. 安全/保险库存
    C. 联合库存管理   D. 准时生产下的库存

三、多选题
1. 库存成本主要分为（   ）。
   A. 订货成本   B. 保管成本   C. 缺货成本   D. 进货成本
   E. 购买成本
2. 在下列库存成本中属于固定成本的是（   ）。
   A. 订货成本   B. 保管成本   C. 缺货成本   D. 进货成本
   E. 购买成本
3. 盘点的目的是（   ）。

A. 核查实际库存数量　　　　　B. 稽核货物管理的绩效
C. 计算企业的损益　　　　　　D. 整理仓库，及时补货
E. 进行仓库规划设计

4. 盘点的内容包括（　　）。
   A. 查数量　　　B. 查质量　　　C. 查保管条件　　　D. 查安全
   E. 查规模

5. 定量订货法与定期订货法的区别有（　　）。
   A. 提出订购请求时点的标准不同　　　B. 请求订购的商品批量不同
   C. 库存商品管理控制的程度不同　　　D. 适用的商品范围不同
   E. 订货目的不同

四、问答题

1. 什么叫库存？它有哪些功能？
2. 什么是盘点？其目的是什么？盘点的步骤有哪些？
3. 在盘点过程中一般会出现哪些问题？分别应怎样进行处理？
4. 库存量过大、过小分别会产生哪些问题？应怎样正确理解库存控制？
5. ABC 分类法的应用步骤是怎样的？
6. 什么是联合库存管理？它有哪些好处？

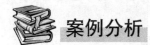
案例分析

海尔 JIT 系统

在海尔的国际物流中心有 3 个 JIT，实现了同步流程。

由于物流技术和计算机信息管理的支持，海尔物流通过 3 个 JIT，即 JIT 采购、JIT 配送和 JIT 分拨物流来实现同步流程。目前通过海尔的 BBP 采购平台，所有的供应商均在网上接收订单，并通过网上查询计划和库存，及时补货，实现 JIT 采购；货物入库后，物流部门可根据次日的生产计划并利用 ERP 信息系统进行配料，同样根据看板管理 4 小时送料到位，实现 JIT 配送；生产部门按照 B2B、B2C 订单的需求完成订单后，满足用户个性化需求的定制产品通过海尔全球配送网络达到用户手中。海尔在国内拥有 83 个物流配送中心（TC）、300 多万 m^2 仓储资源、36 个设备中心、6 000 余家服务网点、3 000 余辆全国可调配车辆资源，实现分拨物流的 JIT。

在企业外部，海尔 CRM 和 BBP 的应用架起了与全球用户资源网、全球供应链资源网沟通的桥梁，实现了与用户的零距离。在企业内部，计算机自动控制的各种先进物流设备不但降低了人工成本，提高了劳动效率，还直接提升了物流过程的精细化水平，达到了质量零缺陷的目的。

问答：1. 阐释 JIT 系统的内涵。
　　　2. JIT 系统的实施条件是什么？
　　　3. 结合海尔物流的实际情况，谈谈应用 JIT 系统时应注意哪些问题。

项目五 库存管理与控制

项目实施

情境实训一 ABC 分类管理

一、情境描述

陆通物流配送中心的库存商品有旺旺雪饼、康师傅方便面、胡姬花花生油等,利用 ABC 分类法,根据仓储货品一年的出入库资料对库存物品进行 ABC 分类。

二、实训目的

在种类繁多的库存物品中,有的物品重要一些,有的物品相对不重要。为了节省管理精力,应对重点物品实施重点管理。本项目的实训旨在让学生掌握库存管理中划分重点与非重点物品的标准和一般步骤,以及不同种类物品相应的库存管理手段;根据 ABC 分类得出的结果,将 A、B、C 三类物品分别存储在货架的不同位置上;能够阐述 ABC 分类法的原理。

三、实训内容

1. 到仓库搜集库存物品的出入库资料(或教师提供商品资料);按照流转货物的体积(或周转量、资金占用量等)计算相关参数,实现 ABC 分类。

2. 陆通物流配送中心的仓库货品一年的出入库资料和包装箱尺寸资料如表 5-11 所示。

表 5-11 陆通物流配送中心的仓库货品一年的出入库资料和包装箱尺寸资料

货品名称	周转量/箱	长/mm	宽/mm	高/mm
旺旺雪饼	9 902	595	395	340
康师傅方便面	9 450	395	295	275
胡姬花花生油	10 345	455	265	210
青食钙奶饼干	8 930	495	340	150
雅培经典恩美力幼儿配方奶粉	3 270	595	325	330
上好佳薯片	6 730	305	235	210
清风面巾纸	5 776	295	240	240
乐开怀开心果	2 600	445	315	195
赤霞珠干红葡萄酒	2 620	455	245	200
莎当妮干白葡萄酒	2 075	395	245	265
空心牌玻璃杯	1 750	460	260	230
牛栏山二锅头	672	600	390	200

续表

货品名称	周转量/箱	长/mm	宽/mm	高/mm
乐事薯片	497	450	400	350
青岛纯生啤酒	1 662	400	200	200
金龙鱼调和油	460	520	320	300
正航牛奶饼干	570	470	360	210
青松五香牛肉干	1 350	400	300	100
娃哈哈八宝粥	350	420	420	250
百事可乐	607	360	270	240
望乡挂面	197	470	360	250
华龙粉丝	150	560	360	270
白猫洗衣粉	189	395	325	330
银鹭花生牛奶	342	500	350	120
涪陵榨菜	103	495	395	320
统一方便面	130	420	420	250
山西老陈醋	200	395	245	265
崂山可乐	230	455	245	200
丘比沙拉酱	145	410	235	310
海天苹果醋	238	360	260	230
山里红山楂片	138	295	245	240
徐福记沙琪玛	161	395	295	275
海天黄豆酱	79	460	270	180
米老头米饼	83	355	265	325
雀巢威化巧克力饼干	55	595	395	375
飞利浦电子节能灯	19	330	235	220

四、实训条件

仓库的库存物品统计资料（或教师提供的商品资料），计算机。

五、实训步骤

1. 收集数据。到仓库收集每种商品各个季度的出入库数量，包装箱的长、宽、高尺寸等资料。
2. 计算每种商品的周转量和体积。
3. 计算总体积比率和体积累计比率。
4. 确定 ABC 分类法。
5. 制作 ABC 分析表。
6. 针对各类物品采取相应管理措施。

六、作业题

将各种商品按体积（或周转量、资金占用量等）从大到小依次排列，得出计算表格，并指出哪些商品是 A 类，哪些商品是 B 类，哪些商品是 C 类。

情境实训二　订货量的确定

一、情境描述

陆通物流配送中心库存的甲商品每年的采购量为 20 000 只，在该商品的采购过程中，其供应商采取批量折扣的销售办法，请为甲商品确定最佳订货量。

二、实训目的

使学生掌握库存控制的方法和库存补货的方法。

三、实训内容

1. 定期订货法、定量订货法。

2. 陆通物流配送中心的甲商品每年的采购量为 20 000 只，每次订购成本为 100 元，购买单件价格为 30 元。为促进销售，一次购买 520 只（包含 520 只）以上，可享受价格折扣 10%，若一次购买 800 只（包含 800 只）以上，享受折扣 20%，其中单位储存成本为价格的 50%。根据以上条件，求解企业的最佳订货量。

四、实训条件

物流实训室，计算机。

五、实训步骤

1. 学习定期订货法和定量订货法。
2. 每 5 人为一小组进行讨论分析，每小组根据给定的资料分析企业最佳订货量。

六、作业题

1. 库存控制与库存补货的方法有哪些？
2. 上交计算题结果。

情境实训三　库存盘点和预警管理

一、情境描述

陆通物流配送中心的库存周转很快，需要对库存商品定期进行盘点，以便确定进货量并制订库存管理及销售管理方案。

二、实训目的

1. 为确定仓库或其他场所内的库存材料、半成品或成品的实际数量,需要对库存量进行清点。这一工作能帮助管理人员掌握实际库存量,明确损耗并加以改善,加强库存管理和物料控制。
2. 掌握盘点作业的基本技能,包括人员的组织安排、盘点前的准备工作、现场盘点和结果处理等。
3. 了解并掌握仓储管理中的预警管理运作流程。

三、实训内容

1. 盘点方法、盘点操作流程。
2. 在仓储管理中进行提前预告的处理。预警包括3方面:合约到期、库存报警、库龄查询的处理。

四、实训条件

1. 计算机,交换机,接线器。
2. 企业仓库商品(或实验平台,如仓储管理教学软件)。
3. 无线扫描枪。

五、实训步骤

盘点前准备,现场盘点,填写盘点单,盘点结果汇总,盘点问题处理,学习预警管理流程操作。

六、作业题

1. 库存盘点的方法有哪些?
2. 预警管理和操作步骤是怎样的?

项目六

流通加工、包装作业管理

【项目说明】

流通加工、包装作业是仓储增值服务的主要内容。增值服务是指根据客户需要，为客户提供的超出常规服务范围的服务，或者采用超出常规的服务方法提供的服务。传统的仓储业务以保管养护为主，现代仓储注重全方位的增值服务，包括流通加工、包装、货物分拣、配送、信息服务、质押监管业务等，它们将成为现代仓储业重要的利润增长点。本项目重点叙述流通加工和包装作业相关内容。

【知识目标】

1. 了解流通加工的含义、作用和类型；
2. 明确流通加工和一般生产加工的区别；
3. 掌握包装的含义、功能及种类；
4. 了解包装材料、包装容器的性能。

【能力目标】

1. 具备流通加工合理化管理的能力；
2. 能够设计商品包装、包装标记和商品包装说明书；
3. 具备流通加工设备的操作能力；
4. 能够运用包装设备和材料进行商品包装。

导入案例

顺丰的包装解决方案

1993年，顺丰诞生于广东顺德，其经营范围包括：国际货运代理、货物进出口（专营专控商品除外）、技术进出口、广告业、跨省快递业务、国际快递业务、道路货物运输、省内快递业务等。

《中国冷链物流发展报告》显示，我国冷冻产品损坏率高达20%~30%，发达国家的损耗量约为5%。生鲜产品从田间地头到餐桌需要通过采收、分级、预冷、包装、运输中转、派送到客户的手中。每一个环节做不好都会影响产品品质，导致耗损增加。

顺丰的包装解决方案，不仅仅是指把生鲜产品放到箱子这种一个单体的包装里面，而是包括全流程中对所有环节的控制。

预冷是水果保鲜的第一步。水果从树枝下采摘下来带有田间热，这个热量占总热量的52%，预冷工作就是把52%的温度去掉。实验证明预冷越及时，保鲜效果就越好。传统的冷库造价成本高，也很难进入田间地头，因此顺丰在2016年采用了移动预冷库。移动预冷库的优点在于操作灵活、使用方便，有助于实现资源利用最大化。

包装是水果保鲜最关键的一个步骤。生鲜包装不同于传统的包装，其增加了一个保鲜技术。保鲜技术要起到温控的作用，就需要保温箱和冷媒。

顺丰采用的EPP循环保温箱具有独立的冰盒卡槽设计，能够防止货物挤压，可以循环使用，避免了EPS白色泡沫箱的浪费。顺丰使用的冷媒主要有可循环使用的冰盒，以及一次性冰袋，不同颜色代表不同的冷媒。派送员可以针对不同的产品放置不同颜色的冷媒，提高工作效率。

一个商品的包装需要一系列的物流、设备与之相匹配。顺丰的包装设计除了考虑产品的安全性之外，还考虑流通环节与各类设备、容器匹配度，注重包装的标准化。顺丰呼吁，绿色包装必须要考虑包装匹配度，考虑标准化的问题。

资料来源：http：//www.chinawuliu.com.cn/xsyj/201711/27/326531.shtml

问题与思考：

1. 流通加工和生产加工有什么不同？实现流通加工合理化有哪些途径？
2. 什么是商品包装标志？其种类有哪些？
3. 包装材料有哪些？怎样包装才能绿色环保？结合以上案例分析顺丰在商品包装上是怎样做的？

项目任务

任务一　货物流通加工作业

一、流通加工概述

1. 流通加工的概念

流通加工是指在流通过程中对流通商品所做的辅助性加工活动，即在商品从生产地到使用地的流通过程中，根据需要对其进行的包装、分割、计量、分拣、刷标志、拴标签、组装等简单作业的总称。图6-1为流通加工示意图。

项目六 流通加工、包装作业管理

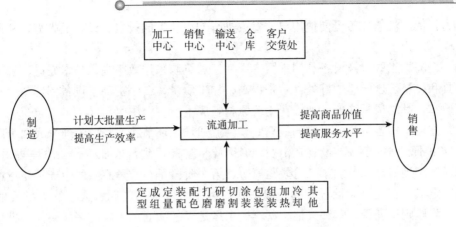

图 6-1 流通加工示意图

传统上，仓库被看成是用来长期存放货物的场所，而现代企业往往尽量迅速地通过供应链来移动物料，因此仓库的角色也发生了改变。仓库更多得被视为材料尽可能迅速移动的滞留点，其长期储放货物的场所的角色已被弱化，转而成为进行其他一系列工作的便利场所。例如，它们是最好的物料分类、包装和配送的地方。

2. 流通加工和生产加工的区别

（1）加工对象不同。流通加工的对象是进入流通过程的商品，具有商品的属性，以此来区别多环节加工中的一环。生产加工的对象不是最终产品，是原材料、零配件、半成品。

（2）加工程度不同。流通加工大多是简单加工，而不是复杂加工。一般来讲，如果必须进行复杂加工才能形成人们所需的商品，应专设生产加工过程完成这种复杂加工，因为生产过程理应完成大部分加工活动。流通加工是对生产加工的一种辅助及补充。特别需要指出的是，流通加工绝不是对生产加工的取代。

（3）附加价值不同。从价值观点看，生产加工目的在于创造价值和使用价值，而流通加工目的则在于完善其使用价值，并在不作大改变的情况下提高价值。

（4）加工责任人不同。流通加工的组织者是从事流通工作的人，能密切结合流通的需要进行这种加工活动。从加工单位来看，流通加工由商业或物资流通企业完成，而生产加工则由生产企业完成。

（5）加工目的的区别。商品是为交换和消费而生产的，流通加工的一个重要特点是为消费（或再生产）所进行的加工，这一点与生产加工有相同之处。但是，流通加工有时候是以商品自身流通为目的，纯粹是为流通创造条件，这种为流通所进行的加工与直接为消费所进行的加工从目的上讲是有区别的，这又是流通加工不同于一般生产加工的特殊之处。

二、流通加工的作用

（1）提高原材料利用率。利用流通加工环节进行集中下料，是将生产厂商直接运来的简单规格产品，按使用部门的要求进行下料。例如，将钢板进行剪板、切裁；将钢筋或圆钢裁制成毛坯；将木材加工成各种长度及大小的板等。集中下料可以优材优用、小材大用、合理套裁，有很好的技术经济效果。

（2）进行初级加工，方便用户。用量小或临时需要的使用单位，缺乏进行高效率初级加工的能力，依靠流通加工可使使用单位省去进行初级加工的投资、设备及人力，从而搞活供应，方便了用户。

（3）提高加工效率及设备利用率。集中加工点可以采用效率高、技术先进、加工量大的专门机具和设备。这样做的好处：一是提高了加工质量，二是提高了设备利用率，三是提高了加工效率，其结果是降低了加工费用及原材料成本。

（4）充分发挥各种运输手段的最高效率。流通加工环节将实物的流通分成两个阶段。一般来说，由于流通加工环节设置在消费地，因此从生产厂到流通加工这一阶段输送距离长，而从流通加工到消费环节的第二阶段距离短。第一阶段是在数量有限的生产厂与流通加工点之间进行定点、直达、大批量的远距离输送，因此可以采用船舶、火车等大批量的运输手段；第二阶段则是利用汽车和其他小型车辆来运送经过流通加工后的多规格、小批量、多用户的产品。这样可以充分发挥各种运输手段的最高效率，加快输送速度，节省运力运费。

（5）改变功能，提高收益。在流通过程中进行一些改变产品某些功能的简单加工，其作用除上述几点外，还可提高产品销售的经济效益。

因此，在物流领域中，流通加工可以称为高附加价值的活动。这种高附加价值的形成，主要着眼于满足用户的个性化需要，提高服务功能，是贯彻物流战略思想的表现，是一种低投入、高产出的加工形式。

三、流通加工的类型

（1）为弥补生产领域加工不足的深加工。有许多产品在生产领域的加工只能到一定程度，这是由于许多限制因素的存在使得生产领域不能完全实现终极加工。例如，钢铁厂的大规模生产只能按标准规格进行，以使产品有较强的通用性、生产能有较高的效率和效益；如果木材在产地完成成材，制成木制品，就会造成运输的极大困难，所以原生产领域只能加工到原木、板方材的程度，进一步的下料、切裁、处理等加工则由流通加工完成。这种流通加工实际上是生产的延续，是生产加工的深化，对弥补生产领域加工不足有重要的意义。

（2）为满足需求多样化的服务性加工。从需求角度看，需求存在着多样化和变化两个特点。为满足这种要求，用户自己经常设置加工环节，如生产型用户的再生产往往从原材料初级处理开始。就用户而言，现代生产的要求是生产型用户尽量减少流程，集中力量从事较复杂的、技术性较强的劳动，而不是将大量初级加工包揽下来。这种初级加工带有服务性，由流通加工来完成，生产型用户便可以缩短自己的生产流程，使生产技术密集程度提高。对于一般消费者而言，则可省去烦琐的预处置工作，集中精力从事较高级的、能直接满足需求的劳动。

（3）为保护产品的流通加工。在物流过程中，直到用户投入使用前都存在对产品的保护问题。流通中所进行的部分加工可防止产品在运输、储存、装卸、搬运、包装等过程中遭受损失，使其使用价值能顺利实现。和前两种加工不同，这种加工并不改变进入流通领域的"物"的外形及性质。这种加工主要采取稳固、改装、冷冻、保鲜、涂油等方式实现。

（4）为提高物流效率、方便物流的流通加工。由于一些产品本身的形态原因，工作人员难以对其进行物流操作。例如，鲜鱼的装卸、储存操作困难，过大设备搬运、装卸困难，气体运输、装卸困难等。流通加工，如鲜鱼冷冻、过大设备解体、气体液化等可以使物流各环节易于操作。这种加工往往改变"物"的物理状态，但并不改变其化学特性，并最终仍能恢复原物理状态。

(5) 为促进销售的流通加工。流通加工可以从若干方面起到促进销售的作用。例如，将大包装或散装物（这是提高物流效率所要求的）分装成适合一次销售的小包装的分装加工；将原以保护产品为主的运输包装改换成以促进销售为主的装潢性包装，可起到吸引消费者、促进消费的作用；将零配件组装成用具、车辆以便于直接销售；将蔬菜、肉类洗净切块以满足消费者要求，等等。这种流通加工可能是不改变"物"的本体，只进行简单改装的加工，也有许多是组装、分块等的深加工。

(6) 为提高加工效率的流通加工。很多生产企业的初级加工由于需加工产品的数量有限，加工效率不高，也难以投入先进科学技术。流通加工以集中加工的形式，解决了单个企业加工效率不高的弊病。以一家流通加工企业代替了若干生产企业的初级加工工序，促进了生产力水平提高。

(7) 为提高原材料利用率的流通加工。流通加工利用其综合性强、用户多的特点，通过实行合理规划、合理套裁、集中下料的办法，能够有效提高原材料的利用率，减少损失浪费。

(8) 衔接不同运输方式、使物流合理化的流通加工。在干线运输及支线运输的结点，设置流通加工环节，可有效解决大批量、低成本、长距离干线运输及多品种、少批量、多批次末端运输和集货运输之间的衔接问题，在流通加工点与大生产企业间形成大批量、定点运输的渠道，也可在流通加工点将运输包装转换为销售包装，从而有效衔接不同目的的运输方式。

(9) 以提高经济效益、追求企业利润为目的的流通加工。流通加工的一系列优点，可以形成一种"利润中心"的经营形态，这种类型的流通加工是经营的一环，在满足生产和消费要求基础上取得利润，同时在市场和利润引导下使流通加工在各个领域中能有效地发展。

(10) 生产—流通一体化的流通加工。生产企业与流通企业的联合，或者生产企业涉足流通，或者流通企业涉足生产，由此形成的对生产与流通加工进行的合理分工、合理规划、合理组织，这就是生产—流通一体化的流通加工。这种形式可以促成产品结构及产业结构的调整，充分发挥企业集团的经济技术优势，是目前流通加工领域的新形式。

四、流通加工的合理化

1. 不合理的流通加工

流通加工是在流通领域中对生产的辅助性加工，从某种意义上来讲，它是生产过程本身或生产工艺在流通领域的延续。这个延续可能有正反两方面的作用：可以有效地起到补充完善的作用，但是各种不合理的流通加工都会产生抵消效益的负效应。导致不合理的流通加工的原因主要有以下几方面。

(1) 流通加工地点设置不合理。流通加工地点设置即布局状况是影响整个流通加工过程是否有效的重要因素。一般而言，为衔接单品种大批量生产与多样化需求的流通加工，流通加工地点设置在需求地区才能实现大批量的干线运输与多品种末端配送的物流优势。如果将流通加工地点设置在生产地区，其不合理之处在于：第一，多样化需求要求的产品多品种、小批量由生产地区向需求地区的长距离运输会出现不合理；第二，在生产地区增加了一个加工环节，同时增加了近距离运输、装卸、储存等一系列物流活动。在这种情况下，不如由原生产单位完成这种加工而无须设置专门的流通加工环节。一般而言，为方便物流的流通加工环节应设在产出地，即设置在社会物流之前，如果将其设置在社会物流之后，即设置在消费地，则不但不能解决物流问题，又在流通中增加了一个中转环节，因而也是不合理的。即使在生产地区或需求地区设置流通加工的选择是正确的，还有流通加工在小地域范围的正确选址问题，如果处理不善，仍然会出现不合理。这种不合理主要表现在交通不便，流通加工地点与生产企业或用户之间距离较远、投资过高（如受选址的地价影响）、周围社会或自然环境条件不良等。

（2）流通加工方式选择不当。流通加工方式包括流通加工对象、流通加工工艺、流通加工技术、流通加工程度等。流通加工方式的确定实际上是基于与生产加工的合理分工。分工不合理，本来应由生产加工完成的，却错误地由流通加工完成，本来应由流通加工完成的，却错误地由生产加工完成，都会造成不合理。流通加工不是对生产加工的代替，而是一种补充和完善。因此，一般而言，如果工艺复杂，技术装备要求较高，或加工可以由生产过程延续或轻易解决，都不宜再设流通加工，尤其不宜与生产过程争夺技术要求较高、效益较高的最终生产环节，更不宜利用一个时期市场的压迫使生产者完成初级加工或前期加工，而流通企业完成装配或最终形成产品的加工。如果流通加工方式选择不当，就会造成与生产夺利的恶果。

（3）流通加工作用不大，形成多余环节。有的流通加工过于简单，或对生产及消费者作用不大，甚至有时由于流通加工的盲目性而未能解决品种、规格、质量、包装等问题，相反却实际增加了环节，这也是加工不合理的重要形式。

（4）流通加工成本过高，效益不好。流通加工之所以能够有生命力，其重要优势之一是具有较大的产出投入比，因而起到了有效地补充完善作用。如果流通加工成本过高，则不能实现以较低投入实现更高使用价值的目的。

2. 实现流通加工合理化的途径

实现流通加工合理化的途径有以下几方面。

（1）加工和配送结合。该途径是将流通加工设置在配送点，一方面按配送的需要进行加工，另一方面加工又是配送业务流程中分货、拣货、配货之一环。加工后的产品直接投入配货作业，这样就无须单独设置一个加工的中间环节，使加工有别于独立的生产，与中转流通巧妙结合在一起。同时，配送之前有加工，可使配送服务水平大大提高。这是当前对流通加工做合理选择的重要形式，在煤炭、水泥等产品的流通中已表现出较大的优势。

（2）加工和配套结合。在对配套要求较高的流通中，配套的主体来自各个生产单位，但是完全配套有时无法全部依靠现有的生产单位。进行适当流通加工，可以有效促成配套，大大提高流通加工的桥梁与纽带功能。

（3）加工和合理运输结合。前文已提到流通加工能有效衔接干线运输与支线运输，促进两种运输形式的合理化。利用流通加工，在支线运输转干线运输（简称支转干）或干线运输转支线运输（简称干转支）这一必须停顿的环节，不进行一般的支转干或干转支，而是按干线或支线运输合理的要求进行适当加工，从而大大提高运输及运输转载水平。

（4）加工和合理商流结合。通过加工有效促进销售，使商流合理化，也是流通加工合理化应考虑的方向之一。加工和配送的结合，通过加工，提高了配送水平，强化了销售，是加工与合理商流结合的一个成功例证。此外，通过组装加工解除用户使用前进行组装、调试的

项目六 流通加工、包装作业管理

难处等,也是有效促进商流合理化的例子。

(5) 加工和节约结合。节约能源、节约设备、节约人力、节约耗费是流通加工合理化应考虑的重要因素,也是目前我国设置流通加工,考虑其合理化的较普遍形式。对于流通加工合理化的衡量,标准是判断其是否实现了社会和企业自身两方面的效益,而且是否取得了最优效益。对流通加工企业而言,其与一般生产企业的重要不同之处是,流通加工企业更应树立社会效益第一的理念,只有在"补充完善为己任"的前提下,才有生存的价值。如果只是追求企业的微观效益,不适当地进行加工,甚至与生产企业争利,就有违流通加工的初衷,或者其自身业务已不属于流通加工范畴了。

任务二 货物的包装作业

一、包装的概念、功能

1. 包装的概念

包装就是按照一定的技术方法,使用容器、材料及辅助物等将物品包封并予以适当的装饰和标志工作的总称。包装是包装物和包装操作的总和。包装的目的在于对商品进行保护,方便搬运,商品包装单位化,使商品具有标识。

2. 包装的功能

(1) 保护商品。包装能够保护被包装的商品,防止其损坏,如渗漏、浪费、损耗、散落、掺杂、收缩和变色等。商品生产出来之后到投入使用之前这段时间,保护措施是很重要的,包装如不能保护好里面的物品,这种包装则是一种失败。

(2) 便于流通。因为制造者、营销者及顾客要把商品从一个地方搬到另一个地方,对商品进行包装可以方便其流通。牙膏或钉子放在纸盒内可以很容易在库房里搬动;酱菜和洗衣粉的大包装改成小包装后,消费者可以方便地采购和携带。

(3) 方便消费和管理。为了便于区分、识别,包装上必须注明产品型号、数量、品牌及制造厂家或零售商的名称。包装能帮助库房管理人员准确地找到商品,也可帮助消费者找到他想买的东西。

(4) 促进销售。包装可以促进某种品牌的销售,特别是在自选商店里更是如此。在商店里,包装能够吸引顾客的注意力,并且能将顾客的注意力转化为兴趣。包装本身的价值也能引发消费者购买某种商品的动机。此外,提高包装的吸引力要比提高商品单位售价的代价低。

二、包装的分类

1. 按功能划分

(1) 工业包装。工业包装或称运输包装或外包装,是指为了在商品的运输、存储、装卸过程中保护商品所进行的包装。它更强调包装的实用性和在此基础上费用的低廉性。

(2) 商业包装。商业包装或称销售包装或内包装,其主要目的是吸引消费者,促进销售。一般来说,在物流过程中,商品越接近顾客,越要求包装起到促进销售的效果。因此,这种包装的特点是造型美观大方,拥有必要的修饰,包装上有对于商品的详细说明,包装的单位适合顾客购买及商家柜台摆设的要求。

2. 按流程划分

(1) 逐个包装。逐个包装(单个包装、小包装)是指交到使用者手里的最小包装,把物品的全部或一部分装进袋子或其他容器里并予以密封,印有作为商品的标记或说明等信息资料。这种包装一般属于商业包装,应美观,能起到促进销售的作用。

(2) 内部包装。内部包装是指将逐个包装的物品归并为一个或两个以上的较大单位放进中间容器的状态和技术,包括为保护里边的物品,在容器里放入其他材料的状态和技术。

(3) 外部包装。外部包装是指从运输作业的角度考虑,为了保护物品及搬运方便,将物品放入箱子、袋子等容器里的状态和技术,包括缓冲、固定、防湿、防水等措施。内包装和外包装均属于工业包装。

3. 按通用性划分

(1) 专用包装。专用包装是根据被包装对象的特点专门设计、专门制造、只适于某种专门产品的包装,如水泥袋、蛋糕盒、可口可乐瓶等。

(2) 通用包装。通用包装是指根据标准系列尺寸制造的包装容器,用以包装各种无特殊要求的产品。

4. 按包装容器划分

(1) 按包装容器的抗变能力划分:硬包装(又称刚性包装,包装体有固定形状和一定强度)和软包装(又称柔性包装,包装体有弹性,可有一定程度的形变)。

(2) 按包装容器的形状划分:包装袋、包装箱、包装盒、包装瓶、包装罐等。

(3) 按包装容器的结构形式划分:固定式包装和可拆卸折叠式包装。

(4) 按包装容器的使用次数划分:一次性包装和多次周转性包装。

5. 按包装形状和材料划分

以包装材料为分类标志,商品的包装可分为纸类、塑料类、玻璃类、金属类、木材类、复合材料类、陶瓷类、纺织品类、其他材料类等。

6. 按包装技法划分

以包装技法为分类标志,商品的包装可分为贴体、透明、托盘、开窗、收缩、提袋、易开、喷雾、蒸煮、真空、充气、防潮、防锈、防霉、防虫、无菌、防震、遮光、礼品、集合包装等。

三、包装标志

1. 包装标志的概念

在商品的包装上通常都印有具有特定含义的文字或图形,用以表示商品的性能、储运注意事项、质量水平等信息。这些具有特定含义的文字或图形称为包装标志,其主要作用是便于识别商品,便于商品的流通、销售、选购和使用。

2. 包装标志的种类

包装标志分为运输包装标志和销售包装标志。运输包装标志的主要作用是:便于商品在运输和保管中的辨认识别，防止错发、错运，及时、准确地将商品运送到指定的地点或收货单位；便于商品装卸、堆码，保证商品质量安全，加速商品周转。运输包装标志有以下几种。

（1）识别标志。识别标志也称运输包装收发标志。这是贸易合同、发货单据中有关标志事项的基本部分，一般由一个简单的几何图形及字母、数字等组成。识别标志的内容包括：目的地名称或代号，收货人或发货人的代用简字或代号、件号（每件标明该批货物的总件数），体积（长、宽、高），重量（毛重、净重、皮重），以及生产国家或地区等。这种标志主要有 3 个作用：①加强保密性，有利于物流中商品的安全；②减少签订合同和运输过程中的翻译工作；③运输中的导向作用，可以减少错发、错运等事故。

（2）指示标志。指示标志也称包装储运图示标志、安全标志或注意标志，主要针对产品的某些特性提出运输和保管过程中应注意的事项，包括：小心轻放、禁用手钩、向上、怕热、由此吊起、怕湿、重心点、禁止滚翻、堆码极限、温度极限等。此标志图形、颜色、形式、位置、尺寸等在《包装储运图示标志》（GB/T 191—2008）中，有明确规定。

（3）警告性标志。警告性标志也称危险货物包装标志，主要指包装上用图形和文字表示化学危险品的标志。这类标志为了能够引起人们特别警惕，一般采用特殊的色彩或黑白菱形图案。危险货物包装标志必须指出危险货物的类别及危险等级，主要有爆炸品、易燃气体、易燃压缩气体、有毒气体、易燃液体、易燃固体、自燃物品、遇湿危险品、氧化剂、有机过氧化物、腐蚀性物品、感染性物品、剧毒品、放射物品等。此标志的图形、颜色、标志形式、位置尺寸等，在《危险货物包装标志》（GB 190—2009）中均有明确的规定。

四、包装技术

包装技术包括销售包装技术和运输包装技术。表 6-1 为销售包装技术，表 6-2 为运输包装技术。

表 6-1 销售包装技术

包装技术	概　　念	特　　点	适用范围
贴体包装技术	将单件商品或多件商品，置于带有微孔的纸板上，由经过加热的软质透明塑料薄膜覆盖，抽空空气使薄板与商品外表紧贴，同时以热熔或胶黏的方法使塑料薄膜与涂黏结剂的纸板黏合	透明包装，能牢固地固定住商品，防盗、防尘、防潮和防损坏	适用于形状复杂、怕压易碎的商品，如器皿、灯具、文具、小五金
泡罩包装技术	将商品封合在透明塑料薄片形成的泡罩与底板之间的一种包装技法	有较好的阻气性、防潮性和防尘性	适用于形状复杂、怕压碎的商品，如药品、食品、玩具、文具
收缩包装技术	将经过预拉伸的塑料薄膜、薄膜套或袋裹在被装商品的外表面，以适当的温度加热	透明包装能充分显示商品的色泽、造型，收缩均匀、不易撕裂，防潮、防腐	适用于销售包装，如压缩毛巾
拉伸包装技术	具有弹性可拉伸的塑料薄膜	不用加热，可以准确地控制裹包力，节省设备投资和维修费用	适用于鲜肉、冷冻食品和蔬菜

续表

包装技术	概 念	特 点	适用范围
真空包装技术	将商品装入气密性的包装容器内,密封前再排除包装内的气体	能防止油脂氧化,抑制某些霉菌、虫害,可保持食品本色	适用于食品包装、食品软包装、轻泡工业品包装
充气包装技术	将商品装入气密性的包装容器内,密封前充入一定的惰性气体	能防止氧化,抑制微生物的繁殖和虫害的发育,防止香气散失和变色,防锈、防霉	用于食品包装、软包装、日用工业包装,粉状、液态及质软或有硬尖菱角的商品
脱氧包装技术	在密封的包装容器内,使用能与氧气起化学作用的脱氧剂,从而除去包装内的氧气	可完全杜绝氧气的影响,防止氧化、变色、生锈、防霉和虫蛀,能把容器内氧气全部除掉,方法简便	主要适用于点心、蛋糕、茶叶、毛皮、书画、古董、镜片、精密机械零件

表 6-2 运输包装技术

包装技术	概 念	适用范围	包装方法或注意事项
一般包装技术	针对商品不同形态特点而采用的技术和方法	多数商品	内装物的合理放置,对松泡商品进行体积压缩
缓冲包装技术	为减缓内装物受到冲击和震动,采取一定防护措施的包装方法	家用电器、精密仪器、玻璃、陶瓷器皿等	妥善衬垫、现场发泡、浮吊包装和机械固定
防潮包装技术	采用防潮材料对商品进行包封	所有商品	商品包装前必须清洁干燥,包装场所温度不高于 35℃,相对湿度不大于 75%
防锈包装技术	在运输储存金属制品与零部件时,为防止其生锈而降低价值或性能所采用的包装技术和方法	金属制品与零部件	作业场所的环境应尽量对防锈有利,包装内部所容空气的容积达到最小
防腐包装技术	为防止霉菌侵袭内装商品或霉菌的生长造成污染,影响商品质量所选取的一种防护措施	内装商品	采用抗菌性较强的金属材料

五、包装合理化

1. 包装合理化的含义

包装合理化是指在包装过程中使用适当的材料和适当的技术,制成与物品相适应的容器,节约包装费用,降低包装成本,既满足包装保护商品、方便储运、有利销售的要求,又能提高包装的经济效益的包装综合管理活动。

包装合理化是现代物流合理化的组成部分,从现代物流的角度讲,包装合理化不只是包装本身的合理化,而是整个物流合理化前提下的包装合理化。因此,包装合理化实质就是包装材料、包装技术、包装方式的合理组合及运用。

2. 包装合理化的原则

(1) 标准化包装原则。包装标准是根据包装科学技术、实际经验,以物品的种类、性质、质量为基础,在有利于物品生产、流通安全和厉行节约的原则下,经有关部门充分协商并经一定审批程序后,对包装的用料、结构造型、容量、规格尺寸、标志,以及盛装、衬垫、封贴和捆扎方法等方面所作的技术规定,旨在使同种、同类物品所用的包装逐渐趋于一致和优化。国际贸易中的商品流通范围很广，不只涉及一个国家，一个地区或民族。物流包装除了必须遵守国际上许多法规外，还应遵守习惯性规范及各个国家和地区的特殊法规。

（2）包装单位大型化原则。随着交易单位的大型化和物流过程中搬运的机械化，单个包装亦趋于大型化。与包装单位大型化同步的是最近在有的批发商店里，直接将工业包装的货物摆在柜台上，因此对这种大型化包装应给予足够的重视，这也在一定程度上显示出包装的趋势。

（3）包装机械化原则。包装过去主要依靠人力作业的人海战术。进入大量生产、大量消费时代以后，包装的机械化也就应运而生。包装机械化从逐个包装机械化开始，直到装箱、封口、捆扎等外包装作业完成。

（4）包装成本低廉化原则。包装成本中占比例最大的是包装材料费，为此需要对包装材料的价格和市场行情做充分的调查，合理选择和组织包装材料的选购。其次是劳务费，在许多场合，通过机械和人工的合理组合，在半机械化的条件下从事包装作业，既可以提高效率，又可以节约人工，使包装成本得到有效控制。最后，在包装设计上要防止过度包装，应根据商品的价值和特点设计包装。

（5）绿色包装原则。包装过程中大量使用的纸箱、木箱、塑料容器等消耗大量的有限资源，资源的有限性、大量开发资源对于环境带来的破坏、包装废弃物给环境带来的负面影响要求我们必须以节约资源作为包装合理化的一项标准。因此，在选择包装技法时，应遵循绿色化的原则，通过减少包装材料、重复使用、循环使用、回收使用材料等包装措施，节省资源，来推行绿色包装。

包装中所涉及的知识产权

知识产权是指民事主体对其创造性的智力劳动成果依法享有的专有权利。它分为工业产权和著作权（版权）两大部分，工业产权包括商标权和专利权。包装中所涉及的知识产权主要为商标权和专利权。

1. 商标权

商标权又称商标专用权，是指商标所有人在法律规定的有效期限内，对其经商标主管机关核准的商标享有的独占地、排他地使用和处分的权利。商标通常印刷在包装特别是销售包装上，成为包装的一部分，作为知识产权，受到法律的保护。在进行包装设计时要特别注意不要造成对商标权的侵害。根据《中华人民共和国商标法》，以下行为都属于侵犯注册商标专用权的行为。

（1）未经商标注册人的许可，在同一种商品上使用与其注册商标相同的商标的；

（2）未经商标注册人的许可，在同一种商品上使用与其注册商标近似的商标，或者在类似商品上使用与其注册商标相同或者近似的商标，容易导致混淆的；

（3）销售侵犯注册商标专用权的商品的；

（4）伪造、擅自制造他人注册商标标识或者销售伪造、擅自制造的注册商标标识的；

（5）未经商标注册人同意，更换其注册商标并将该更换商标的商品又投入市场的；

（6）故意为侵犯他人商标专用权行为提供便利条件，帮助他人实施侵犯商标专用权行为的；

（7）给他人的注册商标专用权造成其他损害的。

2. 专利权

专利权是指专利主管机关依照专利法授予专利的所有人或持有人或者他们的继受人在一定期限内依法享有的对该专利制造、使用或者销售的专有权和专用权。根据《中华人民共和国专利法》，专利包括发明、实用新型和外观设计。

（1）发明是指对产品、方法或者其改进所提出的新的技术方案。新的包装材料的发明可以申请发明专利。

（2）实用新型是指对产品的形状、构造或者其结合所提出的适于实用的新的技术方案。新的包装形状可以申请实用新型专利。

（3）外观设计是指对产品的形状、图案或者其结合以及色彩与形状、图案的结合所作出的富有美感并适于工业应用的新设计。新的包装图案设计可以申请外观设计专利。

专利权是一种无形资产。随着知识经济时代的到来，专利作为一种资产的价值越来越明显，同时有关专利侵权的事件也越来越多。我国包装专利特别是外观设计专利很少，由于忽视包装专利注册工作而引起很多麻烦，甚至造成巨大无形资产流失，应予以充分重视，加强包装中知识产权的保护。按出版、印刷方面法律的规定，有些文字、图案等在包装物上的使用也要受到限制。

资料来源：http：//jg.bxgtd.com/show.do/itemid-2652/

自我测试

一、填空题

1. 流通加工是指在流通过程中对流通商品所做的辅助性加工活动，即在商品从生产地到使用地的流通过程中，根据需要对其进行的包装、分割、计量、_____、_____、_____、_____等简单作业的总称。

2. 包装的功能有_____、_____、_____、_____。

3. 按功能来分，包装可分为_____、_____。

4. 按包装容器的抗变能力来分，包装可分为_____、_____。

5. 运输包装标志有_____、_____、_____。

6. 包装合理化实质就是_____、_____、_____的合理组合及运用。

二、单选题

1. 商品在从生产地到使用地的流通过程中，根据需要对其进行的包装、分割、计量、分拣、刷标志、拴标签、组装等简单作业的总称是（　　）。

   A. 包装　　　　B. 分拣　　　　C. 流通加工　　　　D. 配送

2. 针对产品的某些特性提出的运输和保管过程中应注意事项的标记是（　　）。

项目六 流通加工、包装作业管理

A. 识别标志 B. 指示标志
C. 警告性标志 D. 国际通用装卸货批示标志和国际海运危险品标志

3. 按照一定的技术方法，使用容器、材料及辅助物等将物品包封并予以适当的装饰和标志工作的总称是（　　）。
   A. 采购　　　　　　　　　　B. 仓储
   C. 包装　　　　　　　　　　D. 流通加工

4. 在商店里，包装吸引着顾客的注意力，并能把顾客的注意力转化为兴趣的包装功能是指（　　）。
   A. 保护商品　　　　　　　　B. 便于流通
   C. 方便消费和管理　　　　　D. 促进销售

5. 包装造型美观大方，拥有必要的修饰，其主要目的是吸引消费者、促进销售，这种包装的类型属于（　　）。
   A. 工业包装　　　　　　　　B. 商业包装
   C. 内部包装　　　　　　　　D. 外部包装

三、多选题

1. 流通加工和生产加工的区别是（　　）。
   A. 加工对象不同　B. 加工程度不同　C. 附加价值不同　D. 加工责任人不同
   E. 加工目有一定差别

2. 流通加工在物流中的作用有（　　）。
   A. 提高原材料利用率　　　　B. 进行初级加工，方便用户
   C. 提高加工效率及设备利用率　D. 充分发挥各种运输手段的最高效率
   E. 改变功能，提高收益

3. 不合理的流通加工形式主要有（　　）。
   A. 加工和配送结合　　　　　B. 流通加工地点设置不合理
   C. 流通加工方式选择不当　　D. 流通加工作用不大，形成多余环节
   E. 流通加工成本过高，效益不好

4. 实现流通加工合理化的途径有（　　）。
   A. 加工和配送结合　　　　　B. 加工和配套结合
   C. 加工和合理运输结合　　　D. 加工和节约相结合
   E. 加工和合理商流相结合

5. 按流程来划分，包装可分为（　　）。
   A. 通用包装　　B. 逐个包装　　C. 内部包装　　D. 外部包装
   E. 专用包装

6. 按包装容器形状来分，包装可分为（　　）。
   A. 包装袋　　　B. 包装箱　　　C. 包装盒　　　D. 包装瓶
   E. 包装罐

7. 合理化包装的原则有（　　）。
   A. 标准化包装原则　　　　　B. 包装单位大型化原则

C. 包装机械化原则 D. 包装成本低廉化原则
E. 绿色包装原则

四、问答题

1. 什么是流通加工？与生产加工相比，流通加工有何特点？
2. 流通加工的类型有哪些？
3. 不合理的流通加工形式有哪些？如何实现流通加工的合理化？
4. 列举几种典型的流通加工作业。
5. 商品包装材料有哪些？分别有什么特点？

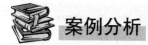

阿迪达斯设立流通加工的超级市场

阿迪达斯在美国有一家超级市场，设立了组合式鞋店，摆放着的不是做好了的鞋，而是做鞋用的半成品。其款式花色多样：有 6 种鞋跟、8 种鞋底，均为塑料制造的；鞋面的颜色以黑、白为主，搭带的颜色有 80 种，款式有百余种。顾客进来可任意挑选自己所喜欢的各个部位，交给职员当场进行组合。只要 10 分钟，一双崭新的鞋便唾手可得。这家鞋店昼夜营业，职员技术熟练，鞋子的售价与成批制造的价格差不多，有的还稍便宜些。所以顾客络绎不绝，销售金额比邻近的鞋店高 10 倍。

问答：1. 与生产加工相比，流通加工有何特点？
　　　2. 流通加工的地位和作用体现在哪些方面？

情境实训一　包装储运指示标志的识别

一、情境描述

陆通物流配送中心对仓库的一批商品进行了加工，根据客户订单要求对该批商品采用新的包装材料进行包装，并粘贴包装储运指示标志。

二、实训目的

包装储运指示标志是根据商品的某些特性如怕湿、怕震、怕热、怕冻等确定设计的标志，是为了在货物运输、装卸和储存过程中，引起作业人员的注意，使他们按指示的要求进行操作。本项目的实训目的是让学生掌握常见的包装储运指示标志，在储存与配送活动中减少错误操作，降低物流成本。

三、实训内容

各种包装储运指示标志的含义、作用；包装储运指示标志的图形、尺寸、颜色和使用方法；包装储运指示标志粘贴的位置。

四、实训条件

多媒体投影设备；计算机和网络；各种包装储运指示标志、箱状包装物、包装袋、包装桶、捆扎包装物、成组包装物。

五、实训步骤

1. 教师通过多媒体投影设备指导学生学习各种包装标志的含义、作用。
2. 学习包装储运指示标志图形、尺寸、颜色和使用方法。
3. 让学生搜集各种包装储运指示标志的图片，并学习其作用，做成PPT。
4. 学习将各种包装储运指示标志粘贴在包装的正确位置上。

六、作业题

1. 搜集17种包装储运指示标志的名称和图形，并指出每种图形的含义，做成PPT在课上展示。
2. 将各种包装储运指示标志粘贴在包装正确的位置上。

情境实训二 安全管理——危险货物保管技术及包装标志识别

一、情境描述

陆通物流配送中心的仓库中存放了液化气、硫酸等，这些危险品需要进行分类存放管理。这些危险品包装标志是怎样的？危险品的保管养护方法有哪些？

二、实训目的

1. 掌握压缩气体和液化气体，易燃固体、自燃物品和易燃物品，氧化剂和有机过氧化物，毒害品，放射性物品，腐蚀品等危险品的保管养护方法。
2. 危险品包装标志是用来标明化学危险品的，目的是在货物运输、装卸和储存过程中引起人们的特别警惕，使他们按要求进行操作，通常采用彩色或黑色菱形图示。通过本项目的实训，使学生认识、了解各种危险品包装标志的含义，掌握其使用方法。
3. 掌握仓储安全管理员的岗位职责和操作流程。

三、实训内容

各种危险品的特点及储存保管；各种危险货物包装标志的含义及识别；包装标志粘贴的位置。

四、实训条件

多媒体投影设备;计算机和网络;危险品包装标志、箱状包装物、包装袋、包装桶、捆扎包装物、成组包装物各若干。

五、实训步骤

1. 教师指导学生学习仓储安全管理员的主要工作职责和工作流程。
2. 教师利用多媒体投影设备讲解常见危险品的特点及储存保管,包装标志的含义、作用。
3. 教师讲解危险品包装标志的尺寸及使用。
4. 学生搜集各种危险品包装标志图片及说明。
5. 学习将各种包装标志粘贴在正确的位置上。

六、作业题

1. 将各种警告性标志图片的名称、含义等做成PPT在课上进行展示。
2. 制定仓储公司安全管理规章制度。

情境实训三 打包机捆扎操作

一、情境描述

陆通物流配送中心根据客户订单的要求,对一批出库的商品进行重新包装及包扎。

二、实训目的

使学生了解商品包装、包扎的意义,掌握商品捆扎包装设备及包装材料的使用和操作技巧。

三、实训内容

手动打包机的使用操作流程;自动打包机的使用操作流程。

四、实训条件

手动打包机、自动打包机;打包材料、包装箱等。

五、实训步骤

自动打包机的操作流程如下。
1. 打开盖板,将带子穿过刹车杆的滑轮,再穿过导带滑轮,然后继续往前推移。
2. 电源线插头接上电源,打开电源开关(机台预热 1 min)。
3. 将包装物放在机器上,靠近阻拦器,将带子绕过捆包物,顺着插带槽处插入,机器即自动捆包。

4. 捆包完成后,移开捆包物,调整出带按钮,调出所需长度,调整出适当的松紧度。

5. 停机操作,按红色开关,红色电源指示灯灭,机台停止。

六、作业题

请写出手动打包机、自动打包机的操作流程。

项目七

货物的分拣、出库作业管理

【项目说明】

拣货作业就是要按照订单的要求,用最短的时间和最少的作业将出库货物准备好。出库作业是仓库根据业务部门或存货单位开出的货物出库凭证(提货单、调拨单),按其所列货物名称、规格、型号、数量等项目,组织货物出库的一系列工作的总称。货物出库是货物储存阶段的终止,也是仓库作业的最后一个环节,它使得仓库工作直接与运输单位和货物使用单位发生联系。因此,做好货物的分拣和出库工作对改善仓库经营管理,降低作业成本,提高服务质量具有重要作用。

【知识目标】

1. 明确拣货作业的概念、方式;
2. 掌握货物出库的基本要求及形式;
3. 明确货物的出库作业流程;
4. 熟悉出库单证流转流程;
5. 理解货物出库过程中出现的问题及应对的措施。

【能力目标】

1. 具备运用拣货技术对仓储货物进行分拣作业的能力;
2. 具备能够遵循货物出库基本要求进行发货的能力;
3. 具备货物出库作业审核凭证、信息处理的能力;
4. 具备应对货物出库过程中突发问题的能力。

 导入案例

京东仓库自动化分拣货系统

京东作为中国领先的自营式电商企业,正在不断通过技术创新对业务进行着强有力的驱动,自建物流体系毫无疑问是京东的核心竞争力之一,而青龙系统则是在每一笔订单从分拣、出库到配送的整个流程中为用户提供优质体验的幕后英雄。

项目七　货物的分拣、出库作业管理

物流在整个购物流程中是与用户关联极为密切和直接的一环。而在物流大环节中，分拣订单最为烦琐，所用时长、分拣差错率将会直接影响用户的购物体验。京东智慧物流运用智能分拣中心系统使整个分拣流程更为简洁顺畅，分拣效率得到大幅度提升。固安京东智能分拣中心的日订单分拣能力已经达到 30 万单，再一次增强了京东华北地区的分拣能力，有力提升了运营效率并明显降低了运营成本。京东一号智能分拣中心与矩阵式分拣方式相比，人员投入比例减少了近 70%，坪效提升了 5 倍。

京东智能分拣中心是一套全智能化、机械化操作的平台，它拥有独立的场院管理系统及 AGV 操作台，其完善的远程实时监控体系有效地实现了整个业务操作流程的可视化。智能分拣机和龙门架的引入实现了智能收货和发货，脱离人工操作让分拣环节更加自动化和智能化，保证包裹分拣正确率达 99%，促进了包裹的高速运转；自动称重设备有助于快速、精确地对包裹进行称重，并准确计算物流费用；视觉扫描仪可以实现漏扫描包裹影像照片的调取，通过人工补码方式完成系统数据录入，实现扫描率 100%；智能分拣柜采用立体分拣结构，结合 LED 灯光完成包裹实物分拣和系统数据同步流转；工位管理系统的上线能够实现对员工的智能排班和岗位管理，有效提升了运营效率；智能看板和远程视频能够实现对分拣场地的实时流程把控，有效提升了集团或区域对现场的管控力度。

京东智能分拣中心在整个系统的设计、开放过程中，采用国际上先进成熟的网络技术、软硬件产品和物流理念，保证系统在各应用领域保持相当的先进性；系统从设计之初就向其他系统公开接口，软硬件平台和数据库系统均具有相当的开放性；各个模块的设计充分考虑到用户的实际需求，并且很容易根据情况的变化进行调整，具有一定的灵活性和扩展性；为了保证信息系统的正常运行，京东智能分拣中心采用安全可靠的主机系统和网络产品，具备安全的容错设计，极大地提升了系统运行的可靠性。

京东智慧物流的不断推进，得益于京东在物流领域的强大积累、完整物流链、供应链的巨大优势，以及大数据、云计算等技术的充分应用。未来，京东智慧物流体系将会更加智能化、标准化、精细化、高效化，并在更多领域扮演重要角色，从而为驱动整个社会经济的发展做出重要贡献。

资料来源：https://www.sohu.com/a/109219860_454325

问题与思考：
1. 什么是拣货作业？拣货作业方式有哪些？
2. 自动分拣系统有什么特点？京东仓库自动化分拣货系统应用了哪些现代技术？
3. 出库前应做好哪些准备？货物出库有哪些要求？

任务一 货物的分拣作业

一、拣货作业的概念与意义

1. 拣货作业的概念

拣货作业,即货物的分拣作业,是按照客户的订单要求或出库单的要求将商品挑选出来,并放在指定的位置的物流作业活动。商品的入库是批量到货,并且相同的品种存放在一起,而客户的订单可能包含多种不同商品品种。拣货作业就是要按照客户的订单要求,用最短的时间和最少的作业将商品准备好。

2. 拣货作业的意义

在物流中心内部所涵盖的作业范围里,拣货作业是其中十分重要的一环,它不但消耗大量的人力、物力,而且其所涉及的作业技术含量也是最高的。拣货信息来源于客户的订单,拣货作业的目的在于正确且迅速地挑选出顾客所订购的商品。

从人力需求的角度来看,目前大多数的物流中心仍属于劳动密集型企业,在配送中心搬运成本中,分拣作业搬运成本约占90%;在劳动密集型配送中心,与分拣作业直接相关的人力占50%;分拣作业时间占整个配送中心作业时间的30%~40%。由此可见,规划合理的拣货作业方式,对物流中心的运作效率具有决定性的影响。

拣货作业分为两部分内容:信息处理和拣货。在传统的货物拣选系统中,一般使用书面文件来记录货物数据,拣货时根据书面的提货通知单,查找记录的货物数据,人工搜索,然后完成货物的提取。在这样的货物拣选系统中,制作书面文件、查找书面文件、人工搬运等消耗了许多人力和物力,严重影响了物流的作业效率。随着竞争的加剧,人们对物流的作业效率要求越来越高,传统的货物拣选系统已经远远不能满足现代化物流管理的需要。建立一个先进的货物拣选系统,不但可以节约成本,还可以提高工作效率,显著降低工人的劳动强度,提高客户的满意率。

拣货作业的主要环节如图7-1所示。

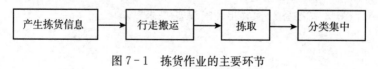

图7-1 拣货作业的主要环节

二、拣货作业方式

拣货作业的基本方式有3种:按订单拣货、按批量拣货和复合拣取。

1. 按订单拣货

按订单拣货(single order pick),又称订单拣取是指按照每一张订单的品种和数量要求,依次将客户所需要的商品由存放位置挑选出来,是较传统的拣货方式。这种方式适用于订单大小差异较大,订单数量变化频繁,季节性强的商品配送。商品外形变化较大,商品差异较大的情况下宜采用订单拣取方式,如家具、百货、高级服饰等。图7-2为按订单拣货作业流程。

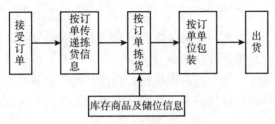

图7-2 按订单拣货作业流程

按订单拣货的特点如下。

(1) 按订单拣货的优点。按订单拣货作业方法简单,实施容易且弹性大;拣货后不用再进行分类作业,适用于大量订单的处理;作业人员责任明确;相关文件准备时间较短。

(2) 按订单拣货的缺点。拣货区域大时,补货及搬运的系统设计困难;商品品种多时,拣货行走路径加长,拣货效率降低。

2. 按批量拣货

按批量拣货(batch pick),又称批量拣取,是指把多张订单汇集成一批,按商品类别及品种将数量相加后先进行初次拣货,然后再按照单一订单的要求将货品分配至每一张订单。在多数情况下,采用批量拣货方式的行走路线比较长,并且要搬动货品两次。这种方式适合订单变化较小,订单数量稳定的配送中心,以及外形较规则、固定的商品出货,如箱装、袋装的产品,特别是当人工和自动线配合拣货或自动化拣货时会考虑采用此种方式。需要流通加工的产品也适合批量拣选,再批量进行加工,然后分类配送,有利于提高作业效率。图7-3为按批量拣货作业流程。

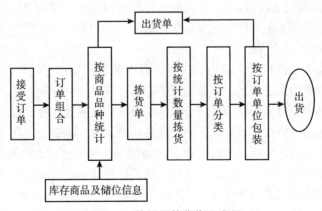

图7-3 按批量拣货作业流程

按批量拣货的特点如下。

(1) 按批量拣货的优点。按批量拣货可以缩短拣货时行走搬运的距离,增加单位时间的拣货量;适用于订单数量庞大的系统。

（2）按批量拣货的缺点。按批量拣货对订单无法快速反应，必须等订单累积到一定数量时才做一次性处理，因此容易出现停滞现象（只有根据订单到达的情况做等候时间分析，并决定适当的批量大小，才能将停滞时间减到最少）；批量拣货后还要进行再分配，增加人工搬运次数。

3. 复合拣取

（1）复合拣取的概念。为克服订单拣取和批量拣取方式的缺点，配送中心也可以采取将订单拣取和批量拣取组合起来的复合拣取方式。

（2）复合拣取适用场合。复合拣取即根据订单的品种、数量及出库频率，确定哪些订单适合订单拣取，哪些订单适合批量拣取，分别采取不同的拣货方式。

三、拣货方法

1. 人工拣货

人工拣货是整个拣货作业过程全部由人工根据单证或其他传递过来的信息进行商品拣取，拣货作业完成后由人工将各客户订购的商品放入已标示好的区域或容器中。

2. 电子标签拣选系统

电子标签拣选系统以一连串装于货架格位上的电子显示装置（电子标签）取代拣货单，电子标签指示应拣取的物品及数量，辅助捡货人员的作业，从而达到有效降低拣货错误率（分拣误差率）、加快拣货速度、提高工作效率、合理安排拣货人员行走路线的目的。

3. 自动分拣系统

自动分拣系统（automatic sorting system），又称全自动分拣系统，是先进配送中心所必需的设施条件之一，具有很高的分拣效率，通常每小时可分拣商品 6 000～12 000 箱。

自动分拣机是提高物流配送效率的一项关键因素，是自动分拣系统的一个主要设备。它本身需要建设短则 40～50 m、长则 150～200 m 的机械传输线，还有配套的机电一体化控制系统、计算机网络及通信系统等。这一系统不仅占地面积大（动辄 20 000 m^2 以上），而且还要建 3～4 层楼高的立体仓库和各种自动化的搬运设施（如叉车）与之相匹配。

1）自动分拣系统作业过程

自动分拣系统是第二次世界大战后在美国、日本的物流中心中被广泛采用的一种拣货系统，该系统目前已经成为发达国家大中型物流中心不可缺少的一部分。该系统的作业过程可以简单描述如下：物流中心每天接收成百上千家供应商或货主通过各种运输工具送来的成千上万种商品，在最短的时间内将这些商品卸下并按商品品种、货主、储位或发送地点进行快速准确的分类，并将这些商品运送到指定地点（如指定的货架、加工区域、出货站台等）；当供应商或货主通知物流中心按配送指示发货时，自动分拣系统在最短的时间内从庞大的高层货架存储系统中准确找到要出库的商品所在位置，并按所需数量出库，将从不同储位上取出的不同数量的商品按配送地点的不同运送到不同的理货区域或配送站台集中，以便装车配送。

2）自动分拣系统的主要特点

（1）能连续、大批量地分拣货物。由于采用大生产中使用的流水线自动作业方式，自动分拣系统不受气候、时间、人的体力因素等限制，可以连续运行。同时，由于自动分拣系统单位时间分拣件数多，因此自动分拣系统可以连续运行 100 h 以上，每小时可分拣 7 000 件包装商品。如用人工则每小时只能分拣 150 件左右，并且分拣人员也不能在这种劳动强度下连续工作 8 h。

（2）分拣误差率极低。自动分拣系统的分拣误差率大小主要取决于所输入分拣信息的准确性，这又取决于分拣信息的输入机制。如果采用人工键盘或语音识别方式输入，则分拣误差率在 3‰ 以上；如果采用条形码扫描输入，除非条形码的印刷本身有差错，否则不会出错。因此，目前自动分拣系统主要采用条形码技术来识别货物。

（3）分拣作业基本实现无人化。国外建立自动分拣系统的目的之一就是减少人员的使用，减轻工人的劳动强度，提高人员的工作效率，因此自动分拣系统能最大限度地减少人员的使用，基本做到无人化。分拣作业本身并不需要人工参与，人员的配备仅局限于以下工作：送货车辆抵达自动分拣线的进货端时，由人工接货；由人工控制自动分拣系统的运行；自动分拣线的末端由人工将分拣出来的货物进行集载、装车；自动分拣系统的经营、管理与维护。例如，美国一家公司的配送中心面积为 10 万 m^2 左右，每天可分拣近 40 万件商品，仅需要 400 名左右的员工，其中大部分人员都在从事上述工作，自动分拣线做到了无人化作业。

3) 自动分拣系统的组成

自动分拣系统一般由控制装置、分类装置、输送装置及分拣道口组成。

（1）控制装置。控制装置的作用是识别、接收和处理分拣信号，根据分拣信号的要求指示分类装置，按商品品种、送达地点或货主的类别对商品进行自动分类。这些分拣需求可以通过不同方式，如可通过条形码扫描、色码扫描、键盘输入、重量检测、语音识别、高度检测及形状识别等方式，输入到自动控制系统中去。控制系统根据对这些分拣信号的判断，来决定某一种商品该进入哪一个分拣道口。

（2）分类装置。分类装置的作用是根据控制装置发出的分拣指示，当具有相同分拣信号的商品经过该装置时，发出动作，改变商品在输送装置上的运行方向，使其进入其他输送机或进入分拣道口。分类装置的种类很多，一般有推出式、浮出式、倾斜式和分支式等。不同种类的分类装置对分拣货物的包装材料、包装重量、包装物底面的平滑程度等有不同的要求。

（3）输送装置。输送装置的主要组成部分是传送带或输送机，其主要作用是使待分拣商品鱼贯通过控制装置、分类装置，并且输送装置的两侧一般要连接若干分拣道口，使分好类的商品滑下主输送机（或主传送带），以便进行后续作业。

（4）分拣道口。分拣道口是已分拣商品脱离主输送机（或主传送带）进入集货区域的通道，一般由钢带、皮带、滚筒等组成滑道，使商品从主输送装置滑向集货站台。在那里由工作人员将该道口的所有商品集中后入库储存或组配装车并进行配送作业。

以上四部分装置通过计算机网络联结在一起，配合人工控制及相应的人工处理环节构成一个完整的自动分拣系统。图 7-4 为自动分拣系统设备。

高速托盘式分拣机

环行斗式初分机

翻板式包裹分拣机

图 7-4　自动分拣系统设备

四、输出拣货清单

拣货清单（简称拣货单）是配送中心将客户订单资料进行计算机处理，生成并打印出的单据。拣货单上标明储位，并按储位顺序来排列货物编号，作业人员据此拣货可以缩短拣货路径，提高拣货作业效率。表 7-1 为拣货单。

表 7-1 拣货单

拣货单号码：								
顾客名称：					拣货时间：			
					拣货人员：			
					审核人员：			
					出货日期： 年 月 日			
序号	储位号码	商品名称	商品编码	包装单位			拣取数量	备注
				整托盘	箱	单件		

任务二 货物出库准备工作

物资出库业务管理，是仓库根据出库凭证，将所需物资发放给需用单位所进行的各项业务管理。物资出库业务的开始，标志着物资保管养护业务的结束。

一、货物出库形式

货物出库形式一般有以下几种。

（1）客户自提。收货人或其代理人持仓单直接到仓库提取物品，仓库凭单发货，这种发货形式通常称为提货制。它具有"提单到库、随到随发、自提自运"的特点。为划清交接责任，仓库发货人与提货人在仓库现场对出库物品当面交接并办理签收手续。

（2）送货上门。送货上门是指仓库直接把物资送到用户手中的一种物资出库方式。送货必须以定额为依据，完善交接手续，分清责任。

（3）代办托运。仓库受用户委托，按单将货配齐后通过铁路、水运、航空、邮寄等方式，将货发至用户所在地的车站、码头、邮局。此种出库形式的交接，是与铁路、水运等承运部门进行的，仓库按规定程序办理完托运手续并取得承运部门的承运凭证，将应发货物全部点交承运部门后，责任才开始转移。通过承运部门将物资运送到用户所在地，然后由用户去提取。

（4）转仓。货主为了方便业务开展或改变储存条件，需要将某批库存物品自某仓储企业的甲库转移到乙库，这就是转仓的发货形式。转仓时货主必须出示仓单，仓库根据货主递交的正式转仓申请单，给予办理转仓手续，并同时在仓单上注明有关信息资料。转仓只是在同一仓储企业不同仓库之间进行。若需要将物品从 A 企业的某仓库转移到 B 企业的某仓库，则应该办理正常的出库和入库手续。

（5）过户。过户是指仓库物资不动，而通过转账变动其所有者户头的发货方式。过户是一种就地划拨的出库形式，物品虽未出库，但是所有权已从原存货户头转移到新存货户头。仓库必须根据原存货人开出的正式过户凭证办理过户手续。日常操作时，往往是仓单持有人的转让，这种转让要经过合法手续。

（6）取样。取样是货主出于对物品质量检验、样品陈列等的需要，到仓库提取货样而形成部分物品的出库。货主取样时必须持有仓单，仓库也必须根据正式取样凭证发放样品，并做好账务登记和仓单记录。

二、货物出库的要求

要对出库作业活动进行合理的安排和组织，就需要根据出库作业的基本业务流程展开工作，并符合以下基本要求。

（1）按程序作业，手续必须完备。货物出库必须按规定程序进行，领料单、仓单等提货凭证必须符合要求。物品出库时，必须有正式凭证，保管人员根据凭证所列品种和数量发货。

（2）"先进先出"原则。在保证库存物品的价值和使用价值不变的前提下，坚持"先进先出"原则。同时，要做到有保管期限的先出，保管条件差的先出，容易变质的先出，近失效期的先出，包装简易的先出，回收复用的先出，其目的在于避免物品因库存时间过长而发生变质或影响其价值和使用价值。

（3）做好发放准备。为使物品及时流通，合理使用，必须快速、及时、准确地发放。为此必须做好发放的各项准备工作，如"化整为零"、集装单元化、备好包装、复印资料、组织搬运人力、准备好出库的各种设施设备及工具，等等。

（4）发货和记账要及时。保管人员接到发货凭证后，应及时发货，不压票；物品发出后，应立即在物品保管账上核销，并保存好发料凭证，同时调整垛牌或料卡。

（5）保证安全。货物出库作业要注意安全操作，防止损坏包装和震坏、压坏、摔坏物品；同时，还要保证运输安全，做到物品包装完整、捆扎牢固、标志清楚正确、性能不相互抵触和影响，保障物品质量安全。仓库作业人员必须注意物品的安全保管期限等，对已变质、已过期失效、已失去原使用价值的物品不允许出库。

（6）无差错。保管人员发货时，应按照发货凭证上列明的物品品名、产地、规格、型号、价格、数量、质量准确发货，当面点清数量和检验质量，确保出库物品数量准确、质量完好、包装牢固、标识正确、发运及时安全，避免发生运输差错和损坏物品的事故。

三、货物出库前的准备

（1）做好出库物资的包装材料、工具、用品及涂写标志的准备工作。出库物资大多数是原件分发的，由于经过运输、多次中转装卸、堆码及翻仓倒垛或拆件验收，部分物品包装不能再适应运输的要求，出库发运外地的物资应根据运输部门的规定和货物性质特点重新进行包装，使包装的体积大小及形状适宜、牢固，便于搬运装卸。对经常需要拆件发零的物品，应事先备好一定数量，发货付出后，要及时补充，避免临时再拆整取零，延缓付货。拼箱物品一般事先要做好挑选、分类、整理、配套等准备工作。有的物品可根据要求事先进行分装。有装箱、拼箱、改装等业务的仓库，在发货前应根据物品的性质和运输部门的要求，准备各种包装材料及相应的衬托物,还要准备刷写包装标志的用具、标签、颜料,以及钉箱、扩仓的工具用品,等等。

(2) 安排场地和装卸设备。出库商品从办理托运到出库的付运过程中,需要安排一定的仓容或站台等理货场所,进行出库商品的包装、组配、拼箱、周转等场地准备计划。出库作业需要调配必要的装卸机具,如叉车、托盘、远程管理系统、货架等设备,以便于运输人员提货发运、及时装卸物品,加快发货速度。

(3) 出库凭证的准备工作。货物出库,一律凭盖有财务专用章和有关部门签章的领料单(一式四联)办理手续。仓库出库管理人员在发货时,应根据领料单,填写货物出库单。

(4) 安排好作业人力。由于出库作业比较细致复杂,工作量也大,事先对出库作业合理组织,制订好作业接运人员、验收人员、包装人员、检验人员、远程管理人员等专业人员分工计划,保证各个环节的紧密衔接,是十分必要的。

任务三 出库单证流转

出库单证在货物出库的全过程流转。出库单证包括提货单、送货单、转仓单和过户单等。出库方式不同,其出库单证流转与账务处理的程序也不相同。商品出库的主要形式是自提和送货,出库单证主要是指提货单,它是向仓库提取商品的正式凭证。

一、自提方式下的出库单证流转

自提是提货人持提货单来仓库提货的出库形式。自提方式下的出库单证流转过程如图7-5所示。

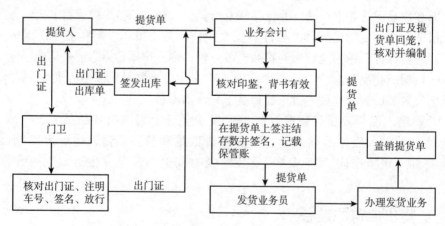

图7-5 自提方式下的出库单证流转过程

自提方式下的出库单证流转过程具体包括6个步骤。

(1) 提货人把货主单位或仓储业务部门开具的提货单送交给仓库部门的业务会计,业务会计认真核对印鉴,背书提货单上的有效期及开列的各个项目,审核无误后,在提货单上签注结存数并签字,然后根据提货单登记保管账。

(2) 将提货单传递给发货业务员,当发货业务员接到经业务会计批注的提货单后,办理发货业务。

(3) 发货业务员待发货业务结束后，在提货单上加盖货物付讫章并签名，将提货单返交给业务会计。

(4) 当业务会计收到发货业务员的提货单后，向提货人开具出库单和出门证。

(5) 出门时，提货人将出门证交给门卫，门卫验证无误后才能放行。

(6) 当日出库工作结束后，门卫将出门证交回业务会计，业务会计将出门证与已经回笼的提货单及时逐一核对。如果发现提货单或出门证不符，应该立即追查原因，进行妥善处理。表7-2为提货单、表7-3为出库单、表7-4为发货单、表7-5为出库复核记录表。

表7-2 提货单

客户： 年 月 日

序号	货位号	料号	品名、规格	单位	数（重）量	出库日期	备注

主管： 填表人：

表7-3 出库单

客户名称： 发货日期：
发货仓库： 仓库地址：

货号	品名	规格	牌号	国别及产地	包装	单位	数量	单价	总价	金额

危险品标志章	运费		包装押金	
	金额			

表7-4 发货单

编号 日期： 年 月 日

序号	出库日期	货物名称	货物编号	货物规格	数量	批号	提货单位	发货人	质量情况

审核人意见：

表7-5 出库复核记录表

提货单位			编号		联系人		电话	
出库货物	交易品种	规格质量	执行标准		生产商	生产日期	质量保证书编号	
提货数量		(大写)		小写	万 仟 佰 拾 吨 佰 拾 千克			
对应存货单号		存货总数量			物流部意见： 负责人签章： (物流部盖章) 　　年　月　日			
仓位		货位						
仓库联系人		联系电话						
备注								

二、送货方式下的出库单证流转

在送货方式下，先发货后记账的形式较常用。提货单随同送货单经内部流转送达仓库，理货员接单后，编写储区代号，分送仓管员发货，待货发讫后再交给财务人员记账。

对于其他几种出库方式，其单证的流转与账务处理过程也基本相同。取样和转仓对于货主单位而言并不是商品的销售和调拨，但对仓库来说却是一笔出库业务。货主单位签发的取样单和转仓单也是仓库发货的正式凭证，它们的流转和账务处理程序与提货单基本相同。商品的过户，对于仓库来说，商品并不移动，只是所有权在货主单位之间转移。因此，过户单可以代替入库通知单，开给过入单位储存凭证，并另建新账务，即作入库处理；对过出单位而言，其相当于所有商品出库。

任务四　货物出库作业

货物出库作业的基本业务流程如下。

一、审核出库凭证

1. 审核步骤

货物出库凭证，无论是领（发）料单还是调拨单，均应由主管分配的业务部门签章。仓库接到出库凭证后，由仓库业务部门（出库主管）审核证件上的印章是否齐全，有无涂改，按提货单所写的入库凭证号码，核对好储存凭证，签章后交给出库专员。出库专员以储存凭证上所列的货位、货号寻找该批商品，然后将提货单与储存凭证、商品号进行核对，确认正确无误后，做好出仓标记，以确保单、货相符。审核无误后，将出库凭证移交仓库的保管员，保管员复核账卡无误后，即可做货物出库的准备工作，包括准备随货出库的货物技术证件、合格证、使用说明书、质量检验书等。

在证件核对过程中，如有物资名称、规格型号不对的，印章签名不齐全、数量有涂改、手续不符合要求的，均不能发货出库。

2. 审核内容

（1）审核提货单的合法性和真实性：发货仓库名称、提货单字样有无错误；出库单上的印章签名是否齐全；凭证字迹是否清楚，有无涂改现象；提货是否逾期。

（2）核对商品品名、规格、型号、单价、数量等是否与库存商品相符。

（3）核对收货单位、到货站、开户行和账号是否正确。

3. 出库凭证审核中的问题及处理

（1）超期提货。处理：用户提货前必须办理手续，按规定缴足逾期仓储保管费，方可发货。任何白条都不能作为发货凭证。

（2）提货单错误。处理：提货时，用户发现规格型号开错，保管员不得自行调换规格型号发货，必须通过制票员核查无误后重新开票，方可发货。

（3）出库凭证有疑点。处理：及时与出具出库单的单位或部门联系，妥善处理；发现出库凭证有假冒、复制、涂改等情况时，应及时与仓库保卫部门联系，严肃处理，触犯法律的应依法移交公安机关处理。

（4）出库凭证遗失。处理：客户应及时与仓库管理人员和财务人员联系挂失；如果挂失时物品已被提走，仓库管理人员不承担责任，但有义务协助货主找回物品；如果物品没有被提走，经仓库管理人员和财务人员查实后，做好挂失登记，将原始凭证作废，缓期发货。

二、备货

1. 拣货

拣货作业是根据客户的要求或仓储配送中心的送货计划，尽可能迅速、准确地将商品从其储位或其他区域拣取的作业过程。

2. 分货

分货即拣货作业完成后，将所拣货物根据不同的货主或运输路线进行分类。对于一些需经过流通加工的商品，拣取、集中后，先按流通加工方式分类，分别进行加工处理，加工完毕，再按送货要求分类出货。分货作业方式可分为人工分货和自动分类机分货两种主要方式。

（1）人工分货。人工分货是通过人工目视进行处理，分货作业过程全部由人工根据单证或其他传递过来的信息实现，即拣货作业完成后由人工将各客户订购的商品放入已标示好的区域或容器中，等待出货。

（2）自动分类机分货。自动分类机基于计算机和识别系统完成对商品分类。这种方式不仅快速省力，而且准确，尤其适用于业务繁忙的多品种流转型仓库。利用自动分类机分货的主要过程如下：首先必须将有关货物及分类信息通过自动分类机的信息输入装置，输入自动控制系统；当货物通过移载装置移动至输送机上时，由输送系统运送至分类系统；分类系统是自动分类机的主体，这部分的工作过程为先由自动识别装置识别货物，再由分类道口排出装置按预先设置的分类要求将货物推出分类机。分类排出方式有推出式、浮出送出式、倾斜滑下式、皮带送出式等，同时为尽早使各货物脱离自动分类机，避免发生碰撞而设置有缓冲装置。

3. 包装

为了提高运输配送等的效率，一般还要对出库货物进行重新包装、打捆，以保护货物，便于配送到户时客户能够快速、准确地识别各自的货物。出库作业中的包装主要是指物流包装，其主要作用是为了保护货物并将多件零散物品放入大小合适的箱子中，以实现整箱集中装卸、成组化搬运等，同时减少搬运次数，降低货损、货差，提高配送效率。同时，包装也是产品信息的载体，外包装上的产品名称、原料成分、重量、生产日期、生产厂家、产品条码、储运说明等信息可以便于客户和配送人员对货物进行识别和装运。通过扫描包装上的条码还可以进行货物跟踪，根据包装上的装卸搬运说明可以指导作业人员对货物进行正确操作。

4. 补货

补货是将货物从保管区域转移到另一个为了做订单拣取的动管拣货区域，其目的是确保货物能保质保量按时送到指定的拣选区。

补货作业与拣货作业息息相关，当拣选区的存货水平下降到预先设定的标准以后，补货人员就将需要补充的存货种类由保管区搬运至拣选区，然后拣选人员再将物品拣出，放到出库输送设备上运走。

1) 补货时机

（1）批次补货。这种方式是指通过计算机查询每天需要的总补货量及持货区存货量的情况，将所需补货一次性补足。批次补货比较适合一个工作日内作业量变化不大、紧急插单较少或是每批次拣取量大的情况。

（2）定时补货。这种方式是每天规定几个时间点，补货人员在这几个时段内检查拣选区的存货情况，若货架上的存货已经降到预先规定的水平以下，则立即进行补货。定时补货适合拣选时间固定，且紧急配送情况较多的仓库。

（3）随机补货。这种方式通常是仓库（配送中心）指定专门的补货人员，随时巡视拣选区物品存量，发现存量不足则立即补货。随机补货适合每批次补货量不大，但紧急插单较多，不确定性大的情况。

2) 补货方式

（1）拼/整箱补货。这种补货方式是由补货人员用取货箱到保管区货位取货，将取货箱装满后，用手推车运到拣选区。一次补两种以上货物的称为拼箱补货，一次补一种货物的称为整箱补货。这种补货方式适合体积小、量少但品种多的物品。

（2）托盘补货。这种方式是以托盘为单位进行补货。补货人员先用叉车等将托盘由保管区运到拣选区，然后拣选人员在拣选区将托盘上的物品搬运至输送机上。这种方式适合体积大或出货量大的物品。

（3）货位补货。这种方式主要用于保管区与拣选区处于同一货架的情形。有的仓库把一些体积小、流动性不大的物品存放在同一个货架的上下两层，下层作为拣选区，上层作为保管区。货位补货就是当下层货位上的存货低于设定标准时，将上层物品移出一部分补充到下层，使其达到设定标准。

三、出库

出库业务是按照出库单证所列项目，将所拣取的商品按运输路线、自提或配送路线进行分类，再进行严格的出货检查，装入合适的容器或进行捆包，粘贴好相应的标志，准备装车发运等一系列工作。

1. 出库检查

出库检查是根据用户信息和车次对所拣取的商品进行商品号码的核实，以及根据有关信息对商品质量和数量进行核对，并对产品状态及质量进行检查。

出库检查是保证单、货相符，避免差错，提高服务质量的关键，是进一步确认拣货作业是否有误的处理工作，因此必须认真查对，找出产生错误的原因，采取措施防止错误的产生。检查方法有人工检查法、条码检查法和重量计算检查法3种。

(1) 人工检查法。人工检查法是由人工将货物逐个点数，查对条码、货号、品名，并逐一核对出货单，进而检验出货质量及出货状况的方法。

(2) 条码检查法。条码检查法首先必须导入条码，让条码始终与货物同行。在出库检查时，只需将所拣货物进行条码扫描，计算机便自动将拣货资料输出进行对比，查对是否有数量和号码上的差异，然后在出库前再由人工进行整理和检查。

(3) 重量计算检查法。重量计算检查法是把货单上的商品重量自动相加求和，之后，称出发货品的总重量。把两种重量相对比，可以检查发货是否正确。

2. 出库清点交接

备料出库物资，经过全面复核查对无误后，即可办理清点交接手续。该过程是保管员将应发物资向用料单位逐项点清交接的过程。出库清点交接应注意以下方面。

(1) 凡重量标准的、包装完整的、点件的物资，当场按件数点清交给提货人或承运部门，并随即开具出门证，同时应请提货人在出门证上签名。

(2) 凡应当场过磅计量或检尺换算计量的，按程序和规定检斤、检尺，并将磅码单抄件、检尺单抄件及出门证一并交提货人，亦应请提货人在原始磅码单及出门证上签名。

(3) 出库交接签收。出库交接时应当面点清，与提货人的交接清点是仓库和提货人划分责任的必要手段。品种多时，分单品核对。不能仅与接货人核对种数，而应将所有货物卸下来重新清点，最后签收完成出库作业。准时制管理的签收与传统的出库不同，一般按成套配件签收，系统自动按 BOM 表销账，签收方式一般分以下几种：流通加工的交接签收；自有运输车辆的交接签收；客户自提的交接签收；第三方物流车辆的交接签收；公铁联运集装箱运输的交接签收。

四、装载上车和发运

装载上车是指车辆的配载。根据不同配送要求，在选择合适车辆的基础上对车辆进行配载，以达到提高车辆利用率的目的。

由于物品品种、特性各异，为提高配送效率，确保物品质量，必须先对特性差异大的物品进行分类，并分别确定不同的运送方式和运输工具。特别要注意散发臭味的物品不能与具有吸臭性的物品混装，散发粉尘的物品不能与清洁物品混装，渗水物品不能与易受潮物品一同存放。另外，为了减少或避免差错，也应尽量把外观相近、容易混淆的物品分开装载。

在具体装车时，装车顺序或运送批次的先后一般按用户的要求时间先后进行，但对同一车辆共送的物品装车,则要将物品依"后送先装"的顺序装车。但有时在考虑有效利用车辆的空间的同时,还要根据物品的一些特性(怕震、怕压、怕撞、怕湿)、形状、体积及重量等,做出弹性调整,如轻货应放在重货上面,包装强度差的物品应放在包装强度好的物品上面,易滚动的卷状、桶状物品要垂直摆放,等等。另外,应按照物品的性质、形状、重量、体积等来具体决定物品的装卸方法。

根据配送计划所确定的最优路线,在规定的时间及时准确地将物品运送到客户手中,在运送过程中要注意加强运输车辆的考核与管理。

五、发货现场的清理

保管员应根据储存规划要求,及时整理、清扫发货现场,保持清洁整齐。现场物品清理完毕,还要收集整理该批物品的出入库情况、保管保养及盈亏等数据情况,并将这些数据存入物品档案,妥善保管,以备查用。

六、出库后的账务处理

经过一系列的出库工作流程,实物、账务、材料卡片都发生了变化。当物品出库完毕后,仓管员应及时将物品从仓库保管账上核销,取下垛牌,以保证仓库账账相符、账卡相符、账实相符,并将留存的仓单(提货凭证)、其他单证、文件等存档。

七、出库问题的处理

1. 退货处理

退货处理是售后服务的一项任务。退货处理的一般程序如下。

(1)客户退货时应填写退货申请表,在收到同意退货的退货申请表后,须按约定的运输方式办理运输。

(2)仓库在收到客户的退货时,应尽快清点完毕,如有异议必须以书面的形式提出。

(3)退回的物品与退货申请表是否相符,以仓库清点为准。

(4)仓库应将退入仓库的物品,根据其退货原因,分别存放、标识。对属于供应商所造成的不合格品,应与采购部门联系,催促供应商及时提回;对于属仓库造成的不合格品且不能修复的,每月应申报一次,进行及时处理。

(5)登记入账。对于已发放的物品和退回的物品,要及时入账,并按时向其他部门报送有关资料。

退货处理涉及方方面面的关系:制造商与采购商;采购商与仓库经营者;仓库经营者与承运人;承运人与经销商;经销商与客户;客户与制造商等。妥善处理退货的方法就是每个环节都要进行检验,一环扣一环,环环都负责,环环都满意,这样才能使有相关方面维持良好关系。

2. 提货数与实存数不符

出现提货数与实存数不符的原因及处理办法如下。

(1)入库时错账。物品入库时由于验收问题,增加或减少了实收物品的签收数量,从而造成账面数大于实存数,可采用报出报入的方法进行调整。

（2）仓库保管人员串发、错发货。仓库保管人员（发货人员）在以前的发货过程中，因错发、串发等差错造成的实际物品库存量小于账面数，由仓库方面负责解决库存数与提单数之间的差数。

（3）货主漏记账而多开出库数。货主没有及时核减开出的提货数，造成库存账面数量大于实际储存数量，从而开出的提货单提货数过大，货主应出具新的提货单，重新组织提货和发货。

（4）仓储过程中的损耗。仓储过程造成的物品毁损，按合同条款规定办理，合同没有规定的，与货主协商解决。

3. 串发货和错发货

在这种情况下，如果物品尚未离库，应立即组织人力，重新发货；如果物品已经提出仓库，仓库保管人员要根据实际库存情况，如实向仓库主管部门和货主单位讲明串发或错发物品的品名、规格、数量、提货单、承运人等情况，会同货主和承运人共同协商解决。一般在无直接经济损失的情况下，由货主重新按实际发货数冲单解决；如果形成直接经济损失，应按赔偿损失单据冲转调整保管账。

4. 包装破漏

包装破漏主要是在储存过程中因堆垛挤压、发货装卸操作不慎等情况引起的，发货时都应经过整理或更换包装，方可出库，否则造成的损失应由仓储部门承担。

5. 漏记和错记账

无论是漏记账还是错记账，一经发现，除及时向有关领导如实汇报情况外，同时还应根据原出库凭证查明原因，调整保管账，使之与实际库存保持一致。如果由于漏记和错记账给货主、承运人和仓储部门造成了损失，应予赔偿，同时应追究相关人员的责任。

知识拓展

RFID 无线灯号拣货系统

拣货作业往往是物流程序中最为复杂的一环，它是验收、入库、储存、包装、出货、订单处理和客户需求的交集。拣货作业的目的是在有限的时间内迅速、正确地将顾客订购的商品加以汇集，以缩短顾客从下单到收取货品的周期时间，同时降低相关的作业成本。因此，物流中心运用先进技术与设备来改善拣货作业效率，同时兼顾拣取正确性的解决方案，一直是业界努力的方向。

现行拣货系统已经经过不少使用者证明，在拣货效率的提升、拣错率的减少方面皆有不错的成效，但由于一套功能完善的传统拣货设备投资金额往往花费数百万甚至上千万元的建置成本，建置期间常亦需耗时数月以上，资源投入相当的庞大。随着科技的发展，拣货标签已经从原本无纸化进阶到无线化。新型的拣配标签结合最新 RFID 无线射频技术让业者在初期的设备架设方面可以省下庞大的线路布设费用。除此之外，传统有线拣货系统的线路异常时所衍生出的系统停摆与后续维护的风险与费用，在新型的 RFID 无线灯号拣货系统都可以得到解决。

随着科技发展，无线信号的可靠度已经逐渐超越传统的有线传输。高速的传输速度实现了在短短一秒钟内数十次地来回确认。RFID 无线灯号标签除了在拣货上的应用外，基于无线灯号、RFID 等特色,还可以延伸应用在资产管理上,通过有源 RFID 技术,可以将资产赋予唯一性的身份信息,并且配合无线信号定位追踪的方式,协助企业机关以简易的方式来追踪并记录资产的位置与动向,进而达到更完善的资产管理。

问答:
1. 什么是拣货作业?不同的拣货系统各有什么特点?
2. RFID 无线灯号拣货系统有什么优势?

自我测试

一、填空题

1. 拣货作业的基本方式有_____、_____、_____。
2. 自动分拣系统的主要特点有_____、_____、_____。
3. 自动分拣系统的分类装置种类很多,一般有_____、_____、_____、_____等。
4. 货物出库的形式一般有_____、_____、_____、_____、_____。
5. 出库单证包括_____、_____、_____、_____等。
6. 出库凭证审核的内容有_____、_____、_____、_____。
7. 分货作业方式可分为_____、_____两种主要方式。
8. 补货时机一般有_____、_____、_____ 3 种。
9. 货物出库检查的方法有_____、_____、_____、_____。
10. 在拼/整箱补货作业中,一次补两种以上货物的称为_____;一次补一种货物的称为_____。

二、单选题

1. 仓库作业过程是仓库以入库、保管、( )为中心的一系列作业阶段和作业环节的总称。
   A. 采购   B. 出库   C. 配送   D. 运输
2. 按照客户的订单要求或出库单的要求将商品挑选出来,并放在指定的位置的物流作业活动是指( )。
   A. 采购   B. 仓储   C. 流通加工   D. 拣货
3. 把多张订单汇集成一批,按商品类别及品种将数量相加后先进行初次拣货,然后再按照单一订单的要求将货品分配至每一张订单,这种拣货作业方式属于( )。
   A. 按订单拣货 B. 按批量拣货 C. 复合拣取   D. 人工拣货
4. 已分拣商品脱离主输送机(或主传送带)进入集货区域的通道,一般由钢带、皮带、滚筒等组成滑道,使商品从主输送装置滑向集货站台,这一自动分拣系统的组成部分是( )。
   A. 控制装置   B. 分类装置   C. 输送装置   D. 分拣道口
5. 收货人或其代理人持仓单直接到仓库提取物品,仓库凭单发货,这种发货形式通常称为（　　）。
A. 送货上门　　B. 代办托运　　C. 客户自提　　D. 取样

6. 仓库物资不动，而通过转账变动其所有者户头的一种发货方式是（　　）。
A. 客户自提　　B. 送货上门　　C. 转仓　　D. 过户

7. 拣货作业完成后，将所拣货物根据不同的货主或运输路线进行分类，这种作业称为（　　）。
A. 拣货　　B. 分货　　C. 包装　　D. 补货

8. 将货物从保管区域转移到另一个为了做订单拣取的动管拣货区域，这种作业称为（　　）。
A. 采购　　B. 仓储　　C. 补货　　D. 拣货

9. 通过计算机查询每天需要的总补货量及持货区存货量的情况，将补货量一次性补足的补货时机是（　　）。
A. 批次补货　　B. 定时补货　　C. 逐件补货　　D. 随机补货

10. 在发货过程中，如果物品包装破漏，发货时都应经过整理或更换包装，方可出库，否则造成的损失应由（　　）承担。
A. 收货人　　B. 仓储部门　　C. 验收人员　　D. 运输单位

三、多选题

1. 自动分拣系统一般由（　　）组成。
A. 配送系统　　B. 控制装置　　C. 分类装置　　D. 输送装置
E. 分拣道口

2. 货物出库坚持"先进先出"的原则，其目的在于避免物品因库存时间过长而发生变质或影响其价值和使用价值，要做到（　　）。
A. 有保管期限的先出　　　　B. 保管条件差的先出
C. 容易变质的先出　　　　　D. 近失效期的先出
E. 包装简易的先出

3. 货物出库备货工作包括（　　）。
A. 拣货　　B. 分货　　C. 包装　　D. 补货　　E. 配送

4. 补货方式有（　　）。
A. 批次补货　　B. 定时补货　　C. 拼/整箱补货　　D. 托盘补货
E. 货位补货

5. 货物出库时提货数与实存数不符的原因有（　　）。
A. 入库时错账　　　　　　　B. 仓库保管人员串发货、错发货
C. 货主漏记账而多开出库数　　D. 仓储过程中的损耗
E. 采购计划错误

四、问答题

1. 常用的拣货方法有哪些？各自的特点是什么？
2. 货物出库主要方式有哪些？货物出库的要求有哪些？

3. 货物出库前的准备主要包括哪几方面的工作？
4. 出库单证包括哪些主要单证？出库单证的流转程序是怎样的？
5. 绘制出库作业的基本流程图。
6. 出库凭证审核中有哪些具体的问题？应怎样对其进行处理？
7. 出库中可能会遇到哪些问题？应怎样对其进行处理？

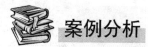
案例分析

烟草行业电子标签拣货

烟草行业已成为纳税大户，烟草仓库分布在全国大中小城镇。合理、有效地提高各地烟草配送已成为需解决的首要问题。由于烟草配送基本以散包为主，传统的烟草拣货都采用人工手工对单的方式，当订单过多时会出现人员不足、找货困难、通道堵塞等问题，造成烟草进出库延迟。电子标签拣货系统可实现以一对一的方式进行拣货。

（1）通过电子标签拣货软件和烟草 WMS 数据库连接，可对货架上货品的进出量做实时追踪。

（2）当有订单时，采用接力拣货的方法，需要出货的烟所对应的标签亮起，并显示需要拣货的数量，拣货人员拣取后按灭标签即可，再通过传送带到下一组货架。

（3）当标签全部熄灭后，这张订单拣货完成，标签又会自动亮起显示第二张订单。拣货过程井然有序，拣货人员不需要熟知每个货品的储位即可完成拣货，根据订单多少可临时增减拣货人员。

（4）烟草打包操作人员再将同一订单的烟整理后通过输送带送入打包机打包，出货。

此电子标签拣货系统已先后被全国多家烟草仓库逐步导入。运用电子标签拣货系统，配合烟草 WMS 对烟的进出库进行全电子化管理，仓库人员可随时查询每张订单的进展情况及仓库剩余烟的数量，及时增补货物，并可对全国烟草仓库进行统筹管理，加快拣货人员的工作效率，提高拣货速度，使烟草仓库管理更加自动化、数据化。

问答： 1. 电子标签拣货系统主要提高了出库哪个环节的效率？
2. 传统拣选效率低下的原因有哪些？
3. 进出库全电子化管理的优势在哪里？

项目实施

情境实训一　电子标签拣货系统实训

一、情境描述

陆通物流配送中心前段时间了解到计算机销售大好，就购进了一批计算机配件（以下简称配件），现接到客户订单。因这些配件进出库频繁，将其存储在拣货区，需通过电子标签拣货系统选出订单上要求的相关数量的配件，然后对拣出的配件进行现场配货、装货，最后送到生产加工线装配。

二、实训目的

掌握拣货的流程；学习电子标签拣货系统的工作原理及操作技巧；掌握现场拣货、配货、装货等技能。

三、实训内容

1. 电子标签拣货系统的相关理论。
2. 播种式拣货系统和摘果式拣货系统的使用。
3. 仓储管理软件拣货实训。
4. 仓库出库的工作职能和操作流程。

四、实训条件

电子标签拣货系统；拣货输送机；电子标签拣货储位区及商品。

五、实训步骤

1. 学习拣货策略和拣货作业的方法。
2. 学习电子标签拣货系统的信息传递方式。
3. 现场按订单拣选客户所需的商品名称、数量和储存仓位，将商品从货垛或货架上取出；通过拣货输送机将拣取的货物搬运到现货场所。

六、作业题

简述电子标签拣货系统的操作流程。

情境实训二　仓储货物出库作业流程操作

一、情境描述

宏达贸易公司的一批货物出库，请有关部门做好货物出库的相关工作。

二、实训目的

出库作业是根据业务部门或存货单位开出的出库凭证，从对出库凭证审核开始，进行拣货、分货、发货检查、包装，直到把商品点交给要货单位或发运部门的一系列作业过程。本项目的实训操作旨在加强学生对出库作业的实际操作步骤和操作环节的理解，从而提高出库作业的准确率和工作效率。

三、实训内容

出库操作系统的使用；出库单据的填写与流转。

四、实训条件

1. 实验平台：诺思仓储管理教学软件。
2. 物流实训室：物流机械设备实训区（叉车及货架分区）、货物装卸实训区、仓库管理系统实训区、条码技术实训区。

五、实训步骤

1. 将学生分成5个小组，以小组为单位完成实训任务。每个小组中包含：仓库主管1名，作业受理员1名，分拣员3名，分拣复核员1名，理货员3名，司机1名。
2. 出库准备。检查包装，准备好需要更换的包装箱、运输所用的包装材料、打包机、标签等，准备好分拣所用的装卸搬运工具，仓库主管督促作业人员到位并调配分工。
3. 诺思仓储管理教学软件上机模拟出库软件操作。出库凭证审核，核对发货单号、实发数量、规格型号、存储货位、存储数量等，确保出库货物的名称、数量、规格等与出库单上的内容一致；出库信息处理；在系统上完成出库单信息的录入，并生成出库单；分拣货；包装；货物交接；清理档案。
4. 出库异常情况

常见的问题有：出库凭证（提货单）上的问题；提货数与实存数不符；串发货和错发货；包装破漏；漏记和错记账；在分拣过程中有货物包装破漏，需要重新包装，提供货物异常报告。

六、作业题

简述出库作业操作流程。

情境实训三　进出库业务单据制作

一、情境描述

宏达贸易公司的一批货物出库，请模拟出库业务有关单据的制作及单据的流转过程。

二、实训目的

通过进出库业务单据制作，使学生熟练掌握进出库业务的流程，并能够进行相关业务的处理及相关单据的填写、制作。

三、实训内容

实训课前做好理论复习，实训过程中遵守实训要求，按指定的步骤进行操作，发现问题要及时改正，以便在实训中不断地完善知识体系，达到实训的目的。

四、实训条件

物流实训室；实验平台：仓储管理教学软件。

五、实训步骤

接到客户的订单后,应当对订单的有效性进行分析。分析的内容包括如下几个方面:①核对货物数量及日期;②确认客户信用;③确认订单形态;④确认订单数额;⑤掌握发货订单的处理,发货订单查询与打印。

六、作业题

1. 根据模拟资料制作各种单据;
2. 用图示法说明出库单据的流转过程。

项目八

仓储成本管理及绩效评价

【项目说明】

为了更好地进行仓储管理,需要对仓储成本与经营效果进行衡量与控制。仓储成本是指仓储企业在储存物品过程中,装卸搬运、存储保管、流通加工、收发物品等各个环节,以及建造、购置仓库设施设备等所消耗的人力、物力、财力及风险成本的总和。为了降低仓储成本,应对仓储成本的构成进行分析与控制。仓储经营效果可以用一系列的指标进行衡量,如仓储作业效率指标、仓储作业效益指标、设施利用程度指标、作业消耗指标、作业质量指标及安全性指标等。仓储成本及仓储绩效考核指标分析能够促进仓储作业沿着正确的方向进行,出现预期的结果,实现应有作业效率与盈利水平。

【知识目标】

1. 掌握仓储成本管理的内容和意义;
2. 熟悉仓储成本的构成及影响因素;
3. 掌握仓储绩效考核指标体系的内容;
4. 明确仓储风险的类型及规避仓储风险的方法。

【能力目标】

1. 具备仓储成本及费用的分析能力;
2. 具备仓储成本控制的能力;
3. 具备仓储绩效考核指标的制定和管理能力;
4. 具备规避仓储风险的能力。

 导入案例

电商外包物流仓储运营成本分析

传统库房仓储的运营支出主要由以下几部分组成:入库费用、仓储费用、出库费用。而在电子商务范围内,它的组成部分就增加了很多增值服务。由于电子商务提供配送服务,配送区的工作如订单的配送,货物的分拣、包装等都要在库房内进行。库房的费用也可以按照

这些环节进行再次费用分解，作为其他费用。

（1）费用成本的构成。费用成本主要包括采购、库房存储、库房的增值作业和物流配送等产生的成本。

（2）费用的计算方法。费用一般可以分解为人力费用和物料消耗费用。人力实际包括简单劳动和管理劳动。物料消耗包括：实际物料的使用；辅助物料如水、电、气等辅助生产资料，这些物料产生的费用是维持运营正常进行的费用支出；固定资产的折旧消耗。因此，一个外包库房的正常运转的费用就需要包含人力费用和物料消耗费用两个方面。

（3）信息系统。外包库房需要一个信息系统进行数据的采集、汇总、保存和分析。而这个系统的提供者可以是使用者和服务者任何一方。如果由使用者来提供，从财务角度讲，他的这个费用是不计入物流仓储成本的，而这个系统的研制开发和维护费用是从其他项目里列支的。

物流仓储成本里实际就已经包含了费用成本的支出。对于任何一方在计算物流仓储成本的时候，都要合理地估算出以上的成本支出。由于电子商务（B2C）的操作环节和业务复杂程度要远远超出一般行业对仓储物流活动的要求，因此其在核算成本和费用的时候也要复杂很多。因为不同的业务量，效益是不一样的，所以为了维护双方的利益，需要对费用成本进行级差控制。

在选择第三方物流仓储机构时，我们也要实地调查外包公司的口碑、服务质量等。

资料来源：http：//www.sohu.com/a/137764803_636811

问题与思考：
1. 仓储成本是由哪些因素构成？怎样控制仓储成本？
2. 仓储绩效考核的指标有哪些？结合电商外包物流分析仓储成本。
3. 仓储风险有哪些种类？应怎样防范和控制仓储风险？

项目任务

任务一　仓储成本概述

随着经济发展及消费者对商品的需求增加，为保证货源充足，供应商不得不将部分货物进行储存，仓储成本便因此产生。

一、仓储成本的含义及特点

1. 仓储成本的含义

仓储成本是指仓储企业在开展仓储业务活动中各种要素投入以货币计算的总和。其中，一部分用于仓储的设备设施投资和维护，以及商品本身的自然消耗，一部分用于仓储作业所消耗的物化劳动和活劳动，还有一部分是商品存量增加所消耗的资金成本。在企业的物流总成本中，仓储成本是一个重要组成部分。对各种仓储成本的合理控制能够增加企业的利润，反之会增加物流总成本，冲减企业利润。

仓储成本与库存水平无关，只与仓储作业和仓库规划有关。通过仓储成本分析，最大限度地利用仓储设施和设备，尽量少用人力、物力、财力，把库存控制到最佳数量，为存货企业获取最大的供给保障，准确地确定仓储成本和产品价格，这是很多企业家、经济学家寻求的目标，甚至是企业之间生存竞争的重要一环。

2. 仓储成本的特点

（1）重要性。仓储成本是物流成本的重要组成部分，而物流成本又占国民经济总产值的很大一部分。仓储成本的管理是"第三利润"的重要源泉之一。

（2）效益背反性。要增加客户满意度，提高物流水平，就会引起仓库建设、管理、仓库工作人员工资、存货等费用开支增加，加大仓储成本；而为了削减仓储成本而减少物流网络中仓库的数目并减少存货，就会增加运输成本。因此，要将仓储成本管理纳入整个物流系统，以成本为核心，按最低成本的要求，使整个物流系统化、最优化。

（3）核算成本数据的复杂性。在现行的会计制度下，对仓储成本的核算缺乏统一的标准，如仓储成本中的仓储保管费用、仓储办公费用、仓储物资的合理损耗等一般记入企业的经营管理费用。此外，对于内部所发生的仓储成本，有时会因为涉及面广、环节多而无法划归相应科目，因此增加了仓储成本的复杂性。

二、仓储成本的构成

仓储成本主要由建造、购买或租赁仓库等设施设备，如仓库建筑物、货架、搬运设备、电子验货设备等所带来的成本，以及各类仓储作业，如流通加工、装卸搬运等带来的成本构成，具体分析如下。

1. 建造、购买或租赁仓库等设施设备成本

企业获得仓库等设施设备的方式共有3种类型：企业自有仓库、租赁仓库和公共仓库。

1）企业自有仓库

企业出资建设的为企业生产、销售服务的仓库设施设备，是企业的固定资产。固定资产的服务潜力会随着其在生产经营中的使用而降低，直至消失，价值随固定资产的使用而逐步分次地转移到成本中去，并最终从企业的收入中得到补偿。在成本管理中，固定资产的成本是通过折旧来进行计算的。

仓库等设施设备的价值损耗，是指仓库等设施设备由于使用、自然力的作用或科学技术的进步而逐渐丧失原有的价值，它是计提折旧的根本原因。仓库等设施设备的价值损耗包括有形损耗和无形损耗。其中，有形损耗又包括使用损耗和闲置损耗，它的影响因素有设施设备本身的质量与可靠性、使用条件、自然条件和养护条件等。无形损耗，也包括两方面内容：一方面由于社会劳动生产率提高，再建造同一仓库时所花费的社会必要劳动时间减少，从而造成原有仓库的贬值，这一差额就构成无形损耗；另一方面科学技术的进步使得原有落后的仓库必须被淘汰，提前报废所造成的损失亦是无形损耗。

影响仓库设施设备折旧的因素主要有以下方面。

① 计提折旧的基数：一般为取得仓库等设施设备的原始成本，即账面原价。

② 仓库等设施设备的预计净残值：预计仓库等设施设备报废时可以收回的残余价值减去预计处理成本的数额。

③ 仓库等设施设备的预计使用年限。

项目八 仓储成本管理及绩效评价

企业自有仓库进行折旧时，需要注意以下几方面。

① 一般按月提取折旧，当月增加的，当月不提，从下月起计提。
② 当月减少的，当月照提折旧，从下月起不提。
③ 提足折旧后，不管能否继续使用，均不再提。
④ 提前报废的，也不再补提。

下面介绍几种企业自有仓库折旧的方法。

(1) 直线折旧法。直线折旧法又称平均年限法，是将设备资产的应提折旧额均匀地分摊到各期的一种方法。这种方法每期的折旧额是相等的，是我国普遍采用的折旧方法。

$$年折旧率 = \frac{1-预计净残值率}{预计使用年限} \times 100\%$$

$$月折旧率 = \frac{年折旧率}{12}$$

$$年折旧额 = 固定资产原值 \times 年折旧率$$

$$月折旧额 = 固定资产原值 \times 月折旧率$$

【例 8-1】某工厂设备原值（投资）为 20 000 元，折旧年限为 5 年，预计净残值为 600 元，用直线折旧法计算第 3 年的折旧额和第 3 年末的账面余额。

解 $$预计净残值率 = \frac{预计净残值}{固定资产原值} \times 100\% = \frac{600}{20\ 000} \times 100\% = 3\%$$

$$年折旧率 = \frac{1-预计净残值率}{预计使用年限} \times 100\% = \frac{1-3\%}{5} \times 100\% = 19.4\%$$

$$年折旧额 = 固定资产原值 \times 年折旧率 = 20\ 000 \times 19.4\% = 3\ 880（元）$$

由于直线折旧法每期的折旧额是相等的，因此对于该工厂来说，第 1～5 年每年的折旧额都是 3 880 元，故第 3 年的折旧额就是 3 880 元。至于第 3 年末的账面余额，是由设备原值减去第 1、2、3 年的折旧额所得到的，具体算法如下。

$$第 3 年末的账面余额 = 20\ 000 - 3\ 880 \times 3 = 8\ 360（元）$$

(2) 余额递减法。余额递减法也称为定率递减法，是指以一个固定的百分率乘以仓库等设施设备在每一个会计期开始的账面价值来计算本期折旧额的方法。

$$年折旧率 = 1 - \sqrt[n]{\frac{预计净残值}{固定资产原值}}$$

$$年折旧额 = 本年期初固定资产账面净值 \times 年折旧率$$

【例 8-2】某工厂设备原值（投资）为 20 000 元，折旧年限为 5 年，预计净残值为 600 元，用余额递减法计算第 3 年的折旧额和第 3 年末的账面余额。

余额递减法折旧额计算见表 8-1。

解 $$年折旧率 = 1 - \sqrt[n]{\frac{预计净残值}{固定资产原值}} = 1 - \sqrt[5]{\frac{600}{20\ 000}} = 50.41\%$$

表8-1 余额递减法折旧额计算

单位：元

年份	期初原始成本	折旧额	累计折旧额
1	20 000.00	10 082.00	10 082.00
2	9 918.00	4 999.66	15 081.66
3	4 918.34	2 479.34	17 561.00
4	2 439.00	1 229.50	18 790.50
5	1 209.50	609.70	19 400.00

从表8-1中可以看出，第3年的折旧额是2 479.34元，第3年末的账面余额是2 439元。

（3）年数总和法。年数总和法是指将固定资产的原值减去残值后的净额乘以一个逐年递减的分数从而计算固定资产折旧额的方法。

$$年数总和 = \frac{预计使用年限 \times (预计使用年限 + 1)}{2}$$

$$年折旧率 = \frac{尚可使用年限}{年数总和} \times 100\%$$

$$月折旧率 = \frac{年折旧率}{12}$$

$$月折旧额 = (固定资产原值 - 预计净残值) \times 月折旧率$$

$$年折旧额 = (固定资产原值 - 预计净残值) \times 年折旧率$$

【例8-3】某工厂设备原值（投资）为20 000元，折旧年限为5年，预计净残值为600元，用年数总和法计算第3年的折旧额和第3年末的账面余额。

年数总和法折旧计算见表8-2。

解　$年数总和 = \frac{预计使用年限 \times (预计使用年限 + 1)}{2} = \frac{5 \times (5+1)}{2} = 15$

表8-2 年数总和法折旧计算

年份	尚可使用年限	年折旧率/%	年折旧额/元	累计折旧额/元
1	5	33.33	6 466.67	6 466.67
2	4	26.67	5 173.33	11 640.00
3	3	20.00	3 880.00	15 520.00
4	2	13.33	2 586.67	18 106.67
5	1	6.67	1 293.33	19 400.00

从表8-2中可以看出，第3年的折旧额为3 880元，第3年末的账面余额为20 000－15 520＝4 480元。

2）租赁仓库

租赁仓库发生的成本就是企业租赁仓库的租金费用。租赁仓库除了提供存储服务外，一般不提供其他物流服务，因此不发生其他费用。

租赁仓库的合约一般期限都很长（如5年）。租金通常是根据企业租用的仓储空间大小和时间长短来收取的。企业租用的空间大小应基于最大储存需求而定，当企业的库存没有达到最大值时，租金不会因为仓储空间没有被充分利用、存在空余而减少。因此，租赁仓库的租金不随库存水平变化而变化，与库容利用水平无关，不属于库存持有成本。租赁仓库的租金费用属于仓储成本，它会随市场供求情况发生变化，受市场上可供租赁的仓储空间供给量与需求量的制约。此外，企业一旦租赁了仓库，成本就会产生，而与仓库是否利用无关；一旦停止租赁，成本就消失。

3) 公共仓库

公共仓库可以为企业提供各种各样的物流服务，如卸货、存储、存货控制、订货分类、拼箱、运输安排、信息传递，以及企业要求的其他服务。公共仓库合同属于短期合同，企业可以根据实际情况对合同进行及时变更。公共仓库合同的灵活性使得企业能够适应多变的市场环境。

公共仓库的收费依据以下因素商定：所需仓储空间的大小与期限、存储产品的种类、产品存储时有无特殊要求或限制、搬运等仓储作业的强度、订单的平均规模和所需文字记录工作的工作量等。

公共仓库的收费由3个部分组成：存储费、搬运费、附加成本。存储费，与企业在公共仓库中的存货数量和存储时间关系密切，一般按照每月每单位来计收，有时也按照产品实际占用的仓储空间来计收，与企业在公共仓库中的库存水平有着直接的关系。因此，该部分成本不应归在仓储成本中，而属于库存持有成本的一部分。搬运费，反映了企业在公共仓库中仓储作业的数量，通常按每单位计收，有时也会按次收费。附加成本、文字记录等工作的手续费用，一般直接向客户收取。对于企业来说，公共仓库是一个所有成本都可变的仓储系统。企业停止使用公共仓库后，所有费用均会消失。

2. 仓储作业成本

（1）工资和福利费。工资和福利费是指企业为获得职工提供的服务而给予各种形式的报酬及其他相关支出，包括仓储企业内各类人员的工资、加班费、奖金和各种补贴、职工福利费，以及由企业缴纳的住房公积金、医疗保险、退休基金等。该项成本从相关会计科目中抽取出来即可。当某个员工从事多项作业时，应当根据员工从事各项作业的时间，将费用进行分配。

（2）能源费、水费、耗损材料费。能源费、水费、耗损材料费包括用于购买电力、燃料、生产设备原料等，仓库用水，装卸搬运生产使用的工具，绑扎、衬垫、苫盖材料的耗损等的费用。

（3）维修费。大型设备的维修费通过大型设备修理基金每年从经营收入中提取，提取额度一般为设备投资额的3%~5%，专项用于设备大修。若机器设备、工具不是自有而是通过租赁获得时，应用租金代替折旧。当租赁方负责设备与工具的维修时，租金中包含了维修费，因此就不必再计算维修费了；当租赁方不负责设备与工具的维修时，租金中未包含维修费，此时，在租金以外，还应计入维修费。

（4）管理费用。管理费用指仓储企业或部门为组织和管理仓储活动或开展仓储业务而发生的各种费用，主要包括行政办公费、公司经费、工会经费、职工教育费、排污费、绿化费、咨询审计费、土地使用费、业务费、劳动保护费、坏账准备等。

（5）装卸搬运费。装卸搬运费是指货物在库场内移动所产生的成本。

（6）流通加工费。流通加工费是指货物包装、选择、整理、成组等业务发生的费用。

（7）资金利息。资金利息是企业使用投资资金所要承担的利息，即资本成本。当资金为借款时，直接支付利息；如果使用自有资金，也应当对资金支付利息。

（8）保险费。保险费是仓储企业对于意外事故或者自然灾害造成仓储物损害所要承担的赔偿责任进行保险所支付的费用。一般来说，如果没有约定，仓储物的财产险由存货人承担，仓储保管人仅承担责任险投保。

（9）外部协作费。仓储企业在提供仓储服务时使用外部服务所支付的费用，包括业务外包，铁路线、码头、汽车等设施设备的租用费等。

（10）税费。在仓储作业管理中，由仓储企业承担的税费也应作为成本计入。

（11）营销费用。在现代企业的发展过程中，营销是十分重要的工作，只有营销活动搞得好，企业才能快速发展，创造更大的效益。仓储企业的营销费用包括企业宣传、业务广告、仓储促销、交易费用等经营活动的费用支出，计入仓储成本。

三、影响仓储成本的因素

在物流企业中，仓储成本管理是一项非常重要的工作，而仓储成本管理的核心内容是确定合理的库存量。库存量的多少是由多种因素决定的，如物资本身的属性，易燃、易爆、易变质的货物库存量就小，时尚性的货物库存量也小。影响仓储成本的因素有以下几种。

（1）取得成本。取得成本主要包括采购过程中发生的各种费用总和。这些费用又可以分为随采购数量的变化而变化的变动费用和与采购数量关系不大的固定费用。

（2）储存成本。在企业的正常经营中，一般都应有一定的储备。有储备就会有成本费用发生，这些费用也可以分为两大类：一是与仓储物资数量多少有关的成本，如仓库设施维护修理费、物资搬运装卸费、仓库设施折旧费、仓库工作人员的工资；二是与物资所占用资金的多少有关的成本，如仓储资金的利息、相关的税金等。

（3）缺货成本。由于各种内外部环境的变化，企业的物资仓储数量不足，发生缺货现象，从而造成了经营损失，这种由于缺货原因造成的生产损失和其他额外支出称为缺货成本。因此，为了减少和防止缺货成本的产生，要综合考虑采购费用、储存费用等相关因素，确定最佳经济储量。

（4）运输时间。在一般情况下，物资从采购至运送到企业的仓库需要一定的时间，因此在物资采购时，需要将运输时间作为相关因素进行考虑。

任务二　仓储成本的控制

一、仓储成本控制的意义

仓储成本控制是指运用以成本会计为主的各种方法，预定仓储成本限额，按仓储成本限额分配储存成本和储存费用，将实际仓储成本与仓储成本限额进行比较，衡量仓储活动的成绩和效果，并以例外管理原则纠正不利差异，以提高工作效率，实现超过预期的仓储成本限额。仓储成本控制的重要性主要体现在以下几个方面。

（1）企业增加盈利的"第三利润源"，直接服务于企业的最终经营目标。增加盈利是企业的目标之一,也是社会经济发展的原动力。无论在什么条件下,成本降低对企业来说都是利好的。在收入不变的情况下,降低成本可以使得利润增加;在收入增加的情况下,降低成本可使利润更快增加;在收入下降的情况下,降低成本可抑制利润的减少。

(2) 中小企业抵抗内外压力、求得生存和发展的主要保证。企业在生产经营活动中,内有职工改善待遇和股东要求分红的压力,外有同业竞争、经济环境逆转等不利因素。企业可采取降低各种成本、改善产品和服务质量、引进人才、加强管理、增加研发投入、开发新产品等措施,抵御内外压力。降低仓储成本可以提高企业价格竞争能力,使企业在经济调整时继续生存下去。提高售价会引发经销商和供应商相应的提价要求和增加流转税负担,而降低仓储成本可避免这类压力。

(3) 企业实现可持续发展的前提。只有把仓储成本控制在同行业先进水平,才能赢得发展的先机,也是企业赖以竞争的基础。仓储成本下降后,可削减售价以扩大销售。销售扩大后经营基础稳固了,才有力量去提高产品质量,设计开发新产品,寻求新的发展。许多企业陷入困境的重要原因之一,就是在仓储成本失去控制的情况下,一味在扩大生产和开发新产品上冒险。一旦市场萎缩或决策失误,企业没有抵抗能力,很快就垮下去了。同时,仓储成本一旦失控,就会造成大量资金沉淀,严重影响企业的正常生产经营活动。

二、仓储成本控制的原则

(1) 整体性原则。存货是一项重要的流动资产,它势必会占用大量的流动资金。一般情况下,存货占到企业总资产的 30% 左右,其管理、利用情况如何,直接关系到企业的资金占用水平及资产运作效率。因为仓储决策是企业经营的重要环节,所以仓储成本的控制要纳入企业的整体管理中,不能片面地追求降低仓储成本,而忽略企业的整体运作。

(2) 利益原则。首先,降低仓储成本从根本上说是对国家、企业、消费者有利的,不能在仓储成本控制中采用不适当的手段损害国家和消费者的利益。其次,仓储成本控制要求有经济利益,即推行仓储成本控制而发生的成本费用支出不应超过因缺少控制而丧失的收益。只有投入了一定的人力与费用进行仓储成本管理,为企业降低了成本,产生了经济利益,才能显示仓储成本控制的重要性。因此,在仓储成本管理中,要建立严格的仓储成本控制制度,控制费用开支,以产生经济利益为原则。

(3) 层层落实原则。进行仓储成本控制,必须把成本目标层层分解、层层落实,具体到每一个小组,甚至个人,形成一个仓储成本控制系统。只有这样才能使各有关责任单位明确责任范围,使仓储成本控制真正落到实处。在此过程中要注意责权相结合,使每一个小组或者个人的目标成本与他们的责任大小、控制范围相一致,否则成本控制可能产生不好的效果。

(4) 重点管理原则。在仓储成本管理中,要编制成本预算,而企业实际发生的费用不可能每一项都和预算完全一致。如果不管成本差异的大小,都详细记录并查明原因,将增加大量的工作,结果也不一定好。因此,在仓储成本控制中,应集中在金额较大的重点事项上解决关键问题,为仓储成本目标的实现提供保证。

三、仓储成本分析与控制

1. 储存成本分析与控制

储存成本分析主要是对固定费用的分摊分析。储存量及储存规律性会影响储存成本的高低,这是因为仓库的储存量可以"分摊"固定费用。也就是说,一定的储存量和稳定的储存规律性可以通过降低单位物品的储存成本来提高储存效益,因此要提高仓库储存量,合理规划仓储空间。

一般仓库都关心其所存物品的重量、体积,因为这直接影响仓库的利用率和仓库设施设备的完好程度。仓库常常以所存物品的重量、体积作为制定收费标准的依据。

由于物品本身特性或包装不规则不能堆高,或批量小、规格杂而无法堆高储存,或需要利用仓库加工、整理、挑选、组配的物品,需要占用一定仓库面积时,要合理安排占用面积和空间,一般按实际占用面积和每平方米地坪(或楼面)的设计载荷能力,折成计费吨收费。若客户要求对整个仓库进行包仓,仓储企业和客户要进行协商,一般按照不低于仓库实际面积的80%面积吨计费。

2. 仓储材料成本分析与控制

物资在储存过程中所消耗的衬垫材料在仓储成本中占很大比重,因此降低仓储成本的最大潜力在于节约衬垫与苫盖材料及有关人工费用的支出,寻找既能节省这部分成本费用开支,又能保证物资管理质量的物资管理方法,开展技术革新和技术改造,充分挖掘设备的潜力。同时,在仓储成本管理上也要实行分区、分类管理,加强仓储成本核算,促使仓储成本不断降低,以实现企业的成本目标。

3. 装卸搬运作业成本分析与控制

装卸搬运作业成本主要包括装卸搬运机具的成本费用、燃、润料消耗费用,人工成本和时间费用等。物资进出仓库主要依靠装卸搬运作业来完成。装卸搬运机具的设备折旧费用是仓库内装卸搬运成本中比重最大的费用。因此,仓储部门应首先注意在选择适用机械设备时的经济性和实用性,防止那种不顾实际需要、无端增大仓储设备折旧的做法,选用最合理的折旧方法计算机械设备的折旧费用。

1) 合理选择装卸搬运机具

合理选择和使用装卸搬运机具,是提高装卸效率、降低装卸搬运成本的重要环节。装卸搬运机械化程度可分为3个等级:①一级:使用简单的装卸器具,如地牛、传送带等;②二级:使用专用的高效率机具,如吊车、电动叉车、夹抱车等;③三级:依靠计算机控制实行自动化、无人化操作,如自动堆垛机、轨道车、电子小车等。

选择哪个级别的装卸搬运机具,首先要从物品的性质和可操作性方面进行考虑,如物品是否需要包装、采用哪种包装、适合哪种机具;其次要从管理方面进行考虑,如节约成本、提高搬运装卸速度、高效利用人力资源和减轻工人劳动强度、保证人与物的安全、准确性等方面。若装卸搬运的物品属于偶然性作业,又属于重、大物品,必须采用机械进行装卸搬运时,可临时租借设备;若属于风险性大的作业,又无操作经验,应该外包出去。

2) 提高物品装卸搬运的活性化与可运性

提高物品装卸搬运的活性化与可运性是合理装卸搬运和降低装卸搬运成本的主要手段之一。装卸搬运的活性化就是要求装卸搬运作业必须为下一个环节的物流活动做好准备。

装卸搬运的可运性就是指装卸搬运的难易程度。装卸搬运物品的可运性度量标准是根据装卸搬运的工具不同而制定的。例如,人工装卸搬运,是指物品整理得用一只手可以方便地拿起放下，不散不勒手；若用电动叉车装卸搬运，不用其他辅助工具，物品应整齐坚固地放在托盘上，堆码不歪、不斜、不倒。提高装卸搬运的可运性是降低装卸搬运成本的重要手段。影响装卸搬运难易程度的因素主要包括：① 物品外形尺寸；② 物品密度或笨重程度；③ 物品形状；④ 物品、设备或人员损伤的可能性；⑤ 物品的活性程度等。

3）利用重力作用，减少能量消耗

在装卸搬运时应尽可能地借助物品重力的作用，减轻劳动强度和其他能源的消耗。例如，利用流利式货架储存货物，利用地势安装倾斜无动力小型传送带进行物品装卸，使物品依靠本身重量完成装卸搬运作业。

4）合理选择装卸搬运方式

在装卸搬运过程中，必须根据物品的种类、性质、形状、重量来确定装卸搬运方式。在装卸时，对物品进行处理的方式有 3 种。

（1）单品处理。即按普通包装对物品逐个进行装卸，一般符合物品的可运性。对体积较大的单品来说效率较高，对体积较小的单品来说，虽符合物品的可运性，但效率仍较低。

（2）单元处理。即物品以托盘、集装箱为单位进行组合后再装卸搬运，一般符合物品的可运性，可以提高装卸效率。

（3）散装处理。即对粉粒状货物不加包装而进行的装卸搬运，虽然"活性"程度较低，可运性较差，但可节省包装费用，使用简单的装卸器具如传送带进行装卸，节约设备费用。

5）改进装卸搬运作业方法

装卸搬运是物流的辅助功能之一，是一个重要的环节。合理分解装卸搬运活动，选择适合企业的装卸搬运设备，提高机械化和自动化装卸水平，对于改进装卸搬运作业、提高装卸搬运效率、降低装卸搬运成本有着重要意义。

4. 备货作业成本分析与控制

备货作业是仓储作业中最繁杂的作业，为了降低备货作业成本，可以采取以下方式。

1）合理选择备货作业方式

备货作业方式包括全面分拣、批处理分拣、分区分拣、分组分拣。

（1）全面分拣。由一个备货人员全面负责一个订单，并负责订单从开始到结束的整个履行过程，分拣全过程实行摘果法。当备货物品的种类较多时，应当采用全面分拣方式。

（2）批处理分拣。备货人员负责一组订单，在接收这批订单后，先建立批处理清单（包括整个订单组里每种储存单元的物品总数），然后按照批处理订单采用摘果法分拣物品，并将物品送到站台，再采用播种法将它们在各个订单之间进行分配。当备货物品的物品种类较少时，应当采用批处理分拣方式。

（3）分区分拣。将仓库分成若干个区域，每个区域配有备货人员，备货人员从自己的分管区挑选出物品传递到下一个分拣区，依次传递。在这种方式下，一个订单的分拣由很多人来完成。当仓库面积比较大，存放不同物品的区域相隔较远时，应当采用分区分拣方式。

（4）分组分拣。按一个指定特征划分，如按承运人划分，即根据提单将某一承运人所运送的物品拣出。当不同的订单由不同的承运人承担运输时，应采用分组分拣方式，可以节约成本。

2）合理安排仓储空间，降低备货作业成本

在备货作业中，妨碍作业效率提高的主要因素是仓储空间大。仓储空间越大，备货时移动的距离就越长。因此,应合理安排仓储空间,将仓储空间分为保管区和备货区有利于提高备货的作业效率。

3) 加强货位管理,提高备货作业效率

备货人员必须要熟悉物品存放的货位。应用计算机管理的仓库,备货人员可利用仓储管理系统,查出订单中物品的存放位置,提高备货作业效率,有利于降低备货作业成本。

5. 流通加工作业成本分析与控制

(1) 确定合理的流通加工能力。流通加工的成本属于半变动成本,即设备的折旧一般不随着加工量的变化而变化,但材料、能源、人工等费用却随着加工量的增加成正比增加。按照固定成本和变动成本的性质,流通加工的数量越大,流通加工的成本总额也相应增加。若加工数量超过加工能力,则需要增加投入。倘若加工作业量不均衡,就可能给企业带来更大的损失。但是,加工批量过小,表现为加工能力过剩,会造成加工设备、加工人员的闲置,带来成本损失。因此,仓储企业应根据客户需要和企业的加工能力来确定加工批量和数量。

(2) 确定合理的流通加工方式。流通加工方式与流通加工成本存在着一定的联系。仓储企业应根据企业的加工能力和客户的需求,选择适当的流通加工方式和深度。在确定流通加工方式时,必须进行经济核算和可行性研究,确定合理的流通加工成本。

(3) 加强流通加工的生产管理。流通加工的生产管理与其成本联系十分紧密。一般地,生产管理的水平越高,其成本越低。流通加工的生产管理内容很多,如劳动生产率、设备利用率、能源的消耗比率、加工物资消耗定额等,都与流通加工成本密切相关。

6. 人工费用的分析与控制

人工费用的支出主要有两个方面:一是仓储管理人员的工资、奖金、福利费、津贴等;二是仓储生产工人的工资、奖金、福利费、津贴等。对于人工费用的管理,应尽量减少非生产工人的工资支出,因为这部分成本费用支出与仓储作业量没有直接关系;同时,应不断提高劳动生产率,不断降低仓储成本中活劳动的消耗成本。此外,选择合理的劳动组织形式、工资形式,对于降低人工费用也有重要影响。

7. 包装作业成本分析与控制

包装作业成本是影响仓储管理成本的重要成本之一,要考虑以下几个方面的问题:①使用物美价廉的包装材料;②包装作业机械化,提高包装效率;③采用大包装,尽量使包装简单化,节约包装材料;④利用原有包装,加贴新标签。

8. 机具物料和燃料的成本控制

在仓储作业过程中,各种工具、叉车、吊车、制冷、除湿、通风等设备的使用,都要耗费燃料、电力和水资源等。要进行有效的控制,把消耗降至最低点。要制定合理的作业流程,尽量减少不必要的重复性作业,避免过度使用设备,提高设备完好率。

9. 提高仓储服务质量,降低仓储成本

一般而言,仓储服务质量越高则仓储成本就越高。但是,仓储服务质量也有极限,因为仓储服务质量的高低与仓储成本不成正比。也就是说,当仓储服务质量达到一定高度时,仓储服务质量的增长速度慢于仓储成本的增长速度,这时仓储服务质量的提高是依靠仓储成本的大幅度提高而得到的,这种质量的提高是不被客户认同的。因为客户总是希望以最经济的成本得到最佳的服务，所以仓储服务质量应该是在合理的仓储成本基础上的服务质量。

10. 降低机会成本和风险成本

物品变质、损害或报废的相关费用构成仓储成本的最后一项。在仓储过程中，物品会因各种原因被污染、损坏、腐烂、被盗或由于其他原因不适于或不能使用，直接造成物品的损失，构成了企业的风险成本；客户未履行合同的违约金及仓库支付的赔偿金也构成了企业的风险成本；保险虽然作为一种保护性措施，能帮助企业预防灾害性损失，但保险费也构成风险成本的一部分。

库存物品价值提高，仓库所承担的风险也提高，因此从理论上说，仓储费用是根据库存物品价值收取的，库存物品价值增加，仓储费用也应当相应增加。从这个意义上讲，货主就必须将物品的价值、特性等告诉保管人，以便其提出相应的仓储费用报价。但是货主若故意隐瞒物品的价值，势必就增加了仓储企业的风险成本。若仓储企业为了减少风险成本或远离风险，对易碎、易破损的物品不予经营，势必减少了仓库吞吐量，提高了机会成本。因此，对于轻、大和重物，短期储存和长期储存都存在机会成本的问题，企业要根据经验和规律合理解决。

任务三　仓储绩效管理概述

一、仓储绩效管理的目的

仓储绩效考核指标是指反映仓库生产成果及仓库经营状况的各项指标。它是仓储管理成果的集中体现，是衡量仓储管理水平高低的尺度。利用指标考核仓储经营的意义在于对内加强管理、节约成本，对外接受货主定期服务评价。

1. 对内加强管理，降低仓储成本

仓储部门和物流企业可以利用仓储绩效考核指标对内考核仓储各个环节的计划执行情况，纠正运行过程中出现的偏差，具体表现如下。

（1）有利于提高仓储管理水平。仓储绩效考核指标体系中的每一项指标都反映某部分工作或全部工作的一个侧面。通过对指标的分析，能发现工作中存在的问题，特别是对几个指标的综合分析，能找到彼此间的联系和关键问题所在，从而为计划的制订、修改及仓储生产过程的控制提供依据。

（2）有利于落实岗位经济责任制。仓储的各项指标是实行经济核算的根据。因此，仓储的绩效考核有利于落实岗位经济责任制，实行按劳取酬和各种奖励的评定。

（3）有利于仓库设施设备现代化改造。一定数量、水平的设施和设备是保证仓储生产活动高效进行的必要条件。通过对比作业量系数、设备利用等指标，可以及时发现仓库作业流程的薄弱环节，以便仓储部门有计划、有步骤地进行技术改造和设备更新。

（4）有利于提高仓储经济效益。仓储经济效益是衡量仓储部门工作的重要标志，通过指标考核与分析，可以对仓库的各项活动进行全面的检查、比较、分析，确定合理的仓储作业定额指标，制订优化的仓储作业方案，从而提高仓库的利用率，提高客户的服务水平，降低仓储成本，以合理劳动消耗获得理想的经济效益。

2. 进行市场开发、接受客户评估

仓储部门和物流企业还可以充分利用仓储绩效考核指标对外进行市场开发和客户关系维护，给货主企业提供相对应的质量评估指标和参考数据，具体表现如下。

（1）有利于说服客户、扩大市场占有率。货主企业在仓储市场中寻找供应商的时候，在同等价格的基础上，服务水平通常是最重要的因素。如果仓储部门能够提供令客户信服的服务指标体系和数据，就会在竞争中获得有利地位。

（2）有利于稳定客户关系。在我国目前的物流市场中，以供应链方式确定下来的供需关系并不太多。供需双方的合作通常以 1 年为期，到期客户将对物流供应商进行评估，以决定今后是否继续合作。这时如果客户评估指标反映良好，则将使仓库继续拥有这一合作伙伴。

二、仓储绩效考核指标的制定和管理

1. 仓储绩效考核指标的制定

制定仓储绩效考核指标应遵循以下基本原则。

（1）科学性原则。科学性原则要求所设计的指标体系能够客观地、如实地反映仓储生产的所有环节和活动要素。

（2）可行性原则。可行性原则要求所设计的指标便于工作人员掌握和运用，数据容易获得，便于统计计算，便于分析比较。

（3）协调性原则。协调性原则要求各项指标之间相互联系、相互制约，但是不能相互矛盾和重复。

（4）可比性原则。在对指标进行分析的过程中，需要对指标进行比较，如实际完成与计划相比较、现在与过去相比较、同行之间相比较等，因而可比性原则要求指标在期间、内容等方面一致，使指标具有可比性。

（5）稳定性原则。稳定性原则要求指标一旦确定之后，应在一定时期内保持相对稳定，不宜经常变动，频繁修改；在执行一段时间后，经过总结再进行改进和完善。

2. 仓储绩效考核指标的管理

在制定出仓储绩效考核指标之后，还要做好仓储管理体系的管理工作，以充分发挥指标在仓储管理中的作用。仓储绩效考核指标的管理工作应做到以下几项。

（1）实行指标的归口管理。仓储管理各项指标的完成情况与每位员工的工作情况有直接关系。为了更好地完成计划指标，首先要加强指标管理。仓库管理人员和领导对指标重视与否是问题的关键，如果仓库管理人员和领导懂得指标的意义和重要性，掌握了指标管理的方法，就能自觉按照客观经济规律的要求，充分利用经济指标这一重要手段，来提高仓库管理水平。将各项指标按仓储职能机构进行归口管理、分工负责，使每项指标从上到下都有人负责，可以充分发挥各职能机构的积极作用，形成一个完整的指标管理系统。指标归口管理如图 8-1 所示。

项目八 仓储成本管理及绩效评价

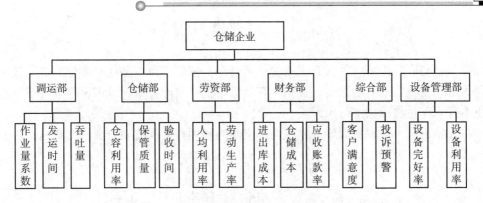

图 8-1 指标归口管理

（2）分解指标，落实到人。在现代化仓储管理中，应将反映仓储综合管理水平的综合指标进行层层分解，层层落实。这些指标对于仓库各部门、各班组、每位职工都可以表现为一些具体的指标。为了确保指标的完成，并使每位职工明确自己的责任，应做好指标分解，层层落实到各部门、班组和个人，使其有自己明确的责任和奋斗目标，将指标管理建立在广泛的群众基础之上。

（3）开展指标分析，实施奖惩。定期开展指标执行情况的分析，是改善仓库管理、促进仓库技术改造、提高仓库经济效益的重要手段。只有通过对指标进行分析，才能对仓库的生产经营活动作出全面的评价，才能促进仓库绩效的不断提高。另外，应定期实施基于对指标分析结果的奖罚，把指标完成情况的好坏与部门、职工的利益密切结合起来。

三、仓储绩效考核指标体系

仓储绩效考核指标体系是反映仓储生产成果及仓储经营状况的各项指标的总和。指标的种类因仓库在供应链中所处的位置或仓库的经营性质不同而有繁有简。有的企业或部门把指标分为 6 类，即反映仓储生产成果数量的指标、反映仓储生产作业质量的指标、反映仓储生产物化劳动和活劳动消耗的指标、反映仓储生产作业物化劳动占用的指标、反映仓储生产作业劳动效率的指标和反映仓储生产经济效益的指标。

1. 反映仓储生产成果数量的指标

（1）吞吐量。吞吐量是指计划期内仓库中转供应货物的总量，计量单位通常为"t"，计算公式为

$$吞吐量 = 入库量 + 出库量 + 直拨量$$

其中，入库量是指经仓库验收入库的数量，不包括到货未验收、不具备验收条件、验收发现问题的数量；出库量是指按出库手续已经交给用户或承运单位的数量，不包括备货待发运的数量；直拨量是指企业在车站、码头、机场、供货单位等提货点办理完提货手续后，直接将货物从提货点分拨转运给用户的数量。

（2）库存量。库存量通常是指计划内的月平均库存量。该指标同时也反映仓库平均库存水平和库容利用状况，其计量单位为"t"，计算公式为

$$月平均库存量 = \frac{月初库存量 + 月末库存量}{2}$$

$$存货周转率 = \frac{月平均库存量之和}{12}$$

库存量是指仓库内所有纳入仓库经济技术管理范围的本单位和代存单位的货物数量,不包括待处理、待验收的货物数量。月初库存量等于上月末库存量,月末库存量等于月初库存量加上本月入库量再减去本月出库量。

(3) 存货周转率。存货周转率体现仓库空间的利用程度和流动资金的周转速度。

$$存货周转率 = \frac{销售成本}{存货平均余额} \times 100\%$$

$$存货平均余额 = \frac{年初平均余额 + 年末平均余额}{2}$$

2. 反映仓储生产作业质量的指标

仓储生产作业质量(简称仓储质量)是指物资经过仓库储存阶段,其使用价值满足社会生产的程度和仓储服务工作满足货主和用户的程度。由于库存货物的性质差别较大,货主所要求的物流服务内容也不尽相同,通常情况下,反映仓储质量的指标主要有:收发差错率(收发正确率)、业务赔偿率、货物损耗率、账实相符率、缺货率等。

(1) 收发差错率(收发正确率)。收发差错率是以收发货所发生差错的累积笔数(收发差错累积笔数)所占收发货物总笔数的百分比来计算。此项指标反映仓储部门收发货的准确程度,计算公式为

$$收发差错率 = \frac{收发差错累积笔数}{收发货物总笔数} \times 100\%$$

$$收发正确率 = 1 - 收发差错率$$

收发差错包括因货物验收流程不严格和工作人员责任心不强而造成的错收、错发,不包括丢失、被盗等因素造成的差错。它是仓储管理的重要质量指标。通常情况下,仓储部门的收发差错率应控制在 0.005% 以下。而对一些单位价值高的商品或具有特别意义的物品,客户会要求仓储部门的收发正确率为 100%,否则将根据合同索赔。

(2) 业务赔偿率。业务赔偿率是以仓储部门在计划期内发生的业务赔偿款总额占业务总收入的百分比来计算。此项指标反映仓储部门履行仓储合同的质量,计算公式为

$$业务赔偿率 = \frac{业务赔偿款总额}{业务总收入} \times 100\%$$

业务赔偿款是指在入库、保管或出库阶段,由于管理不善、措施不当而造成库存货物损失或丢失所支付的赔款和罚款,以及为延误时间等所支付的罚款,而意外灾害造成的损失不计入。业务总收入指计划期内仓储部门在入库、储存、出库阶段提供服务等收取的费用之和。

(3) 货物损耗率。货物损耗率是指在保管期内,某种货物自然减量的数量(货物损耗量)占该种货物入库数量(期内货物保管总量)的百分比。此项指标反映仓储部门货物保管和维护的质量和水平,计算公式为

$$货物损耗率 = \frac{货物损耗量}{期内货物保管总量} \times 100\%$$

或 $$货物损耗率 = \frac{货物损耗额}{期内货物保管总额} \times 100\%$$

货物损耗率指标主要用于易挥发、易流失、易破碎的货物。仓储部门与货主根据货物的性质在仓储合同中规定一个相应的损耗上限,当实际损耗高于合同中规定的损耗上限时,说明仓储部门管理不善,对于超限损失部分仓储部门要给予赔偿;反之,说明仓储管理有成效。

(4)账实相符率。账实相符是指在进行货物盘点时,仓储保管货物账面上的结存数与库存实有数量的相互符合程度。在对库存货物进行盘点时,要求根据账目逐笔与实物进行核对。账实相符率的计算公式为

$$账实相符率 = \frac{账实相符笔数}{储存货物总笔数} \times 100\%$$

或 $$账实相符率 = \frac{账实相符件数}{期内储存总件数} \times 100\%$$

通过这一指标的考核,可以衡量仓库账面货物的真实程度,反映保管工作的完成情况和管理水平,是避免货物损失的重要手段。

(5)缺货率。缺货率反映仓库保证供应、满足客户需求的程度,计算公式为

$$缺货率 = \frac{缺货次数}{用户要求次数} \times 100\%$$

通过这项指标的考核,可以衡量仓储部门进行库存分析的能力和组织及时补货的能力。

3.反映仓储生产物化劳动和活劳动消耗的指标

反映仓储生产物化劳动和活劳动消耗的指标包括:材料、燃料和动力等库用物资消耗指标;平均验收时间;整车(零担)发运天数、作业量系数等工作时间的劳动消耗指标;单位进出库成本和单位仓储成本等综合反映人力、物力、财力消耗水平的成本指标。

(1)库用物资消耗指标。库用物资消耗指标即储存作业的材料(如防锈油)、燃料、动力(如耗电量)的消耗定额。

(2)平均验收时间。平均验收时间即每批货物的平均验收时间,计算公式为

$$平均验收时间 = \frac{各批验收天数之和}{验收总批数}$$

验收天数是指从货物具备验收条件的第二日起,至验收完毕、单据返回财务部门的累计天数,当日验收完毕并退单的按半天计算。验收批数以一份入库单为一批计算。

(3)整车(零担)发运天数。

$$整车平均发运天数 = \frac{各整车发运天数之和}{发运总车数}$$

整车发运天数是从调单到库第二日起至向承运单位点交完毕止的累计天数,在库内专用线发运的物资,是从调单到库第二日起至车皮挂走止的累计天数。

$$零担平均发运天数 = \frac{各批零担发运天数之和}{零担发运总批数}$$

发运天数指标不仅可以反映仓库在组织出库作业时的管理水平,而且可以反映当期的交通运输状况。

(4) 作业量系数。

$$作业量系数 = \frac{装卸作业总量}{进出库货物数量}$$

作业量系数为1表示最理想水平,表明仓库装卸作业组织合理。

(5) 单位进出库成本。

$$单位进出库成本 = \frac{进出库费用}{进出库物资量}$$

(6) 单位仓储成本。

$$单位仓储成本 = \frac{仓储总费用}{各月平均库存量之和}$$

4. 反映仓储生产作业物化劳动占用的指标

反映仓储生产作业物化劳动占用的指标主要有:仓库面积利用率、仓容利用率、设备利用率等。

(1) 仓库面积利用率

$$仓库面积利用率 = \frac{库房货棚货场占地面积之和}{仓库总占地面积} \times 100\%$$

(2) 仓容利用率

$$仓容利用率 = \frac{仓库平均库存量}{最大仓容量} \times 100\%$$

(3) 设备利用率

$$设备利用率 = \frac{设备作业总台时}{设备应作业总台时} \times 100\%$$

设备作业总台时指各台设备每次作业时数的总和,设备应作业总台时指各台设备应作业时数的总和。在计算设备利用率时,所涉及的设备必须是在用的完好设备。

5. 反映仓储生产作业劳动效率的指标

反映仓储生产作业劳动效率的指标主要是全员劳动生产率。全员劳动生产率可以用平均每人每天完成的出入库货物量来表示,计算公式为

$$全员劳动生产率 = \frac{全年货物出入库总量}{全员年工日总数}$$

6. 反映仓储生产经济效益的指标

反映仓储生产经济效益的指标主要有人均利润率等。在仓储绩效考核指标的运用过程中,各个仓储企业或仓储部门服务对象的不同使得管理的重点具有较大的差异。

以上六大类指标构成了仓储管理比较完善的指标体系,从多个方面反映了仓储部门经营

管理、工作质量及经济效益的水平。

任务四　仓储风险管理概述

一、仓储风险的概念和特征

仓库中可能会发生火灾、机械事故及人身伤亡等不确定事件，这些不确定事件给仓库带来的损害往往是相当大的，因此管理者或经营者应当具备风险意识，并具有一定的风险管理能力，对仓库生产过程中可能面临的风险进行预测和分析，以便加强管理，减少损失。

1. 仓储风险的概念

风险是指未来结果的不确定性。任何事情只要将来有可能出现不同的结果，即存在风险。储存在仓库中的货物，在储存期间面临许多不确定的情况，如由于受到各种因素包括其自身因素及外界各种自然、社会、人为因素等的影响，致使其理化性质发生变化，因而储存结果具有不确定的风险。

2. 仓储风险的特征

（1）不确定性。仓储风险的不确定性是指风险的发生及其造成的损失具有不确定性，即是否造成损失不确定，造成损失的原因不确定，造成损失的时间和地点不确定，损失的程度不确定。风险的不确定性增加了风险管理的难度和复杂程度，需要人们运用科学的方法对风险进行统计和预测分析。

（2）客观性。仓储风险的客观性是指无论人们是否意识到，风险都是客观存在的，而且是时时刻刻存在的。例如，仓库火灾、仓库装卸搬运中的事故、仓库中的有害物质污染等。

（3）损失性。仓储风险的损失性是指客观存在的风险一旦发生就会给企业和人们造成财产损失和人身伤害。例如，烧毁仓库和库存货物，发生人身伤亡，影响企业供应链的正常运行，甚至影响国家战略物资的供应。

二、仓储风险的类型

在对风险进行预测和分析时，首先要了解发生的风险属于哪一类型，并根据风险的类型确定风险的预测和管理方法，以便有效地控制风险，减少风险发生造成的损失。在对风险进行研究时，通常将风险按不同的标准进行分类。

1. 按风险的性质划分

（1）纯风险。纯风险（pure risks）是指一种只有损失机会而无获利机会的风险。纯风险一旦发生，导致的后果只有两个——损失或者无损失，而没有任何获利的可能。例如，仓库发生了火灾，要么大火烧毁了全部或部分仓库和货物，要么发现及时并扑救成功，没有造成损失，而经营者或货主不会从中获利。

（2）投机风险。投机风险（speculative risks）是指一种既存在损失可能，也存在获利可能的风险。投机风险一旦发生，导致的后果有三个：损失、无损失、获利。例如，投资仓库或投资库存,在一定时期内,仓库经营状态可能盈利,也可能亏损,还有可能盈亏平衡;库存资源的价格可能上涨,也可能下降,还有可能维持原价。区分纯风险和投机风险的目的在于采取不同的管理方法。如果想通过保险来分散风险,那么纯风险才具有可保性。

2. 按风险损害的对象划分

(1) 人身风险。人身风险(personal risks)是指由于人的死亡、疾病、伤残、失业或年老等原因造成的经济收入减少和丧失收入来源而遭受损失的不确定状态。例如,仓库生产过程中可能出现的事故对工作人员造成的人身伤害,或者仓库中有害物质污染对工作人员造成的人身伤害等。

(2) 财产风险。财产风险(property risks)是指因财产发生毁损、灭失和贬值,而使财产的所有者、使用者和责任者遭受损失的不确定状态。例如,仓库中设施和设备在自然灾害和意外事故中被损坏。

(3) 责任风险。责任风险(liability risks)是指因人的过失或侵权行为造成他人财产毁损或人身伤亡时,依法必须承担的经济赔偿责任的不确定状态。仓库,尤其是营业性仓库,与货主之间是通过委托仓储合同联系在一起的,仓库对库存的货物负有保管保护的责任。因此,仓库要对在仓库管理范围内发生的货物损失负责,仓库的经营活动是具有责任风险的。

3. 按风险的来源划分

(1) 自然风险。自然风险(natural risks)是指因自然力的不规则变化产生的现象所导致危害经济活动、物质生产及生命安全的风险。例如,暴风雪、地震、暴雨、洪水等。

(2) 社会风险。社会风险(social risks)是指由于集团和个人的某些违法行为、破坏行为造成的人员伤亡和财产损失。例如,偷盗、抢劫、暴乱等。

(3) 政治风险。政治风险(political risks)是指由于国家政权变动、政治斗争、法律和政策的改变而造成的社会不安定及人身伤亡和财产损失的风险。例如,政变、战争、罢工等。

(4) 经济风险。经济风险(economic risks)是指在生产、流通、交换、分配等领域的各种经济活动中,由于经营不善、信息不通、决策失误、市场变化等给经营者造成收入减少、经营亏损、企业破产等的风险。例如,仓库开展增值服务,可能成功,也可能失败;再周密的装卸搬运作业方案,也会有发生意外的可能。

三、仓储风险的管理

仓储风险的发生及其给仓库带来的损失大小具有一定的不确定性,因此仓库应该增强风险管理的意识,加强仓储风险管理,使得仓库对风险具备一定的预测和预防能力,从而能够尽量避免或减少因风险而带来的损失。

1. 仓储风险管理的概念

仓储风险管理是指通过对风险的识别、分析与衡量,采取损失控制措施,以最少的成本使风险引起的损失降到最低程度的一系列管理方法。它也可以被描述成一个组织或个人采取的降低风险成本,实现利润最大化的一系列决策和措施。

项目八 仓储成本管理及绩效评价

在激烈的市场竞争中,任何意外事故都可能导致企业的破产,因此仓库自我防范意识的培养,以及风险管理观念的树立是必不可少的。对于仓库管理者而言,第一是以最低的成本避免或减少损失,一旦发生意外能尽快地恢复到现有的生产能力和规模;第二是为员工提供心理安定的环境,保障员工的身心健康和提高工作效率。

2. 仓储风险管理的步骤

1) 风险管理目标的制定

风险管理目标是选择最经济和最有效的措施使风险的成本最小,效率最高。

2) 风险的识别

管理者通过对仓库拥有的各种财产、雇佣的所有员工、从事的各项经营活动进行全面的分析,找出仓库在各个方面所面临的风险。风险识别的方法主要有以下几种。

(1) 财务报表分析法:可以根据仓库的资产负债表、财产目录、损益表等,联系仓库的财务预算,对固定资产和流动资产的分布及经营状况进行分析研究,确定仓库的潜在损失,发现潜在风险,包括资产本身可能遭遇的风险,以及遭受风险引起生产或供应业务中断可能出现的损失,甚至包括连带造成他人人身伤亡和财产毁损应负的法律赔偿责任。使用这种方法要求管理者掌握财会知识,以便熟练地进行分析。

(2) 生产流程分析法:可以把仓库以入库、储存、出库为中心的仓库作业流程顺序列上流程表,再对每个阶段逐项进行分析,从中发现潜在风险。使用这种方法时要求管理者掌握仓库的作业流程、作业技术和作业规范。

(3) 风险清单分析法:可以把仓库即将面临的潜在损失用一览表的形式列出,然后进行风险分类,分析它们可能变化的方向和程度,以及相互间的联系,为科学地进行风险估算提供依据。使用这种方法时要求管理者具有丰富的经验,对仓库有全面系统的了解,对风险的类型、重要程度、风险估算和风险处理对策都非常熟悉。

损失一览表可以按损失进行编制:财产损失,包括事故、灾害发生给仓库造成的直接损失、间接损失和净收益损失;责任损失,包括库存货物被盗、作业方案错误等各种责任风险发生所导致的仓库收入减少;人身风险,包括事故、灾害发生造成的人员伤亡带给仓库、受害人自身及其家庭的损失。

3) 风险的衡量

风险的衡量是指衡量损失发生的潜在频率,估算潜在的损失规模及损失对仓库产生的影响程度。风险的衡量首先应该分析风险对仓库的影响程度。按照各种风险对仓库产生的影响,风险分为致命风险、重要风险和一般风险。

4) 风险管理措施的制定

根据仓库承担风险损失的能力,以及风险对仓库影响的程度不同,管理者需要设计出对不同风险的管理措施和计划。风险管理措施主要有以下几种。

(1) 自担风险。自担风险就是仓库自己承担风险造成的损失。例如,仓库负责赔偿由于管理不善造成的一切货损。

(2) 转移风险。仓库可以采用非保险法和保险法进行风险转移。在非保险法当中,仓库可以通过与客户签订合同的方式进行,如仓库与客户在货物完好率上达成一致,就可以相应减少仓库在货物发生损耗时承担的风险。在保险法当中,风险计划要解决的问题是哪些风险自留、哪些风险转移。对于自留的风险,要考虑采取什么样的防灾防损措施;对于要转移的风险，要考虑采取什么样的非保险转移方法；对于采取保险转移的风险，要制订详细的投保计划。

(3) 回避风险。仓库如果要回避风险，就可以不从事有风险的业务，如担心货物损坏，就可以不给客户送货。但这是一种比较消极的管理方法，因为在回避有风险的业务时，仓库就面临没有收益的风险。

(4) 损失控制。仓库要控制损失，就要从控制损失的发生频率和损失的程度入手，一方面防止损失发生，另一方面减少损失的破坏程度。

防损措施强调"防患于未然"，如仓库中安装的火灾自动报警系统，为减少货车滑移使叉车发生倾覆事故而在货车上安装的一系列锁车装置，以及为了减少差错而制定的各种作业规程。减损措施强调"快速反应"和"有效"，如仓库中根据库存物的特点而选用的灭火系统，以及仓库所投的各种保险。

5) 风险管理措施的评价

风险管理是一个动态过程，在这个过程中，管理者要定期或不定期地检查和评价各种措施和方法，及时发现问题并解决问题。

知识拓展

绿色食品配送

目前，创建绿色食品配送体系吸引了许多食品企业的眼球，也是食品行业未来发展的趋势。绿色食品配送主要从以下三方面入手。

(1) 运输绿色化。开辟公路、铁路、航空及水上常年性食品运输通道，并按照经济合理的原则将其联结起来，发挥各类运输工具的优势，消除不必要、不合理的关卡和收费，在全国范围内构建高效率、无污染、低成本的绿色运输网络和联运系统。

(2) 流通加工绿色化。一方面变消费者分散加工为专业集中加工，以规模作业方式提高资源利用效率，减少环境污染，如餐饮服务业对食品的集中加工、配送中心对生鲜蔬菜的附加加工等；另一方面集中处理消费品加工中产生的边角废料，以减少消费者分散加工所造成的废弃物污染。

(3) 包装绿色化。主要途径包括：鼓励生产部门采用尽量简化的及由可降解材料制成的包装；食品流通过程中尽量采用可重复使用单元化包装，并对包装上印制的广告与使用说明作出明确的规定和要求；建立合理的包装材料回收体系等。基于我国食品物流面临的新环境，要解决与食品物流密切相关的食品消费多样快捷化要求、食品安全卫生控制、食品企业规模扩大等问题，需要从源头抓起，建立统一的物流战略框架。

一、填空题

1. 仓储成本的特点有_____、_____、_____。
2. 仓储成本主要由_____、_____构成。

3. 影响仓储成本的因素有_____、_____、_____、_____。
4. 仓储成本控制的原则主要有_____、_____、_____。
5. 反映仓储生产成果数量的指标有_____、_____、_____。
6. 按风险的性质来划分，仓储风险可分为_____、_____。
7. 按风险损害的对象来划分，仓储风险可分为_____、_____、_____。
8. 在制定仓储绩效考核指标时，应遵循_____、_____、_____、_____原则。
9. 仓储绩效考核指标的管理包括_____、_____、_____。
10. 风险管理措施主要有_____、_____、_____、_____。

二、单选题

1. 直线折旧法每期的折旧额是（　　）。
   A. 相等的　　　B. 不相等的　　　C. 递减的　　　D. 递增的
2. （　　）不属于仓储作业成本。
   A. 固定资产折旧　　B. 工资和福利费　　C. 流通加工费　　D. 保险费
3. 仓库租赁费属于（　　）成本。
   A. 运输　　　B. 包装　　　C. 仓储　　　D. 流通加工
4. 主要反映仓库仓储生产经济效益的指标是（　　）。
   A. 业务赔偿费率　　B. 全员劳动生产率　　C. 人均利润率　　D. 仓容利用率
5. 主要反映仓库保管与维护质量和水平的指标是（　　）。
   A. 收发正确率　　B. 业务赔偿率　　C. 货物损耗率　　D. 账实相符率
6. 在反映仓库生产成果数量的指标中，（　　）更能体现仓库空间的利用程度和流动资金的周转速度。
   A. 存货周转率　　B. 吞吐量　　C. 库存量　　D. 库存品种
7. 在保管期中，某种货物自然减量的数量占该种货物入库数量的百分比这一指标是（　　）。
   A. 货物损耗率　　B. 收发差错率　　C. 账实相符率　　D. 缺货率
8. 在生产、流通、交换、分配等领域的各种经济活动中，由于经营不善、信息不通、决策失误、市场变化等给经营者造成的收入减少、经营亏损、企业破产等的风险是（　　）。
   A. 自然风险　　B. 社会风险　　C. 政治风险　　D. 经济风险
9. 把仓库以入库、储存、出库为中心的仓库作业流程顺序列上流程表，再对每个阶段逐项进行分析，从中发现潜在风险，这种风险识别的方法是（　　）。
   A. 财务报表分析法　　　　B. 生产流程分析法
   C. 风险清单分析法　　　　D. 风险转移
10. （　　）是指一种既存在损失可能，也存在获利可能的风险。该种风险一旦发生，导致的后果有三个：损失、无损失、获利。
    A. 纯风险　　B. 投机风险　　C. 人身风险　　D. 责任风险

三、多选题

1. 仓储成本的特点主要有（　　）。
   A. 重要性　　　　　　　　　　　　B. 效益背反性
   C. 核算成本数据的复杂性　　　　　D. 固定性
   E. 随机性

2. 企业自有仓库折旧的方法包括（　　）。
   A. 直线折旧法　　B. 余额递减法　　C. 工作量法　　D. 年数总和法
   E. 一次扣除法

3. 在装卸时对物品进行处理的方式有（　　）。
   A. 包装处理　　　B. 单品处理　　　C. 单元处理　　D. 散装处理
   E. 整装处理

4. 仓储绩效管理对仓库内部管理的意义在于（　　）。
   A. 有利于提高仓储管理水平　　　　B. 有利于落实岗位经济责任制
   C. 有利于仓库设施设备现代化改造　D. 有利于提高仓储经济效益
   E. 不利于提高仓储工作人员积极性

5. 反映仓储生产作业物化劳动占用的指标主要有（　　）。
   A. 仓库面积利用率　B. 全员劳动生产率　C. 仓容利用率　D. 设备利用率
   E. 缺货率

6. 仓储成本控制的措施有（　　）。
   A. 充分利用现代仓储技术和设备，提高各工作环节的作业效率
   B. 加速企业原料、成品周转，充分发挥库场使用效能，提高仓容利用率
   C. 加强材料、成品在库质量管理，减少保管中非正常损耗
   D. 采用有效的"先进先出"方式，保证每个被储存物品的储存期不过长
   E. 努力使物流、信息流、资金流保持一致，增强管理的有效性

7. 仓储绩效考核指标的制定，应遵循（　　）原则。
   A. 科学性　　　　B. 可行性　　　　C. 协调性　　　　D. 可比性
   E. 稳定性

8. 反映仓储生产作业质量的指标主要有（　　）。
   A. 收发差错率　　B. 业务赔偿率　　C. 账实相符率　　D. 货物损耗率
   E. 缺货率

9. 按风险的来源划分，仓储风险可分为（　　）。
   A. 人身风险　　　B. 自然风险　　　C. 社会风险　　　D. 政治风险
   E. 经济风险

10. 仓储风险管理的步骤有（　　）。
    A. 风险管理目标的制定　　　　　　B. 风险的识别
    C. 风险的衡量　　　　　　　　　　D. 风险管理措施的制定
    E. 风险管理措施的评价

四、问答题

1. 现代仓库中的仓储作业有哪些？各类仓储作业成本的构成是怎样的？
2. 对仓储成本控制有什么意义？如何对仓储成本进行控制？
3. 开展仓储绩效管理的意义是什么？
4. 仓储绩效考核指标制定的原则是什么？如何进行指标管理？
5. 常见的仓储绩效考核指标有哪些？

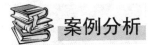
案例分析

美的——供应链双向挤压

美的为解决供应链的库存问题，利用信息化技术手段，一方面从原材料的库存管理做起，追求零库存标准，另一方面针对销售商，以建立合理库存为目标，从供应链的两段实施挤压，加速了资金、物资的周转，实现了供应链的整合成本优势。

1. 零库存梦想

对于美的来说，其较为稳定的供应商共有300多家，其零配件（出口、内销产品）加起来一共有3万多种。美的利用信息系统在全国范围内实现了产销信息的共享。有了信息平台做保障，美的原有的100多个仓库精简为8个区域仓，在8小时内可以运到的地方，全靠配送。这样一来，美的流通环节的成本降低了15%～20%。运输距离长（运货时间3～5天）的外地供应商，一般都会在美的的仓库里租赁一个片区（仓库所有权归美的），并把其零配件放到片区里面储备。美的在需要用到这些零配件的时候，就会通知供应商，供应商在自己的办公地点，通过互联网就可登录到美的官方网站查看订单内容：品种、型号、数量和交货时间等，然后由供应商确认信息，这样一张采购订单就已经合法化了。美的零部件库存周转率上升到70～80次/年。其零部件库存也由原来平均5～7天的存货水平，大幅降低为3天左右的库存水平，库存成本直线下降。

2. 消解分销链存货

美的作为经销商的供应商，为经销商管理库存。美的利用销售管理系统可以统计到经销商的销售信息，经销商无须备货。经销商缺货时，美的就会自动送过去，而不需要经销商提醒。经销商的库存"实际是美的自己的库存"。这种存货管理上的前移，使得美的可以有效地削减销售渠道上昂贵的存货，而不是任其堵塞在渠道中占用经销商的大量资金。

美的以空调为核心对整条供应链货源进行整合，更多的优秀供应商被纳入美的空调的供应体系，整体供应链在"成本""品质""响应期"等方面的专业化能力得到了不同程度的发展，供应链能力得到提升。

资料来源：http：//wenku.baidu.com/view/fac7f43343323968011c9231.html

问题：1. 分析美的实现零库存梦想的途径。
2. 结合案例分析仓储成本的构成。
3. 本案例中，美的是通过哪种方法来达到控制成本的目的的？

项目实施

情境实训一　结算管理

一、情境描述

陆通物流配送中心不仅从事货物的销售、采购、仓储、流通加工、包装、配送等相关的业务,还需要负责各环节财务方面的结算管理。

二、实训目的

通过对仓储业务流程的模拟,让学生了解货物的销售、采购、仓储、流通加工、包装、配送等相关的业务流程,并结合所学的物流知识、财务管理知识,明确配送业务在整个企业业务流程中的定位。

三、实训内容

1. 装卸费用计算。本模块实现:对在库管理中已录入的装卸费用进行修改,并录入新的装卸费用等。

2. 加工费用计算。本模块实现:对在库管理中已录入的加工费用进行修改,并录入新的加工费用等。

3. 费用核查。本模块实现:分别对装卸、加工费用进行审核、修改操作。

四、实训条件

计算机,交换机,接线器;仓储管理教学软件。

五、实训步骤

1. 教师用 2~4 个学时介绍仓储的基本业务流程及财物的基本业务流程,并展示每个业务环节所用到的单据。

2. 5~6 名学生组成一个小组,运用仓储管理教学软件进行实际操作。

六、作业题

1. 请阐述结算管理的流程。

2. 调查一家仓储企业,对其绩效管理状况进行分析和评价,写出调研报告。

情境实训二　案例分析——仓储绩效考核与风险控制

一、情境描述

陆通物流配送中心积极学习其他企业仓储绩效考核与风险控制的经验，降低仓储成本，减少风险。

二、实训目的

明确仓储绩效考核评价内容、标准；掌握仓储绩效考核指标体系的设计方法；了解风险及其产生的原因；掌握控制风险的措施。

三、实训内容

在物流实训室，采用物流仿真教学软件系统进行实训；探讨仓储绩效考核评价内容、标准；对案例进行分析、讨论，研究风险产生的原因及控制风险的措施。

四、实训条件

活动方式：情景模拟法、讨论法、案例分析法等。

五、实训步骤

1. 教师需要引导学生学习基础知识，给学生讲解、示范，主要培养学生理解、分析、判断能力。
2. 教师提供典型企业启发式案例，让学生了解产生风险的原因和控制风险的措施。

六、作业题

1. 应怎样设计仓储绩效考核指标体系？
2. 仓储管理员应具备的职业道德有哪些？

情境实训三　储配方案设计及操作技能竞赛

一、情境描述

为帮助员工全面学习仓储与配送理论知识，并熟练地掌握仓储与配送的操作技能，陆通物流配送中心组织了储配方案设计及操作技能竞赛（以下简称竞赛）。

二、实训目的

竞赛以现代物流业的核心工作任务——储配作业为主要内容，通过对参赛选手在组织管理、专业团队协作、现场问题的分析与处理、工作效率、质量与成本控制、安全及文明生产等方面能力的评价，旨在激励其提高仓储与配送专业技能及职业素养。

三、实训内容

1. 储配方案设计。选手做好分工及工作准备。根据所获取的企业储存、配货、场地、货物、货架、托盘、客户、工时资料、各种租赁及货位占用费、安全要求等相关信息，进行分析处理；优化货位及制订货物入库方案；处理订单及生成拣选单；制订配送运输方案；编制可实施的储配作业计划；预测储配方案实施过程中可能出现的问题和应对措施，并提交储配方案，方案提交后不可修改。

2. 储配方案实施。选手根据上述储配方案设计的结果，在竞赛场地实施储配方案。选手选择最佳时机并根据作业任务需求向租赁中心租赁托盘、地牛等设备和工具；执行入库作业计划和出库作业计划。选手在方案实施过程中要体现物流企业所需要的基本操作技能，服务质量与安全意识。以操作规范程度、方案可行性、方案实施效率、服务质量、安全意识等要素为依据，计算综合成本作为评价标准。根据方案执行情况完成本次业务活动的成本核算，提交成本核算表。

四、实训条件

1. 竞赛场地。方案设计赛段：竞赛场地均为独立空间，配置统一的计算机等设施。方案实施赛段：室内。

2. 设施设备。条码打印机、标准托盘、货架、堆垛车、地牛、RF手持终端。

3. 竞赛软件平台。计算机安装办公自动化软件、条码编辑打印软件及诺思全国物流技能大赛软件等。

五、实训步骤

1. 竞赛采取团队比赛方式，每支参赛队由3名选手组成。

2. 竞赛分方案设计赛段和方案实施赛段。方案设计赛段时间为4 h，方案实施赛段时间为1 h。

3. 赛后点评。比赛全部结束后，由专家对赛项的技术要点、选手表现、比赛过程等进行点评。

六、作业题

1. 撰写一份储配方案报告。
2. 按照储配方案现场进行仓储与配送操作。

项目九

配送与运输作业管理

【项目说明】

配送是在经济合理区域范围内,根据用户要求,对物品进行拣选、加工、包装、分割、组配等作业,并按时送达指定地点的物流活动。高效率的配送能大大降低库存成本和提高应对商品市场需求变化的快速反应能力。

【知识目标】

1. 了解配送的含义、特点、功能及分类;
2. 了解车辆积载及车辆调度问题;
3. 熟悉车辆装运技术,学会运用表上作业法及图上作业法等进行简单的车辆调度;
4. 掌握配送运输路线设计的方法,运用最小路径法、节约里程法对配送运输路线实行优化设计。

【能力目标】

1. 掌握配送的成本构成及管理方法;
2. 具备协同配送、配送运输线路设计的能力;
3. 能够选择配送运输方法、叙述货物配载的处理流程;
4. 能够熟练运用软件进行车辆调度与日常管理操作。

导入案例

货车帮成为"互联网+物流"独角兽的秘密

货车帮所处的赛道"互联网+物流"对于行业而言并不陌生——阿里、京东等电商巨头都致力于通过互联网技术来改变物流行业,以提升平台用户的物流体验和商家的物流效率。货车帮崛起的原因可以归结为以下几点。

(1) 抓住了大市场的刚需。2014 年成立的货车帮模式清晰:帮助货车司机找货、帮助货主找车。继滴滴之后,连接需求和资源的共享经济平台越来越多,货运领域就有同城货运平台货拉拉,不同的是货车帮解决的是全国范围内的货运问题,通过互联网和大数据等技术智能匹配车源和货源，减少车辆空跑及配货等待时间，提升货运效率。

货车帮所处的公路物流市场规模庞大。中华人民共和国商务部数据显示，中国公路物流市场全球最大，运费约 8 万亿元，公路运输成为应用最广泛的运输方式，公路货运周转量 6.5 亿 t·km，约为美国的 2 倍。然而这个市场却效率低下，3 000 万货车司机、2 000 万辆货车缺乏有效连接导致空驶率高、配货周期长。越落后的市场越有互联网的机会，货车帮通过互联网连接货主和货车让许多问题迎刃而解。

（2）清晰的商业模式。共享经济平台都存在着商业模式的难点，只做连接很难向供需双方收费，货车帮很早就找到了多元的盈利模式。车货匹配平台是货车帮的核心竞争力，截至 2017 年 7 月底，货车帮诚信注册车辆会员达 450 万，诚信注册货主会员达 88 万；更具想象空间的是，货车帮基于海量精准用户和物流大数据，进入货车后市场，如 ETC 发卡充值、新车导购、货车保险、加油及其他金融产品和服务，目前与多地高速集团战略合作，累计发行 ETC 卡超过 100 万张，成为中国货车 ETC 最大的发卡和充值渠道；与多家保险公司合作推出针对货主和司机的保险产品；还与多家货车主机厂合作。

（3）执行力强，货车帮证明了自己。共享出行平台玩家云集，然而最终只剩下滴滴；共享货运行业也有不少与货车帮类似的玩家，一些玩家甚至比货车帮更早入局，但货车帮却脱颖而出，成为中国最大的公路物流互联网信息平台，多次获得国家领导人点赞，与国家发展改革委等政府部门和巨头公司签订战略合作协议。

货车帮高管团队成员来自物流、互联网、金融、市场等不同领域，既理解货运行业，也理解互联网模式，执行力强。例如，最初创始人团队中 CEO 唐天广是国内最早一批互联网经济的研究者之一，董事长戴文建则在实体物流中摸索多年，理解物流运输行业。

上述三大原因让货车帮在众多车货连接平台中脱颖而出，拓展车主、货主之后，再通过海量物流数据的积累，让货车帮形成了壁垒，采取同样模式的后来者很难再有机会。

资料来源：https: //zhuanlan.zhihu.com/p/28762458

问题与思考
1. 货车帮是在什么背景下成立的？其成立对电商企业有什么意义？
2. 什么是配送？配送运输系统由哪些物流信息技术支持？
3. 配送运输路线优化设计有哪些方法？

项目任务

任务一 货物配送的概念与分类

一、配送的概念

中华人民共和国国家标准《物流术语》（GB/T 18354—2006）中对配送的定义是："在经济合理区域范围内，根据客户要求，对物品进行拣选、加工、包装、分割、组配等作业，并按时送达指定地点的物流活动。"合理的配送能够提高物流的经济效益，能使企业实现低库存或零库存，简化手续，方便客户，提高供应保证程度，完善输送，消除交叉运输。

二、配送的特点

(1) 配送是"中转"型送货。配送是从物流结点至用户的一种特殊送货形式。从送货功能看,其特殊性表现为:从事送货的是专职流通企业,而不是生产企业;配送是"中转"型送货,而一般送货尤其从工厂至用户的送货往往是直达型;一般意义上的送货是生产什么、有什么送什么,配送则是企业需要什么送什么。因此,要做到需要什么送什么,就必须在一定中转环节筹集这种需要,从而使配送必然以中转形式出现。

(2) 配送是物流"终端运输"。配送不是单纯的运输而是运输与其他活动共同构成的组合体。配送中的运输在整个配送过程中是"一次运输""支线运输""终端运输"。

(3) 配送业务具有多重性。配送业务,除送货外,还包括"拣选""分货""包装""分割""组配""配货"等项工作。这些工作难度很大,要做好这些工作必须以发达的商品经济和现代的经营水平为支撑。在商品经济不发达的国家及历史阶段,很难按用户要求实现配送,要实现广泛的、高效率的配送就更加困难。因此,一般意义上的送货和配送存在着时代的差别。

(4) 技术手段现代化。配送的全过程要以现代化技术手段为基础。现代化技术和装备的采用,使配送在规模、水平、效率、速度、质量等方面远远超过以往的送货形式。各种传输设备及识码、拣选等机电装备的采用,使得整个配送作业像工业生产中广泛应用的流水线,实现了流通工作的一部分工厂化。因此,配送也是科学技术进步的一个产物。

(5) 配送以用户要求为出发点。配送的定义强调"根据客户要求",明确了客户的主导地位。配送是从客户利益出发、按客户要求进行的一种活动,因此在观念上必须明确"用户第一""质量第一"。配送企业的地位是服务地位而不是主导地位,因此不能从本企业利益出发,而应从客户利益出发,在满足客户利益的基础上取得本企业的利益。更重要的是,不能将配送损伤或控制客户,不能将配送作为部门分割、行业分割、市场割据的手段。

三、配送的分类

在不同的市场环境下,为适应不同的生产和消费需要,配送表现为多种形式。这些配送形式各有优势,同时也有各自的适用条件。

1. 按配送组织者不同划分

(1) 配送中心配送。配送组织者是专职从事配送业务的配送中心。配送中心配送的数量大、品种多、半径大、能力强,可以承担企业生产用主要物资的配送及向商店补充性配送等。它是配送的主体形式,但由于需要大规模的配套设施,投资较大,且一旦建成则机动性较差,因此也有一定的局限性。

(2) 仓库配送。仓库配送是指以一般仓库为据点进行配送的形式,在仓库保持原有功能的前提下,增加配送功能。仓库配送规模较小,专业化程度低,但可以利用仓库的原有资源而不需大量投资,上马较快。

(3) 商店配送。商店配送是指配送组织者为商业或物资经营网点,其主要承担零售业务,规模一般不大,但经营品种齐全,容易组织配送。该方式的配送组织者实力有限,但网点多,配送半径小,比较机动灵活,可承担生产企业非主要生产用物资的配送,是配送中心配送的辅助及补充形式。

（4）生产企业配送。生产企业配送是指配送组织者为生产企业，尤其是进行多品种生产的企业，可以直接进行配送，而无须再将产品发运到配送中心进行中转配送。由于避免了一次物流的中转，因此该方式具有一定的优势，但无法像配送中心那样依靠产品凑整运输取得优势。

2. 按配送时间及数量划分

（1）定时配送。定时配送是指按规定时间或时间间隔进行配送，每次配送的品种及数量可按计划进行，也可在配送前由供需双方商定。定时配送有以下几种具体形式。

① 小时配方式，即接到订货要求1小时内将货物送达，适用于一般消费者突发的个性化配送需求，也经常用作应急的配送方式。

② 日配方式，即接到订货要求24小时内将货物送达。日配是定时配送中较为广泛采用的方式，可使用户获得在实际需要的前半天得到送货服务的保障，基本上无须保持库存。

③ 准时配送方式，即按照双方协议时间，准时将货物配送到用户的一种方式。这种方式比日配方式更为精密，可实现零库存，适用于装配型、重复、大量生产的企业用户，往往是一对一的配送。

④ 快递配送方式，是一种在较短时间内实现货物的送达，但不明确送达的具体时间的快速配送方式。一般而言，其覆盖地区较为广泛，服务承诺期限按不同地域会有所变化。快递配送面向整个社会的企业型和个人型用户，如美国的联邦快递、我国邮政系统的EMS快递都是运作得非常成功的快递配送企业。

（2）定量配送。定量配送即按事先协议规定的数量进行配送。这种方式货物数量固定，备货工作有较强的计划性，容易管理。

（3）定时定量配送。定时定量配送即按规定的配送时间和配送数量进行配送，兼有定时、定量两种方式的优点，是一种精密的配送服务方式。

（4）定时定路线配送。定时定路线配送即在规定的运行路线上，按配送车辆运行时间表进行配送，用户在指定时间到指定位置接货。

（5）即时配送。即时配送即完全按用户突发的配送要求立即进行配送的应急方式，是对各种配送服务的补充和完善，灵活但配送成本较高。

3. 按配送品种及数量划分

（1）单（少）品种、大批量配送。一般来讲，对于工业企业需要量较大的商品，由于单独一个品种或几个品种就可达到较大输送量，可使车辆满载并使用大吨位车辆。同时，由于配送中心的内部设置、组织、计划等工作也较为简单，因此配送成本较低。

（2）多品种、小批量配送。多品种、小批量配送是根据用户的要求，将所需的各种物品（每种物品的需要量不大）配备齐全，凑整装车后由配送点送达用户。这种配送作业水平要求高，配送中心设备复杂，配货、送货计划难度大，因此需要有高水平的组织工作保证和配合。而且在实际中，多品种、小批量配送往往伴随多用户、多批次的特点，配送频度往往较高。

（3）配套成套配送。配套成套配送是为满足企业的生产需要，按其生产进度，将装配的各种零配件、部件、成套设备定时送达生产线进行组装的一种配送形式。这种配送方式完成了生产企业大部分供应工作，使生产企业专门致力于生产，与多品种、小批量、多批次配送效果相同。

4. 按配送专业化程度划分

(1) 综合配送。综合配送是指配送商品种类较多，不同专业领域的产品在同一个配送结点组织对客户的配送。它可以减少客户为组织所需全部进货的负担，只需通过和少数配送企业联系，便可解决多种需求的配送。因此，它是对客户服务较强的配送形式。由于产品性能、形状差别很大，综合配送在组织时技术难度较大。因此，一般只是在性状相同或相近的不同类产品方面实行综合配送，差别过大的产品难以综合化。

(2) 专业配送。专业配送是指按产品性状不同适当划分专业领域的配送方式。专业配送并非对产品越细分越好，实际上对于同一性状而类别不同的产品也存在一定的综合性。专业配送可按专业领域的共同要求优化配送设施，优选配送机械及配送车辆，制定适应性强的工艺流程，从而大大提高配送各环节的工作效率。

(3) 共同配送。共同配送也称共享第三方物流服务，指多个客户联合起来共同由一个第三方物流服务公司来提供配送服务。它是在配送中心的统一计划、统一调度下展开的。共同配送是由多个企业联合组织实施的配送活动。其本质是通过作业活动的规模化降低作业成本，进行横向联合、集约协调、求同存异及效益共享。

任务二　配送成本的构成与管理

一、配送成本的概念及特点

1. 配送成本的概念

配送成本是指在配送活动的备货、储存、分拣与配货、配装、送货、送达服务及配送加工的环节所发生的各项费用的总和，是配送过程中所消耗的各种活动和物化劳动的货币表现。例如，人工费用、物品损耗、利息支出、管理费用等按一定对象进行汇集，就构成了配送成本。从物流成本的构成比重上看，配送成本占物流成本的比重是最高的，为35%～60%。因此，降低配送成本对降低物流成本、提高物流收益有重大意义。

2. 配送成本的特点

(1) 配送成本的隐蔽性。人们难以识别物流成本费用的总体内容，要想直接从企业的财务中完整地提取出企业发生的配送成本也是较难办到的。例如，通常的财务会计通过"销售费用、管理费用"科目可以看出部分配送成本的情况，但这些科目反映的费用仅仅是全部配送成本的一部分，即企业对外支付的配送费用，而且这一部分费用往往是混同在其他有关费用中，而不是单独设立"配送费用"科目进行独立核算的。因此，配送成本确实犹如海里的一座冰山，露出水面的仅是冰山一角。

(2) 配送成本削减的乘数效应。配送成本的减少可以显著增加企业的效益与利润。假定销售额为1 000元，配送成本为100元。如果配送成本降低10%，就可能得到10元的利润。假定这个企业的销售利润率为2%，则创造10元利润，需要增加500元的销售额。即降低10%的配送成本所起的作用相当于销售额增加50%所带来的利润。可见，配送成本的下降会产生极大的效益。

（3）配送成本的"效益背反"。效益背反是指同一资源的两个方面处于相互矛盾的关系之中，要达到一个目的必然要一定程度上损害另一目的，要追求一方，必得舍弃另一方的一种状态。这种状态在配送诸活动之间也是存在的。例如，尽量减少库存据点及库存，必然引起库存补充频繁，从而增加运输次数，同时仓库的减少会导致配送距离变长，运输费用进一步增加。此时一方成本降低，另一方成本增加，产生成本效益背反状态。如果运输费用的增加超过保管费用的降低部分，总成本反而会增加，这样减少库存据点及库存变得毫无意义。

二、配送成本的构成

1. 按配送流程及配送环节划分

配送成本实际上是由配送运输费用、分拣费用、配装费用及流通加工费用等构成的。

1）配送运输费用

配送运输费用主要包括以下两个方面。

（1）车辆费用。车辆费用是指从事配送运输生产而发生的各项费用，具体包括驾驶员及助手等的工资及福利费、燃料、轮胎、修理费、折旧费、养路费、车船使用税等项目。

（2）营运间接费用。营运间接费用是指营运过程中发生的不能直接计入各成本计算对象的站、队经费，包括站、队人员的工资及福利费、办公费、水电费、折旧费等，但不包括管理费用。

2）分拣费用

分拣费用包括分拣人工费用和分拣设备费用。

（1）分拣人工费用，是指从事分拣工作的工人及有关人员的工资、奖金、补贴等费用的总和。

（2）分拣设备费用，是指分拣机械设备的折旧费用及修理费用。

3）配装费用

配装费用包括配装材料费用、配装辅助费用和配装人工费用。

（1）配装材料费用。常见的配装材料有木材、纸、自然纤维、合成纤维和塑料等。这些包装材料功能不同，成本相差很大。

（2）配装辅助费用。除上述费用外，还有一些辅助性费用，如包装标记、标志的印刷，拴挂物费用等的支出。

（3）配装人工费用。这是指从事包装工作的工人及有关人员的工资、奖金、补贴等费用总和。

4）流通加工费用

流通加工费用是指在流通加工过程中，从事加工活动的管理人员、工人及有关人员的工资、奖金等费用的总和。

（1）流通加工设备费用。流通加工设备因流通加工形式不同而不同，购置这些设备所支出的费用，以流通加工费用的形式转移到被加工产品中去。

（2）流通加工材料费用。这是指在流通加工过程中，投入到加工过程中的一些材料消耗所需要的费用。

实际应用中，应该根据配送的具体流程归集成本，不同的配送模式，其成本构成差异较大。相同的配送模式下，由于配送物品的性质不同，其成本构成差异也很大。

2. 按配送成本的现实表现划分

（1）材料费。材料费是指因物料消耗而发生的费用，主要包括物资材料费、燃料费、消耗性工具、低值易耗品摊销及其他物料消耗费。

（2）人工费。人工费是指配送作业中用劳务消耗所支付的费用，主要包括工资、奖金、补贴、福利及职工教育培训费等。

（3）维护费。维护费是指土地、建筑物、机械设备、车辆、搬运工具等固定资产的使用、运转和维修保养所发生的费用，主要包括维修保养费、折旧费、房产税、土地、租赁费用、保险费等。

（4）一般经费。一般经费相当于财务会计中的一般管理费，指差旅费、会议费、交际费、邮电费、城建税及其他税款，还包括商品损耗费、事故处理费及其他杂费等。

（5）特别经费。特别经费是指采用不同于财务会计的计算方法计算出来的配送费用，主要包括按实际使用年限计算的折旧费和企业内利息等。

（6）对外委托费。对外委托费是指向企业外支付的运输费、保管费、包装费、出入库装卸费、委托物流加工费。

（7）其他企业支付费用。在配送成本中还应该包括向其他企业支付的费用。例如，商品购进采用送货制时包含在购买价格中的运费和商品销售采用提货制时因顾客自己取货而从销售价格中扣除的运费。在这种情况下，虽然实际上本企业内并未发生配送活动，但却产生了相关费用，因此也应该将其作为配送成本计算在内。

三、配送成本的核算方法

正确计算配送成本是配送管理的基础，配送成本计算的常用方法之一是作业成本法（ABC分析法）。一些研究机构和学者进行的调查证明，作业成本法在配送成本管理中的运用是促进企业配送管理合理化的有效方法。

1. 作业成本法的基本原理

作业成本法，即基于作业的成本核算方法，是指以成本动因理论为基础，通过对作业进行动态追踪、确认和计量来评价作业业绩和资源利用情况的一种方法。

作业成本法的基本原理是：根据"产品耗用作业，作业耗用资源；生产导致作业的产生，作业导致成本的发生"的指导思想，以作业为成本核算对象，首先通过资源动因的确认、计量将资源费用追踪到作业，形成作业成本；再通过作业动因的确认和计量将作业成本追踪到产品，最终形成产品的成本。

作业成本法为作业、经营过程、产品、服务、客户提供了一个更精确的分配间接成本和辅助资源的方法。通过对作业及作业成本的确认、计量，最终算出相对真实的产品成本。同时，通过对所有与产品相关联的作业活动的追踪分析，尽可能消除"不增值作业"，改进"增值作业"，优化"作业链"，提供有用信息，促使损失、浪费减少到最低限度，提高决策、计划、控制的科学性和有效性，最终达到提高企业的竞争能力和盈利能力，增加企业价值的目的。

2. 作业成本法的核算程序

作业成本法应用于配送成本的核算时，突破了产品这一界限，而把成本核算深入到作业层次；它以作业为单位搜集成本，并把"作业"的成本按作业动因分配到产品。应用作业成本法核算配送成本并进而对其进行管理的步骤如下。

（1）界定配送系统中涉及的各项作业。作业的类型和数量会随着企业的不同而不同。

（2）确认企业配送系统中涉及的资源。资源是成本的源泉，一个企业的资源包括直接人工、直接材料、生产维持成本（如采购人员的工资成本）、间接制造费用及生产过程以外的成本（如广告费用）。资源的界定是在作业界定的基础上进行的，每项作业必涉及相关资源，与作业无关的资源应从物流核算中扣除。

（3）确认资源动因，将资源分配到作业。作业决定着资源的耗用量，这种关系称作资源动因。资源动因联系着资源和作业，它把总分类账上的资源成本分配到作业。

（4）确认成本动因，将作业成本分配到产品中。例如，问题最多的产品会产生最多顾客服务的电话，故按照电话数的多少，把解决顾客问题的作业成本分配到相应的产品中去。

3. 作业成本法的计算步骤

（1）确认和计算耗费的各种资源。通过对公司的总账和明细账进行分析，将属于配送相关的费用从经营费用和管理费用中分离出来，得到该公司所耗用的资源：工资性费用、仓库除湿除潮费用、租金、车辆相关费用、包装打码费用、仓储修理费、分拣配货相关费用。

（2）将资源分配到作业，开列作业成本单，归集作业成本库成本。首先要将这些资源消耗分配到作业中去。以卷烟配送商的配送为例，将卷烟配送商的配送作业分为储存保管、包装打码、分拣配货、送货4个作业，对作业的分类相对集中，以简化分配和计算，确认各作业所包含的资源，也就是确认每一种作业所包含的成本要素。其次确认各类资源的资源动因，将资源分配到各收益对象（作业），据此计算出该作业的成本要素的成本额。在确认作业所包含的资源及各类资源的资源动因后，开列成本单，得到作业成本库的总成本额。

（3）选择作业动因，把作业成本库的总成本分配到产品，开列服务成本单。确认各作业的作业动因，并统计作业动因的因数，据此分别计算各作业的单位成本分配率。根据仓储保管、包装打码、分拣配货、送货作业与服务对象之间的逻辑关系，选择的作业动因依次为库存量、配送量、送货次数、行驶里程。通过成本计算，可以得出成本控制的重点，并进一步采取措施，达到降低配送成本的目的。

四、配送成本的管理与控制

要对配送成本进行良好的管理与控制，首先应正确认识配送服务与成本之间的二律背反关系。即配送服务的高水平必然提升客户对企业的满意度，使企业的业务量增加、营业收入增加，经济效益提高，但同时也带来了企业配送成本的增加。因此，企业应根据配送成本效益递减的原理，以及企业自身的目标市场定位和企业的市场战略，科学而有针对性地确定配送的服务水平。企业所追求的目标是在尽可能低的总成本条件下实现既定的顾客服务水平，而不是追求最高的配送服务水平。一般情况下，可以从以下几个方面进行配送成本的管理及控制。

1. 优化配送作业

优化配送作业的主要手段有混合配送、差异化配送、共同配送等。

（1）混合配送。混合配送是指部分配送作业由企业自己完成，另一部分外包给第三方。

这种混合配送可以合理安排配送任务，使配送成本达到最小。

（2）差异化配送。差异化配送是指按产品的特点、销售水平来设置不同的配送作业，即不同的库存、不同的配送方式及不同的储存地点。

（3）共同配送。共同配送是一种战略运作层次上的共享，它是几个企业联合、集小量为大量、共同利用共同配送设施的配送方式。

2. 确定合理的配送线路

运用系统分析技术，选择配送线路，实现货物配送优化。配送线路是指各送货车辆向各个客户送货时所要经过的线路，它的合理与否，对配送速度、车辆的利用效率和配送费用都有直接影响。

3. 建立通畅的配送信息系统

在配送作业中，需要处理大量的数据，降低配送成本的主要手段是借助通畅的信息系统，如利用ERP系统、EDI系统、电子商务系统等提高信息的及时性和准确性，降低不必要的成本。

4. 提高配送自动化程度

入库和发货效率的提高可以通过条形码技术和便携式终端性能的提高来实现；而在保管和装卸作业中，也可以通过自动化技术来降低人工成本，并实现作业的标准化；备货自动化中最常用的是数码备货，是由信息系统在接受客户订货的基础上，向分拣员发出数码指令，从而按照指定的数量和种类，正确、迅速地备货。

任务三　配送运输

一、配送运输的概念和特点

1. 配送运输的概念

配送运输是指物流过程的中转型送货，也称二次输送、支线输送、终端输送，即在产品的用户集中区域，按用户的订货要求和时间计划，在物流中心配货，并将配好的货物采用汽车巡回运送方式送交收货人的小范围、近距离、小批量、多品种的为多用户服务的运输。配送运输不是单纯的运输或送货，而是运输与其他活动的组合，除了各种"运""送"活动外，还包括集货、分货、配货、配装等工作，是配与送的有机结合。它以服务为目标，以尽可能满足客户要求为前提。

2. 配送运输的特点

（1）配送运输是从物流据点到用户之间的一种特殊送货形式。

（2）配送运输是连接了物流其他功能的物流环节，提高了物流系统的价值增值部分。

（3）配送运输是复杂的作业体系，通常伴随着较高的作业成本，但能够大大降低库存成本和提高应对商品市场需求变化的快速反应能力。

（4）配送运输在固定设施、搬运设备、运送工具、组织形式、通信信息等方面可集成为系统化的运作体系。

二、配送运输的方法

影响配送运输的因素较多,在运输方法的选择上应考虑客户所期望的便捷性、经济性,以及货物的安全性,应尽量避免不合理运输。配送运输的方法主要包括:汽车整车运输、多点分运及快运。

1. 汽车整车运输

(1) 汽车整车运输的概念、特点。汽车整车运输是以整车为基本单位订立运输合同,以便充分体现整车配送运输的可靠、快速、方便、经济等特性。汽车整车运输适用于同一收货人一次性需要到达同一站点,且适合配送装运3 t以上的货物运输,或者货物重量在3 t以下,但其性质、体积、形状需要一辆3 t以上车辆一次或一批运输到目的地的运输。其基本程序是:按客户需求订单备货—验货—配车—配装—装车—发车—运送—卸车交付—运杂费结算—货运事故处理。其特点是中间环节较少,送达速度快,运输成本较低。

(2) 汽车整车运输作业过程。汽车整车运输作业过程是一个多工种的联合作业系统,是社会物流中必不可少的重要过程。这一过程是货物运输的劳动者借助于运输线路、运输车辆、装卸设备、站场等设施,通过各个作业环节,将货物从配送地点运送到客户地点的全过程。它由4个相互关联又相互区别的过程构成,即运输准备过程、基本运输过程、辅助运输过程和运输服务过程。

2. 多点分运

多点分运是在保证满足客户要求的前提下,集多个客户的配送货物进行搭配装载,以充分利用运能、运力,降低配送成本,提高配送效率。

(1) 往复式行驶线路。往复式行驶线路一般是指由一个供应点对一个客户的专门送货。从物流优化的角度看,其基本条件是客户的需求量接近或大于可用车辆的核定载重量,需专门派一辆或多辆车一次或多次送货。往复式行驶线路属于车辆在两个物流结点间往复行驶的路线类型。根据运载情况,往复式行驶线路可分为3种形式:单程有载往复式线路、回程部分有载往复式线路、双程有载往复式线路。

(2) 环形行驶线路。环形行驶线路是指车辆在由若干物流结点间组成的封闭回路上连续单向运行的行驶线路。车辆在环形行驶线路上行驶一周时,至少应完成两个运次的货物运送任务。由于不同运送任务其装卸作业点的位置分布不同,环形行驶线路可分为4种形式,即简单环形式、交叉环形式、三角环形式、复合环形式。

(3) 汇集式行驶线路。汇集式行驶线路是指车辆沿分布于运行线路上各物流结点间,依次完成相应的装卸任务,而且每一运次的货物装卸量均小于该车核定载重量,沿路或装或卸,直到整辆车装满或卸空,然后再返回出发点的行驶线路。汇集式行驶线路可分为直线形和环形两类,其中汇集式直线形线路实质是往复式行驶线路的变形。这两种类型的线路各自都可分为分送式、聚集式、分送一聚集式。

(4) 星形行驶线路。星形行驶线路是指车辆以一个物流结点为中心,向其周围多个方向上的一个或多个物流结点行驶而形成的辐射状行驶线路。

3. 快运

(1) 快运的特点。快运有别于快递和传统运输。快运的运输对象一般在重量、数量、体积上都比快递的运输对象大;传统运输是点对点的运输,局限于火车站、机场、货运市场或指定的集中收货场地,快运则以门到门服务为主要产品,直接送到终端收货人手中。其特点是送达速度快、配装手续简捷、实行承诺制服务、可随时进行信息查询。

(2) 快运业务操作流程。通过电话、传真、电子邮件接受客户的委托—快速通道备货—分拣—包装—发货—装车—快速运送—货到分发—送货上门—信息查询—费用结算。

(3) 快运的基本形式有定点运输、定时运输、特快运输、联合快运。

三、配送运输作业概述

1. 配送组织工作的内容

一般情况下,配送组织工作的内容如下。

(1) 拟订配送计划。根据客户的订货合同,确定用户的送达地、接货人、接货方式、货种、规格、数量、送货时间及送接货的其他要求;了解各种所需配送货物的性能、运输要求,以便确定车辆种类及搬运方式;掌握每天每小时的运力配置情况,交通条件,配送中心所存货物品种、规格、数量情况等。

(2) 确定配送计划。掌握了以上原始数据,依据一定的算法,确定配送计划。由于变量多、计算量大,配送计划一般借助计算机完成,步骤如下。

① 按日汇总各用户所需要的品种、规格、数量、用户地点,并详细了解各用户的地址,可用地图、表格标出。

② 计算各用户到配送中心的距离和各用户之间的距离,确定目标函数,运用运筹学中的求解线性规划及目标规划等数学模型,得到最优的配送计划。当然,也可手工计算,简化条件,如运用节约里程法计算。具体的配送线路优化设计方法将在本项目的任务五中作详细介绍。

(3) 执行配送计划。配送计划确定后,将到货时间、到货品种、规格、数量通知用户和配送中心,配送中心配发,用户准备接货。配送中心依据配送计划检查库存货物,对数量种类不足的货物马上进货,并向运输部门、仓储部门、分货包装部门和财务部门下达配送任务。各部门分别完成配送准备,理货部门按计划将用户所需要的各种货物进行分货及配发包装,标明收货人的名称、地址、配送时间、货物明细等,按计划将各用户货物组合、装车,将公路运单交司机或随车送货人,车辆按计划路线送货上门,用户在运单回执上签字,配送完成后,通知财务部门结算。如果用户是老客户,则可建立往来账。

2. 配送运输作业流程

若按照先后顺序,配送运输作业流程可划分为以下几个步骤。

(1) 划分基本配送区域。为使整个配送有一个可循的基本依据,应首先将客户所在地的具体位置做一系列统计,并将配送区域进行整体划分,将每一客户囊括在不同的基本配送区域之中,并作为下一步决策的基本参考。例如,按行政区域或交通条件划分不同的配送区域,在这一区域划分的基础上,可再做塔形调整来安排配送。

(2) 车辆配载。由于货物品种、特性各异,为提高配送效率,确保货物质量,在接到订单后,首先必须将货物依特性进行分类,然后分别选取不同的配送方式和运输工具,如按冷冻食品、速食品、散装货物、箱装货物等分类配载。其次,配送货物也有轻重缓急之分,必须按照先急后缓的原则,合理组织运输配送。

(3) 预先确定配送顺序。在考虑其他影响因素、确定配送方案前，应先根据客户订单要求的送货时间，将配送的先后作业次序做概括性的预订，为后面车辆积载做好准备工作。计划工作是为了保证达到既定的目标，因此预先确定基本配送顺序既可以有效地保证送货时间，又可提高运输效率。

(4) 车辆安排。车辆安排要解决的问题是安排什么类型、多少吨位的配送车辆进行最后的送货。一般企业拥有的车辆型号有限，车辆数量亦有限。当本公司的车辆无法满足要求时，可使用外雇车辆。在保证配送运输质量的前提下，是组建自营车队，还是以外雇车辆为主，应视经营成本而定。但无论是自营车辆还是外雇车辆，都必须事先了解有哪些车辆可以供调派并符合要求，即这些车辆的容量和额定载重量是否满足要求。其次，安排车辆之前，还必须分析订单上货物的信息，如体积、重量、数量及对于装卸有哪些特别要求等，综合考虑各方面因素的影响，做出最合适的车辆安排决策。

(5) 选择配送线路。确定了每辆车负责配送的具体任务后，如何以最快的速度完成对这些货物的配送，即如何选择配送距离短、时间短、成本低的线路，需根据客户的具体位置、沿途的交通情况等做出有限选择和判断。除此之外，还必须考虑有些客户或其所在地的交通环境对送货时间、车型等方面的特殊要求，如有些客户不在中午或晚上收货，有些道路在高峰期实行特别的交通管制等。

(6) 确定最终的配送顺序。做好车辆安排及选择最佳的配送线路后，依据各车负责配送的具体客户先后顺序，即可明确客户的最终配送顺序。

(7) 完成配送车辆积载。确定了客户的配送顺序后，接下来就是解决如何将货物装车、以什么次序装车的问题，即车辆积载问题。原则上，确定了客户的配送顺序，只要将货物依"后送先装"的顺序装车即可。但有时为了有效利用空间，可能还要考虑货物的性质（怕震、怕压、怕撞、怕湿）、形状、体积及重量等，并相应做出弹性调整。此外，对于货物的装卸方法也必须依照货物的性质、形状、重量、体积等做具体决策。

在以上各阶段操作过程中，需要注意的要点有：①明确订单内容；②掌握货物的性质；③明确具体配送地点；④适当选择配送车辆；⑤选择最优的派送线路；⑥充分考虑各作业点装卸货时间。

任务四　车辆积载及车辆调度

一、车辆积载

1. 影响车辆积载的因素

(1) 货物特性因素。如轻泡货物，由于车辆容积的限制和运行限制（主要是超高），而无法满足吨位，造成吨位利用率降低。

(2) 货物包装情况。如果车厢尺寸不与货物包装容器的尺寸成整倍数关系，则无法装满车厢。例如，货物宽度 80 cm，车厢宽度 220 cm，将会剩余 60 cm。

(3) 不能拼装运输。应尽量选派核定吨位与所配送的货物重量接近的车辆进行运输，或按有关规定减载运送。比如有些危险品必须减载运送才能保证安全。

(4) 由于装载技术的原因，不能装足吨位。如货物装车时堆码方法不合理使得车厢装载货物不多，或装卸搬运设备的作业能力限制使得装车货物的垛层码得不高，从而造成不能装足吨位。

2. 车辆积载的原则

(1) 轻重搭配。车辆装货时，必须将重货置于底部，轻货置于上部，避免重货压坏轻货，并使货物重心下移，从而保证运输安全。

(2) 大小搭配。货物包装的尺寸有大有小，为了充分利用车厢的内容积，可在同一层或上下层合理搭配不同尺寸的货物，以减少车厢内的空隙。

(3) 货物性质搭配。拼装在一个车厢内的货物，其化学性质、物理性质不能互相抵触。如不能将散发臭味的货物与具有吸臭性的食品混装；不将能将产生粉尘的货物与清洁货物混装。

(4) 到达同一地点并适合配装的货物应尽可能一次积载。

(5) 根据车厢的尺寸、容积和货物外包装的尺寸确定合理的堆码层次及方法。

(6) 装载时不允许超过车辆所允许的最大载重量。

(7) 装载易滚动的卷状、桶状货物要垂直摆放。

(8) 货与货之间、货与车辆之间应留有空隙并适当衬垫，防止碰撞导致货损。

(9) 装货完毕，应在门处采取适当的稳固措施，以防开门卸货时货物倾倒造成货损。

(10) 尽量做到"后送先装"。

(11) 为了减少或避免差错，尽量把外观相近、容易混淆的货物分开装载。

3. 提高车辆装载效率的具体办法

(1) 研究各类车厢的装载标准，根据不同货物和不同包装体积的要求，合理安排装载顺序，努力提高装载技术和操作水平，力求装足车辆核定吨位。

(2) 根据客户所需要的货物品种和数量，调派适宜的车型承运。这就要求配送中心根据经营商品的特性，配备合适的车型结构。

(3) 凡是可以拼装运输的，尽可能拼装运输，但要注意防止差错。

箱式货车有确定的车厢容积，车辆的载货容积为确定值。假设车厢容积为 V，车辆载重量为 W，现要装载单位重量的体积分别为 R_a、R_b 的两种货物，使得车辆的载重量和车厢容积均被充分利用。

假设两种货物的配装重量为 W_a、W_b，则

$$W_a + W_b = W$$
$$W_a \times R_a + W_b \times R_b = V$$
$$W_a = \frac{V - W \times R_b}{R_a - R_b}$$
$$W_b = \frac{V - W \times R_a}{R_b - R_a}$$

【例 9-1】某配送中心需运输甲和乙两种货物，甲货物单位重量的体积是 $2.6 \text{ m}^3/\text{t}$，乙货物单位重量的体积是 $0.7 \text{ m}^3/\text{t}$，计划使用车辆载重量为 12 t，车厢容积为 15 m³，请问如何装载才能使车辆载重能力和车厢容积都能被充分利用？

解：假设甲货物的配装重量是 W_a，乙货物的配装重量是 W_b，其中 $V = 15 \text{ m}^3$，$W = 12$

t, $R_a = 2.6 \text{ m}^3/\text{t}$, $R_b = 0.7 \text{ m}^3/\text{t}$

$$W_a = \frac{V - W \times R_b}{R_a - R_b} = \frac{15 - 12 \times 0.7}{2.6 - 0.7} = 3.47(\text{t})$$

$$W_b = \frac{V - W \times R_a}{R_b - R_a} = \frac{15 - 12 \times 2.6}{0.7 - 2.6} = 8.53(\text{t})$$

即该车装载甲货物 3.74 t、乙货物 8.53 t 时，车辆的载重能力及车厢容积均能被充分利用。

4. 车辆装载与卸载

1) 装卸的基本要求

装载与卸载总的要求是"省力、节能、减少损失、快速、低成本"。

（1）装车前应对车厢进行检查和清扫，并根据货物性质不同，对车辆进行清洗、消毒，达到规定要求。

（2）选择最恰当的装卸方式。在装卸过程中，应尽量减少或根本不消耗装卸的动力，利用货物本身的重量进行装卸，如利用滑板、滑槽等。同时应考虑货物的性质和包装，选择最适当的装卸方法，以保证货物的完好。

（3）合理配置和使用装卸机具。根据工艺方案科学地选择装卸机具并按一定的流程合理布局，以达到搬运装卸的路径最短。

（4）力求减少装卸次数。物流过程中，发生货损货差的主要环节是装卸，而在整个物流过程中装卸作业又是反复进行的，从发生的频数看，超过其他环节，装卸作业环节不仅不增加货物的价值和使用价值，反而有可能增加货物破损的概率，并延缓整个物流作业速度，从而增加物流成本。

（5）防止货物装卸时的混杂、散落、漏损、碰撞，特别要注意有毒货物不得与食用类货物混装，性质相抵的货物不能混装。

（6）装车的货物应数量准确，捆扎牢靠，做好防丢措施；卸货时应清点准确，码放整齐，标志向外，箭头向上。

（7）提高货物集装化或散装化作业水平。成件货物集装化、粉粒状货物散装化是提高作业效率的重要手段。因此，成件货物应尽可能集装成托盘系列、集装箱、货捆、货架、网袋等货物单元再进行装卸作业。各种粉粒状货物尽可能采用散装化作业，直接装入专用车、船、库。不宜大量化的粉粒状货物也可装入专用托盘、集装箱、集装袋内，提高货物活性指数，便于机械装卸作业。

（8）做好装卸现场组织工作。装卸现场的作业场地、进出口通道、作业流程、人机配置等布局设计应合理，使现有的和潜在的装卸能力被充分发挥或发掘出来。应避免由于组织管理工作不当造成装卸现场拥挤、紊乱的现象，要确保装卸工作安全顺利完成。

2) 装车堆积

装车堆积是在具体装车过程中，为了充分利用核定载重量、车厢容积而采用的方法。一般是根据所配送货物的性质和包装来确定堆积的行、列、层数及堆码的规律。堆码的方式一般有行列式堆码方式和直立式堆码方式。堆码时应注意的事项如下。

(1) 堆码要规律、整齐。
(2) 堆码高度不能超限。
(3) 货物在横向不得超出车厢宽度，前端不得超出车身，后端不得超出车厢的长度。
(4) 堆码时应重货在下，轻货在上；包装强度差的货物放在包装强度好的货物上面。
(5) 货物应大小搭配，以利于充分利用车厢容积及核定载重量。
(6) 按顺序堆码，先卸车的货物后堆码。

3）绑扎

绑扎时主要考虑以下几点：绑扎端点要易于固定而且牢靠；可根据具体情况选择绑扎形式；应注意绑扎的松紧度，避免货物或其包装损坏。

绑扎的形式有：单件捆绑；单元化、成组化捆绑；分层捆绑；分行捆绑；分列捆绑。

绑扎的方法有：平行绑扎；垂直绑扎；相互交错绑扎。

4）货车封盖

为了防止雨雪造成货物湿损、日晒损坏货物等，货物在装车后应加以封盖。一般采用帆布封盖，或移动车棚封盖。此外，装载容易飞扬、流漏的物品的车厢，需封盖严密。

二、车辆调度

车辆调度指的是调度车辆配载客户的货物送达客户的手中，其目的是降低运输成本，主要解决的是车辆的调派问题，即指挥监控配送车辆正常运行，协调生产过程，以实现车辆运行作业计划。车辆调度是整个配送系统调度作业的一部分，同时也是最重要的一部分。

配送中心每天要配送几十甚至上百位客户的货物，对于这些货物的配送，不可能为每位客户安排一辆车运送一次，这样成本很高而且时间也大大延长。因此，必须对这些客户的货物进行搭配，将多个客户的货物配装在一辆车上配送。配送系统的调度作业即根据客户信息和货物特性及车辆情况，合理搭配货物和车辆，以便降低配送运输的成本，提高效率。

车辆调度的方法有多种，可根据客户所需货物、配送中心站点及交通线路的布局不同选用不同的方法。简单的运输可采用定向专车运行调度法、循环调度法、交叉调度法等。但如果配送运输任务量大、交通网络复杂，为合理调度车辆，可运用运筹学中线性规划的方法，如图上作业法、表上作业法等。

1. 图上作业法

图上作业法是将配送业务量反映在交通示意图上，通过对交通示意图初始调运方案的调整，求出最优配送车辆运行调度方法。运用这种方法时，要求交通示意图上没有货物对流现象，以运行路线最短、运费最低或行程利用率最高为优化目标，求出车辆的最佳配送路线。这种方法适用于交通线路为线状或圈状，而且对产销地点的数量没有严格限制的情况，其步骤如下。

1）绘制交通示意图

(1) 符号含义。在交通示意图上要用不同的符号清楚地标明供应地、供应量、需求量及各结点间的距离。对于所使用的符号没有统一的要求，其中常用的符号如下。

◯：表示货物的供应地或生产地。

▢：表示货物的需求或销售地。

────── ：表示供应地和需求地之间的距离。

──────▶ ：表示货物调动方向。

◯ ：表示两地之间的调运量。

（2）数字标注。两个相邻地点之间的距离标注在横线之下；供应地的供应量标注在椭圆内；销售地的需求量标注在长方形内；两地之间的调运量标注在圆圈内。为保持图表简洁性，标注时一般省去数量单位。

（3）流向标注。货物调动方向的标注也就是货物流向的标注要遵循右手原则，即流向画在横线的右方。有圈的，按顺时针方向调运的货物调运线路，其调运箭头线都画在圈内，称为内圈；按逆时针方向调运的货物调运线路，调运箭头线都画在圈外，称为外圈。

2）将初始调运方案反映在交通示意图上

任何一张交通示意图的线路分布形态无非是不成圈与成圈两类。

（1）不成圈线路。绘制的线路呈直线、丁字线、交叉线、分支线等，直线为最基本的线路。不论哪种线路，都应转化为一条直线的配送形式，以方便绘出流向线。对于不成圈线路，应遵循"就近调运"的原则，只要保证不出现对流现象，就是最优方案。

（2）成圈线路。成圈线路就是在绘制交通示意图时，形成闭合回路的"环"形线路，包括一个圈（三角形、四边形、多边形）和多个圈等。成圈线路采用破圈法处理。破圈法的"圈"指的是闭合回路的"环"形线路，其基本思想是在成圈线路中，先假设两点间线路不通，去掉这段线路，把成圈线路转化为不成圈线路，称为"破圈"。在给定的图中任意找出一个回路，删去该回路中权最大的边，然后在余下的图中再任意找出一个回路，再删去这个新找出的回路中权最大的边。一直重复上述过程，直到剩余的图中没有回路。这个没有回路的剩余图便是最小路径。

3）检查初始流向图

成圈线路的流向要达到既无对流现象，又无迂回现象，此时对应的方案就是最佳方案。对于对流问题可以从图上直接看出，对于迂回问题不能直接看出。检查是否迂回的方法是：分别计算线路的全圈长、内圈长和外圈长（圈长即里程数），以圈的内、外圈流向总弧长分别小于或等于全圈流向总弧长的一半为合理流向的标准进行检查，符合该标准的方案即为最优方案；否则，即为非最优方案，需要对其进行调整。

4）调整初始流向图

调整时采用缩圈法，即外圈不合理缩外圈，内圈不合理缩内圈。缩圈时选择不合理流向中最小的流量边为调整量，在该圈各边减去这个最小运量，而相应的合理圈流向中每段流量边（或原来没有运量的边）都加上此调整量，即成新的流向图。

5）编制货物调运方案

按流向图的调运量编制调运量表。

【例9-2】假设有 A_1、A_2、A_3、A_4 四个配送点，分别有货物 20 t、20 t、60 t、100 t，需送往5个零售商店 B_1、B_2、B_3、B_4、B_5，五个零售商店的需求量分别为 30 t、30 t、50 t、70 t、20 t，各点之间的距离单位为 km，各配送点和零售商店的地理位置及它们之间的道路情况如图 9-1 所示，请用图上作业法进行车辆调度。

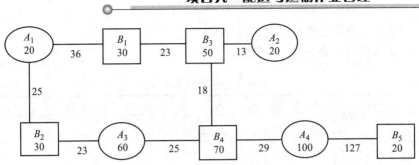

图 9-1 交通示意图

(1) 绘制初始流向图。从交通示意图上可看出存在一个回路,其中所有边中距离最长的边是 36,用一个叉号表示从此处断开,从供方 20 开始编制初始调运方案,画出初始流向图,凡调运方向为顺时针的调运量画在圈内,为逆时针的调运量画在圈外,如图 9-2 所示。

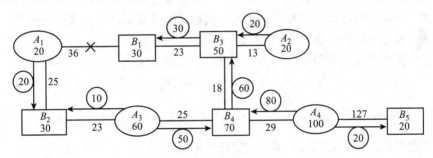

图 9-2 初始调运方案

(2) 检查初始流向图。全圈流向总弧长 = 36+23+18+25+23+25 = 150;1/2 全圈流向总弧长 = 75;内圈流向总弧长 = 23;外圈流向总弧长 = 25+25+18+23 = 91,因为外圈流向总弧长大于全圈流向总弧长的一半,故外圈流向不合理,需调整。

(3) 调整初始流向图。外圈不合理,外圈最小的调运量是 $A_1 - B_2$ 为 20,现取其为调整量,外圈中 $A_1 - B_2$、$A_3 - B_4$、$B_4 - B_3$、$B_3 - B_1$ 各减去调整量 20,同时,合理圈(内圈)中相应流向 $A_3 - B_2$ 增加 20,且没有调运量的边 $A_1 - B_1$ 增加 20,构成调整流向方案,如图 9-3 所示。

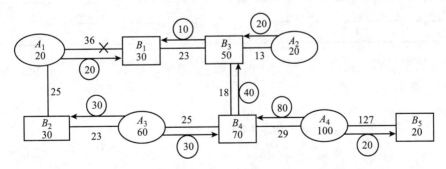

图 9-3 调整流向方案

(4) 检查调整流向图。全圈流向总弧长 = 36+23+18+25+23+25 = 150;1/2 全圈流向总弧长 = 75;内圈流向总弧长 = 23+36 = 59;外圈流向总弧长 = 25+18+23 = 66;内、外圈弧总长均小于 1/2 全圈弧长，因此是合理的。

（5）编制调运量表，如表 9-1 所示。

表 9-1 调运量表

	B_1	B_2	B_3	B_4	B_5	发货量
A_1	20					20
A_2	10		10			20
A_3		30	30			60
A_4			10	70	20	100
收货量	30	30	50	70	20	200

2. 表上作业法

对于配送运输调度而言，表上作业法是一种寻求最省运费或最短运输里程的调运方案的方法。其过程是将运输过程中涉及的起止点、里程、运量及运价等因素组合成表，在表上进行作业运算，求得最优调运方案。

假设某类物资有 m 个配送中心地点（称为产地或供应地）A_1，A_2，…，A_m，其调出的物资量分别为 a_1，a_2，…，a_m；有 n 个客户（称为销地或收货地）B_1，B_2，…，B_n，其需要调进的物资量分别为 b_1，b_2，…，b_n，并且要求供需平衡 $\sum_{i=1}^{m} a_i = \sum_{j=1}^{n} b_j$。

已知每个产地 A_i 到每个销地 B_j 的物资每单位运价为 c_{ij}（$i=1$，2，…，m；$j=1$，2，…，n）。请问如何调运才能使总的运费最小？我们将相关数据列在一张表上，即单位运价表，见表 9-2。

表 9-2 单位运价表

产地	销地				产量 a
	B_1	B_2	…	B_n	
A_1	C_{11}	C_{12}	…	C_{1n}	a_1
A_2	C_{21}	C_{22}	…	C_{2n}	a_2
⋮	⋮	⋮	⋮	⋮	⋮
A_m	C_{m1}	C_{m2}	…	C_{mn}	a_m
销量 b	b_1	b_2	…	b_n	

先建立数学模型，假设 x_{ij} 为从 A_i 调运到 B_j 的物资数量（$i=1$，2，…，m；$j=1$，2，…，n），则有

$$\begin{cases} \sum_{i=1}^{n} x_{ij} = a_i, & i=1,2,\cdots,m \\ \sum_{i=1}^{m} x_{ij} = b_j, & j=1,2,\cdots,n \end{cases}$$

$$x_{ij} \geq 0, \quad i=1,2,\cdots,m; \quad j=1,2,\cdots,n$$

这样的配送问题是一个线性规划问题，可以使用表上作业法求解。表上作业法是利用线

性代数及矩阵方法来寻求运输网络系统的优化方案,也就是在单位运价表上确定初始调运方案,然后利用科学方法对方案进行优化调整,最终得到使总运输费用最小的方案。因为整个过程在表上进行,所以称为表上作业法。表上作业法的基本步骤如下。

① 利用最小元素法确定初始调运方案。最小元素法的基本思想是就近供应,即从单位运价表中最小的运价开始确定产销关系,依此类推,直到得到基本方案为止,找出初始基可行解:$m+n-1$ 个数字格。

② 判断初始调运方案是否最优。一个方案是否最优需要进行判别,基于有调运量的格对应的运价表,利用闭合回路法和位势法求解各非基变量的检验数,检验初始调运方案是否最优。

③ 用闭合回路调整初始调运方案。在有调运量的表上用闭合回路法确定出基变量,找出基变量的闭合回路进行调整。重复第②、③步骤,直到得到最优解。

【例9-3】某企业有甲、乙、丙三个产地,A、B、C、D 四个销售地。各产地的产量、各销售地的需求量,以及从产地到销售地的单位运价见表 9-3。该企业利用表上作业法编制最优的运输方案,使总运费最少。

表 9-3 运输产销平衡及单位运价表

	A	B	C	D	产量/t
甲	3	1	4	2	200
乙	2	3	6	5	300
丙	6	4	2	3	400
需求量/t	100	300	200	300	900

第一步:利用最小元素法确定初始调运方案。最小元素是指单位运价最小。最小元素法的基本思想是运价最低的优先调运。建立供需平衡运价表,从运价最小的格开始,在格内右下角标上允许取得的最大数,然后按运价从小到大顺序填数,若某行(列)的产量(销量)已满足,则把该行(列)的其他格划去,如此进行下去,直到得到一个基本可行的解。初始调运方案如表 9-4 所示。

表 9-4 初始调运方案

	A	B	C	D	产量/t
甲	3	1/200	4	2	200
乙	2/100	3/100	6	5/100	300
丙	6	4	2/200	3/200	400
需求量/t	100	300	200	300	900

按照初始调运方案的最终总费用为 $=200\times1+100\times2+100\times3+100\times5+200\times2+200\times3=2\ 200$ 元。

第二步:利用位势法判别最优解。按照初始调运方案可以得到一张初始调运价格表(有调运量的格对应的单位运价表),如表 9-5 所示。

表 9-5 初始调运价格表（运价表）

	A	B	C	D
甲		1		
乙	2	3		5
丙			2	3

在表 9-5 上增加一行一列如表 9-6 所示，并按式 (9-1) 计算每个产地的位势 U_i，每个销售地的位势 V_j。

$$U_i + V_j = C_{ij} \qquad i=1,2,3; j=1,2,3,4 \qquad (9-1)$$

计算时，可先令任一位势为任一常数，如先令 $U_i = 0$，按式 (9-1)，能相继确定 U_i 和 V_j。当令 $U_1 = 0$ 时，由 $U_1 + V_2 = 1$，可得 $V_2 = 1$，由 $U_2 + V_2 = 3$，可得 $U_2 = 2$……类似地可确定所有的 U_i 和 V_j 的数值，从而得到表 9-6。

表 9-6 位势表

	A	B	C	D	行位势 U_i
甲		1			0
乙	2	3		5	2
丙			2	3	0
列位势 V_j	0	1	2	3	

再将表 9-6 中的行位势与列位势两两相加，其和放在相应的方格内，得到表 9-7。

表 9-7 位势和表

	A	B	C	D	行位势 U_i
甲	0	1	2	3	0
乙	2	3	4	5	2
丙	0	1	2	3	0
列位势 V_j	0	1	2	3	

再将表 9-3 中的数字与表 9-7 中的数字相减，得检验数表，如表 9-8 所示。

这里，显然格子 (i,j) 的在检验数表中 $\sigma_{ij} = C_{ij} - (U_{ij} + V_{ij})$，$i=1,2,3; j=1,2,3,4$。

表 9-8 检验数表

	A	B	C	D
甲	3	0	2	-1
乙	0	0	2	0
丙	6	3	0	0

得到检验数后，即可判断该方案是否最优。若所有的检验数均为非负数，则该方案为最优方案；若表中检验数出现负值，表明该方案不是最优，需要进行调整。

第三步：用闭合回路法进行方案调整。检验数为负值的方格（1，4）为调入格，从此格出发，作一闭回路，即沿水平或垂直方向前进，遇到有运量的方格即转 90°，最后回到原处形成封闭的回路，如表 9-9 所示。取回路上偶数格（2，4）的最小运量 100 作为调整量，偶数格对应的两个顶点（1，2）、（2，4）运量都减去调整量 100。回路上的奇数格的两个顶点（1，4）、（2，2）运量都加上调整量 100，调整后的方案如表 9-10 所示。

表 9-9　调运量闭回路表

	A	B	C	D
甲		200		
乙	100	100		100
丙			200	200

表 9-10　调运量调整方案表

	A	B	C	D	产量/t
甲		100		100	200
乙	100	200			300
丙			200	200	400
需求量/t	100	300	200	300	900

调整后总运费为 =100×1+100×2+100×2+200×3+200×2+200×3=2 100 元，比初始调运方案的运费 2 200 元减少运费 100 元。

第四步：对调运量调整方案表（表 9-10）再应用位势法求出检验数。从调运量调整方案表中找出各个格对应的运价表，令 $U_1=0$，$U_1+V_4=2$，得 $V_4=2$；$U_1+V_2=1$，得 $V_2=1$；$U_3+V_4=3$，得 $U_3=1$……得到表 9-11。

表 9-11　新位势表

	A	B	C	D	行位势 U_i
甲		1		2	(U_1) 0
乙	2	3			(U_2) 2
丙			2	3	(U_3) 1
列位势 V_j	(V_1) 0	(V_2) 1	(V_3) 1	(V_4) 2	

表 9-12　新位势和表

	A	B	C	D	行位势 U_i
甲	0	1	1	2	(U_1) 0
乙	2	3	3	4	(U_2) 2
丙	1	2	2	3	(U_3) 1
列位势 V_j	(V_1) 0	(V_2) 1	(V_3) 1	(V_4) 2	

再将表 9-3 中的数字与表 9-12 中的数字相减得新检验数表，如表 9-13 所示。

表 9-13　新检验数表

	A	B	C	D
甲	3	0	3	0
乙	0	0	3	1
丙	5	2	0	0

由于表 9-13 中的检验数均为非负数，故表 9-10 给出的调运方案即为最优调运方案。即 $x_{12}=100, x_{14}=100, x_{21}=100, x_{22}=200, x_{33}=200, x_{34}=200$，其余 $x_{ij}=0$。

任务五　配送路线优化

一、配送路线优化的意义

由于配送方法的不同，配送运输的过程也不尽相同，影响配送运输的因素很多，如车流量的变化、道路状况、客户的分布状况和配送中心的选址、道路交通网、车辆核定载重量及车辆运行限制等。

配送路线设计就是整合影响配送运输的各种因素，适时、适当地利用现有的运输工具和道路状况，及时、安全、方便、经济地将客户所需的商品准确地送达客户手中。在配送路线设计时，需根据不同客户群的特点和要求，选择不同的路线设计方法，最终达到节省时间、运距和降低配送运输成本的目的。

二、最短路径优化设计

在最短路径优化设计中，一般是由一个供应点对一个客户的专门送货。从物流优化的角度看，直送式客户的基本条件是其需求量接近或大于可用车辆的核定载重量，需专门派一辆或多辆车一次或多次送货。因此，对于一对一的配送路线设计，要选择的是最短的配送距离，配送追求的是多装快跑，以节约时间、费用，提高配送效率。这里介绍一种寻求网络中两点间最短路径的方法——Dijkstra 算法，也称标号法。

Dijkstra 在 1959 年提出了按路径长度的递增次序，逐步产生最短路径的 Dijkstra 算法。该算法可以用于求解任意指定两点之间的最短路径，也可以用于求解指定点到其余所有节点之间的最短路径。该方法目前被认为是求非负权网络最短路径的最好办法。

【例 9-4】用 Dijkstra 算法求图 9-4 中 V_1—V_7 的最短路线和距离，单位为 km。

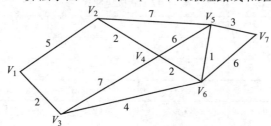

图 9-4　V_1—V_7 路线

第一步：设 V_1 为 $L_1=0$，求与 V_1 相邻未标号点 V_2、V_3 最小距离并标号。

$$V_2 = 0+5 = 5$$
$$V_3 = 0+2 = 2$$

最小值是 2，则标号 $L_3=2$ 并描黑 V_1-V_3。最短路径设计（1）如图 9-5 所示。

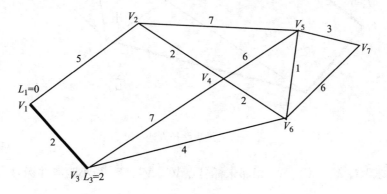

图 9-5　最短路径设计（1）

第二步：求 V_1、V_3 相邻未标号点 V_2、V_4、V_6 最小距离并标号。

$$V_2 = 0+5 = 5$$
$$V_4 = 2+7 = 9$$
$$V_6 = 2+4 = 6$$

最小值是 5，则标号 $L_2=5$ 并描黑 V_1-V_2。最短路径设计（2）如图 9-6 所示。

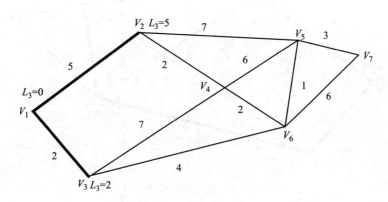

图 9-6　最短路径设计（2）

第三步：求 V_1、V_2、V_3 相邻未标号点 V_4、V_5、V_6 最小距离并标号。

$$V_4 = 5+2 = 7 \text{ 或 } 2+7 = 9$$
$$V_5 = 5+7 = 12$$
$$V_6 = 2+4 = 6$$

最小值是 6，则标号 $L_6=6$ 并描黑 V_3-V_6。最短路径设计（3）如图 9-7 所示。

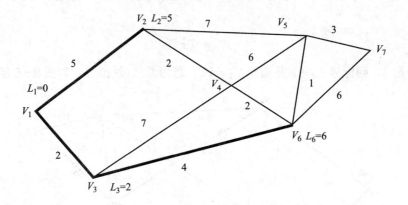

图 9-7　最短路径设计（3）

第四步：求 V_1、V_2、V_3、V_6 相邻未标号点 V_4、V_5、V_7 最小距离并标号。

$$V_4=5+2=7 \text{ 或 } 2+7=9 \text{ 或 } 6+2=8$$
$$V_5=5+7=12 \text{ 或 } 6+1=7$$
$$V_7=6+6=12$$

最小值是 7，则标号 $L_4=7$，$L_5=7$ 并描黑 V_2-V_4、V_5-V_6。最短路径设计（4）如图 9-8 所示。

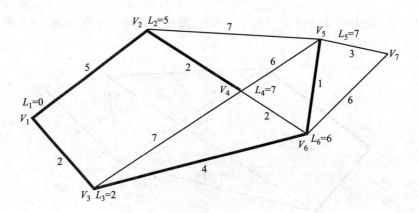

图 9-8　最短路径设计（4）

第五步：求 V_1、V_2、V_3、V_4、V_5、V_6 相邻未标号点 V_7 最小距离并标号。

$$V_7=6+6=12 \text{ 或 } 7+3=10$$

最小值是 10，则标号 $L_7=10$ 并描黑 V_5-V_7。最短路径设计（5）如图 9-9 所示。

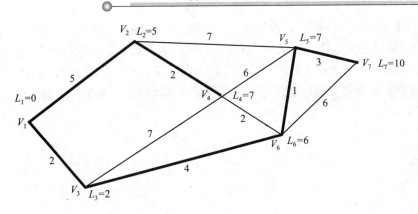

图 9-9 最短路径设计（5）

图 9-10 显示：从 V_1 到 V_7 的最短路线为 $V_1 - V_3 - V_6 - V_5 - V_7$，总距离为 $2+4+1+3=10$ km。

三、节约里程法

由一个配送中心向多个客户送货是一对多的配送。在同一条路线上所有客户的需求量总和不大于一辆车的核定载重量时，由这一辆车配装着所有客户需求的货物，按照一条预先设计好的最佳线路依次将货物送到每一个客户手中，这样既可以保证按需将货物及时交达，同时也能节约行驶里程，缩短整个送货的时间，节约费用，又能客观上减少交通流量，缓解交通压力。

如图 9-10（a）所示，P 点为配送中心所在地，A 和 B 为客户所在地，三者相互间的道路距离分别为 a、b、c。送货时最直接的办法是利用两辆车分别为 A、B 两个客户进行配送，如图 9-10（b）所示，则车辆的实际运行距离为 $2a+2b$。如果由一辆车巡回配送，如图 9-10（c）所示，则运行的实际距离为 $a+b+c$。

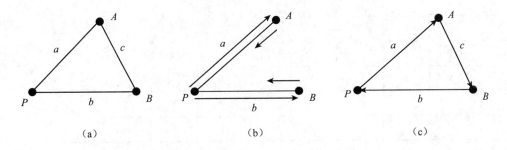

图 9-10 节约法原理图

采用图 9-10（c）的方式，当道路状况没有特殊规定时，可节约车辆运行距离为：$(2a+2b)-(a+b+c)=a+b-c$；根据三角形两边之和大于第三边的定理，按照节约车辆运行距离的大小顺序连接各配送地并设计出配送路线。节约里程法的核心思想是依次将运输问题中的两个回路合并为一个回路，每次使合并后的总运输距离减小的幅度最大，直到达到一辆车的装载限制时，再进行下一辆车的优化。

【例9-5】 如图9-11所示,由配送中心 P 向 $A \sim I$ 等9个用户配送货物。图中连线上的数字表示公路里程(单位:km)。靠近各用户括号内的数字,表示各用户对货物的需求量(单位:t)。配送中心备有2 t和4 t载重量的汽车,且汽车一次巡回行驶里程不能超过35 km,假设送到时间均符合用户要求,运用节约里程法求解该配送中心的最优送货方案。

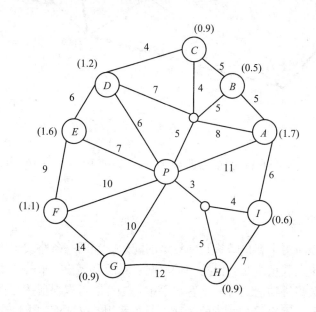

图9-11 配送中心的配送网络图

第一步:计算配送中心至各用户及各用户之间的最短距离,如表9-14所示。

表9-14 配送路线的最短距离矩阵表

	需求量	P								
A	1.7	11	A							
B	0.5	10	5	B						
C	0.9	9	10	5	C					
D	1.2	6	14	9	4	D				
E	1.6	7	18	15	10	6	E			
F	1.1	10	21	20	19	15	9	F		
G	0.9	10	21	20	19	16	17	14	G	
H	0.9	8	13	18	17	14	15	18	12	H
I	0.6	7	6	11	16	13	14	17	17	7	I

第二步:根据配送路线的最短距离矩阵表,利用节约里程法计算出各用户之间的节约里程,如表9-15所示。例如:计算 $A—B$ 间的节约距离:$P—A$ 的距离为 $a=11$,$P—B$ 的距离为 $b=10$,$A—B$ 的距离为 $c=5$,则 $a+b-c=11+10-5=16$。

项目九　配送与运输作业管理

表 9-15　配送路线节约里程表

P	A							
B	16	B						
C	10	14	C					
D	3	7	11	D				
E	0	2	6	7	E			
F	0	0	0	1	8	F		
G	0	0	0	0	0	6	G	
H	6	0	0	0	0	0	6	H
I	12	6	0	0	0	0	0	8	I

第三步：根据配送路线节约里程表中节约里程多少的顺序，由大到小排列，如表 9-16 所示。

表 9-16　节约里程排序表

顺位号	路线	节约里程	顺位号	路线	节约里程
1	A—B	16	10	A—H	6
2	B—C	14	10	B—I	6
3	A—I	12	10	C—E	6
4	C—D	11	10	F—G	6
5	A—C	10	10	G—H	6
6	E—F	8	15	A—D	3
6	H—I	8	16	B—E	2
8	B—D	7	17	D—F	1
8	D—E	7			

第四步：根据节约里程排序表和配车路径，组成配送路线图。

① 初始解。如图 9-12 所示，从配送中心 P 分别向各个用户单独配送。配送路线 9 条，总运行里程为 156 km，需要 2 t 的汽车 9 辆。

② 最终配送路线。根据载重量约束与节约里程大小，按顺序连接各用户结点，形成配送路线，共有三条，如图 9-13 所示。其总行程为 93 km，需 2 t 货车 1 辆，4 t 货车 2 辆，共节约里程（16+14+12）+（8+7）+6＝63 km。

路线一：P—I—A—B—C—P。按照节约行程的大小顺序连接 A—B、B—C、A—I，形成巡回路线，装载量为 3.7 t，需 4 t 货车 1 辆，运行距离为 32 km，共节约里程 16+14+12＝42 km。

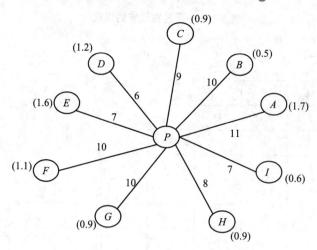

图 9-12 初始配送线路图

路线二：$P-D-E-F-P$。连接 $D-E$，$E-F$，形成巡回路线，装载量为 3.9 t，需 4 t 货车 1 辆，运行距离为 31 km，共节约里程 $8+7=15$ km。

路线三：$P-G-H-P$。连接 $G-H$ 组成配送巡回路线，装载量为 1.8 t，需 2 t 货车 1 辆，运行距离为 30 km，共节约里程 6 km。

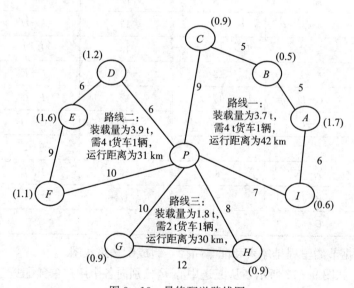

图 9-13 最终配送路线图

北斗卫星导航系统

北斗卫星导航系统（以下简称北斗系统）是中国正在实施的自主研发、独立运行的全球卫星导航系统，与美国的 GPS、俄罗斯的 GLONASS、欧盟的 GALILEO 并称全球四大卫星导航系统。北斗系统从 2012 年 12 月 27 日起提供连续导航定位与授时服务。

项目九　配送与运输作业管理

北斗系统由空间段、地面段和用户段三部分组成。空间段：北斗系统空间段由若干地球静止轨道卫星、倾斜地球同步轨道卫星和中圆地球轨道卫星三种轨道卫星组成混合导航星座。地面段：北斗系统地面段包括主控站、时间同步/注入站和监测站等若干地面站。用户段：北斗系统用户段包括北斗兼容其他卫星导航系统的芯片、模块、天线等基础产品，以及终端产品、应用系统与应用服务等。

北斗系统的建设实践，实现了在区域快速形成服务能力、逐步扩展为全球服务的发展路径，丰富了世界卫星导航事业的发展模式。北斗系统具有以下特点：一是北斗系统空间段采用三种轨道卫星组成的混合星座，与其他卫星导航系统相比高轨卫星更多，抗遮挡能力强，尤其低纬度地区性能特点更为明显；二是北斗系统提供多个频点的导航信号，能够通过多频信号组合使用等方式提高服务精度；三是北斗系统创新融合了导航与通信能力，具有实时导航、快速定位、精确授时、位置报告和短报文通信服务五大功能。

卫星导航系统是人类发展的共同财富，是提供全天候精确时空信息的空间基础设施，推动了知识技术密集、成长潜力大、综合效益好的新兴产业集群发展，成为国家安全和经济社会发展的重要支撑，日益改变着人类生产生活方式。

自我测试

一、填空题

1. 按配送品种及数量划分，配送可分为_____、_____、_____。
2. 按配送流程及配送环节划分，配送成本是由_____、_____、_____、_____构成的。
3. 配送运输费用主要包括两个方面：_____、_____。
4. 配装费用包括_____、_____、_____。
5. 优化配送作业主要手段有_____、_____。
6. 配送成本计算的常用方法之一是_____。
7. 配送运输是指_____，也称_____。
8. 配送组织工作的内容包括_____、_____、_____。
9. 装载与卸载总的要求是_____。
10. 堆码的方式一般有_____、_____。

二、单选题

1. 包装标记、标志的印刷，拴挂物费用等的支出属于（　　）。
   A. 配装材料费用　　B. 配装辅助费用　　C. 配装人工费用　　D. 设备费用
2. （　　）是按照规定的时间、数量进行配送作业。
   A. 定时配送　　B. 定量配送　　C. 定时定量配送　　D. 定时定路线配送
3. 车辆装货时，必须将重货置于底部，轻货置于上部，避免重货压坏轻货，并使货物重心下移，从而保证运输安全，这种配送车辆积载的原则是（　　）。
   A. 大小搭配的原则　　　　　　　　B. 一次积载的原则
   C. 轻重搭配的原则　　　　　　　　D. 垂直摆放的原则

4. 车辆在由若干物流结点间组成的封闭回路上连续单向运行的行驶路线属于（　　）。
   A. 往复式行驶线路　　　　　　　　B. 环形行驶线路
   C. 汇集式行驶线路　　　　　　　　D. 星形行驶线路

5. 车辆以一个物流结点为中心，向其周围多个方向上的一个或多个物流结点行驶而形成的辐射状行驶线路属于（　　）。
   A. 往复式行驶线路　　　　　　　　B. 环形行驶线路
   C. 汇集式行驶线路　　　　　　　　D. 星形行驶线路

6. 配送中心 A 距配送点 D 和 E 距离分别为 12 km、20 km，D—E 的距离为 25 km，则 A 一次向 D 和 E 配送比 A 分别向 D 和 E 配送可以节约（　　）km。
   A. 7　　　　B. 12　　　　C. 20　　　　D. 25

7. 配送成本中的配装费用不包括（　　）费用。
   A. 配装材料　　B. 配装辅助　　C. 配装人工　　D. 配装加工

8. 用节约里程法计算时（　　）不是必须给的。
   A. 车辆类型　　B. 配送距离　　C. 各门店间距离　　D. 节约距离

三、多选题

1. 配送的特点有（　　）。
   A. 配送是"中转"型送货　　　　　B. 配送是物流"终端运输"
   C. 配送业务具有多重性　　　　　D. 技术手段现代化
   E. 配送以用户要求为出发点

2. 按配送组织者不同划分，配送可分为（　　）。
   A. 配送中心配送　　B. 仓库配送　　C. 商店配送　　D. 生产企业配送
   E. 定量配送

3. 按配送时间及数量划分，配送可分为（　　）。
   A. 定时配送　　　　　　　　　　B. 定量配送
   C. 定时定量配送　　　　　　　　D. 定时定路线配送
   E. 即时配送

4. 按配送专业化程度划分，配送可分为（　　）。
   A. 配套成套配送　　　　　　　　B. 多品种少批量配送
   C. 综合配送　　　　　　　　　　D. 专业配送
   E. 共同配送

5. 从配送流程及配送环节来看，配送成本实际上由（　　）构成。
   A. 材料费用　　B. 配送运输费用　　C. 分拣费用　　D. 配装费用
   E. 流通加工费用

6. 配送成本的特点有（　　）。
   A. 隐蔽性　　　　　　　　　　　B. 效益背反
   C. 配送成本削减的乘数效应　　　D. 随机性
   E. 不可测算性

7. 配送成本管理与控制的方法有（　　）。

A. 优化配送作业　　　　　　　B. 确定合理的配送线路
C. 建立通畅的配送信息系统　　D. 提高配送自动化程度
E. 提高配送服务水平

8. 影响车辆积载的因素有（　　）。
A. 货物特性因素　　　　　　　B. 货物包装情况
C. 不能拼装运输　　　　　　　D. 由于装载技术的原因，不能装足吨位
E. 加工设备

四、问答题

1. 配送成本有什么特点？
2. 配送成本的核算方法的基本原理是什么？其步骤是怎样的？
3. 怎样进行配送成本的管理及控制？
4. 简述节约里程法的基本思想是什么？

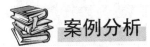
案例分析

麦当劳的冷链物流配送

冷链物流（cold chain logistics）泛指冷藏冷冻类食品从生产、储藏、运输、销售到消费前的各个环节中始终处于规定的低温环境下，以保证食品质量，减少食品损耗的一项系统工程。它是随着科学技术的进步、制冷技术的发展而建立起来的，是以冷冻工艺学为基础、以制冷技术为手段的低温物流过程。

麦当劳的冷链物流是以外包方式完全包给第三方物流企业即夏晖公司。夏晖公司是麦当劳的全球物流服务提供商，为麦当劳提供优质的服务。夏晖公司为了满足麦当劳冷链物流的特殊要求，投资建立多温度食品分发物流中心，分为干库、冷链库和冷冻库，配有冷链冷冻保存设备及冷链运输设施，保质保量地向麦当劳运送冷链货物，实现了冷链物流的共同配送。

由于冷链物流的低温特点，物流企业单独建立冷链物流中心，投资成本高，而且回收期较长。由于冷链食品的特点相同，社会整个冷链物流业应该联合起来，共同建立冷链物流配送中心。这种长期发展和优化的合理化配送形式，对于提高物流运作效率、降低物流成本具有重要意义。

从微观角度看，实现冷链物流的共同配送，能够提高冷链物流作业的效率，降低企业运营成本，可以节省大量资金、设备、土地、人力等。企业可以集中精力经营核心业务，促进企业的成长，扩大市场范围，消除有封闭性的销售网络，共建共存共享的环境。从整个社会角度看，实现冷链物流的共同配送可以减少社会车流总量，减少城市卸货妨碍交通的现象，改善交通运输状况；通过冷链物流集中化处理，有效提高冷链车辆的装载率，节省冷链物流处理空间和人力资源，提升冷链商业物流环境，进而改善整体社会生活品质。

 **项目实施**

情境实训一　配送中心的基本作业流程

一、情境描述

陆通物流配送中心的配送任务很多，与每位客户相关的配送环节也不相同，该配送中心正努力探索新的路径，优化其作业流程，降低配送成本。

二、实训目的

通过参观学习物流配送企业的业务流程，熟悉配送作业流程，掌握配送信息管理技术及配送成本、绩效管理等相关知识，最终实现理论与实践的统一。

三、实训内容

参观本地区的物流配送企业，学习进货、验收、储存、拣取、加工与包装、分类配货、配送出货检查、配送运输等作业环节及信息管理的过程。

四、实训条件

实地参观物流配送企业。

五、实训步骤

1. 课前做好理论复习，实训过程中遵守实训要求，按指定的步骤进行。
2. 深入了解物流配送企业的配送作业环节及信息管理的过程。

六、作业题

1. 了解所参观的物流配送企业的选址背景。
2. 用图示法说明物流配送企业的基本作业流程。
3. 配送成本由哪些方面构成？怎样降低配送成本？

情境实训二　车辆调度的方法

一、情境描述

陆通物流配送中心为客户送货的任务很重，只有对车辆进行科学合理的调度，才能使其配送运输能力得到充分的利用，并实现运输距离短、配送成本低的目标。

二、实训目的

培养科学调度车辆进行合理配送运输的能力。

三、实训内容

1. 合理运输、车辆调度、车辆维修与考勤登记、日报管理、行车单管理。
2. 运用图上作业法进行车辆调度。

四、实训条件

模拟资料。

五、实训步骤

1. 分析合理配送运输的意义，探究造成不合理运输的原因（过远运输、对流运输、迂回运输、重复运输、未能充分利用运力和未合理使用交通运输工具等）。
2. 基于图上作业法制定配送运输方案。

六、作业题

某配送中心下属有 A_1、A_2、A_3、A_4、A_5、A_6、A_7 等 7 个仓库，为周边 B_1、B_2、B_3、B_4、B_5、B_6、B_7 等 7 个零售超市配送货物，各仓库的供应量（椭圆内数字）、各零售超市的需求量（矩形内数字），以及它们的位置和相互之间的距离如图 9-14 所示。其中供应量和需求量单位为 t，距离单位为 km，请用图上作业法确定最佳货物调运方案。

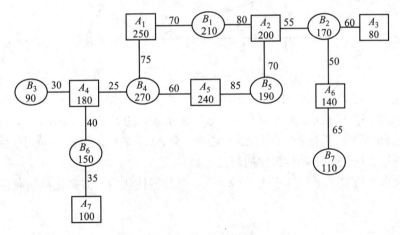

图 9-14 交通示意图

情境实训三 配送路线的选择

一、情境描述

陆通物流配送中心寻找最佳配送路线为客户送货，实现高效率的配送，即使配送的时间最少、距离最短、成本最低。

二、实训目的

根据陆通物流配送中心的运输能力及其到各个客户与各个客户之间的距离，制订使总车辆运输吨公里数最小的配送方案。

三、实训内容

制订合理运输方案，节约运输里程；运用节约里程法选择配送路线。

四、实训条件

模拟资料。

五、实训步骤

1. 学习配送路线选择的方法。
2. 运用节约里程法选择配送路线。

六、作业题

1. 用 Dijkstra 算法求解图 9-15 中从 V_1 至 V_8 的最短路线和距离，单位为 km。

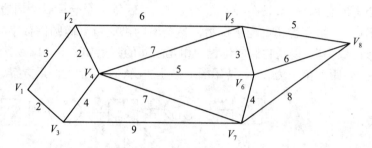

图 9-15　V_1-V_8 路线

2. 已知配送中心 P_0 向 5 个用户 P_i 配送货物，其配送路线网络、配送中心与用户的距离及用户之间的距离如图 9-16 所示：图中括号内的数字表示客户的需求量（单位：t），线路上的数字表示两结点之间的距离（单位：km），配送中心有 3 台 2 t 卡车和 2 台 4 t 车辆可供使用。

（1）试利用节约里程法制订最优的配送方案。

（2）假设卡车行驶的平均速度为 40 km/h，试分析优化后的方案比单独向各用户分送可节约的时间。

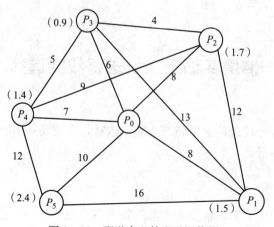

图 9-16　配送中心的配送网络图

附录A

自我测试参考答案

项目一　仓储规划与管理

一、填空题

1. 仓库,为存放、保管、储存物品的建筑物和场地的总称;储存、储备,表示收存以备使用
2. 存储功能;调节功能;检验功能;养护功能
3. 普通物品仓储;特殊物品仓储
4. 保管式仓储
5. 仓储管理
6. 仓库选址;仓库规模的确定和内部合理布局;仓储设施和设备的选择和配备;仓储资源的获得;仓储作业管理;库存控制;仓储经营管理;仓储人力资源管理
7. 效率原则;效益原则;服务原则
8. 市场定位策略;制造定位策略;中间定位策略
9. 单元货架式立体仓库;移动货架式立体仓库;拣选货架式立体仓库
10. 垂直式;倾斜式

二、单选题

1. B　2. C　3. D　4. A　5. C　6. B　7. A　8. B　9. B　10. C

三、多选题

1. ABCDE　2. ABCD　3. ABCDE　4. ABCDE　5. ABCDE　6. ABCDE　7. BDE
8. ABD　9. ABC　10. ABCD

四、问答题

(略)

项目二 仓储设施设备的配置与使用

一、填空题

1. 机械化程度高；操作方便，速度快、效率高；投资小，收益快，装卸货损货差事故少
2. 重叠式堆码；纵横交错式堆码；正反交错式堆码；旋转交错式堆码
3. 杂货集装箱；干散货集装箱；冷藏集装箱；敞顶集装箱；框架集装箱；罐式集装箱；动物集装箱
4. 轻型货架；中型货架；重型货架
5. 料斗式；轨道输送式；直升降式；车式

二、单选题

1. D 2. C 3. D 4. A 5. B 6. D 7. A 8. D 9. A

三、多选题

1. ABDE 2. ABCDE 3. BCE 4. AD 5. ABCDE 6. ABCDE 7. ABCDE 8. ABCD 9. ABD 10. CD

四、问答题

（略）

项目三 货物入库作业管理

一、填空题

1. 仓储商务管理
2. 仓单
3. 拒绝履行；履行不能；履行迟延；履行不当
4. 支付违约金；损害赔偿；继续履行；采取补救措施
5. 专用线接车；车站、码头提货；仓库自行接货；库内接货
6. 装卸搬运是附属性、伴生性的活动；装卸搬运是支持性、保障性活动；装卸搬运是衔接性的活动
7. 堆放、拆垛作业；分拣、配货作业；搬送、移送作业
8. 装卸搬运次数最少；装卸搬运距离最短；各作业环节衔接较好；库存物资的装卸搬运活性指数较高、可移动性强
9. 条；空；对应的字符
10. RFID 标签；天线；RFID 读写器

二、单选题

1. B 2. D 3. C 4. B 5. A 6. B 7. A 8. B 9. C 10. A

三、多选题

1. ABCDE 2. ACDE 3. ACD 4. ABCDE 5. ABCD 6. ABCD 7. ABCD 8. ABCE 9. ABCD 10. ABCDE

四、问答题

（略）

项目四　货物在库作业管理

一、填空题

1. 储位空间；商品；人员；储放；搬运设备；库存资金

2. 预备储区；保管储区；动管储区

3. 人工分配方式；计算机辅助分配方式；计算机全自动分配方式

4. 合理；牢固；定量；整齐；节约；方便

5. 重叠式堆垛；纵横交错式堆垛；仰伏相间式堆垛；压缝式堆垛；宝塔式堆垛；通风式堆垛；栽柱式堆垛；衬垫式堆垛；鱼鳞式堆垛；"五五化"堆垛

6. 整库密封；整垛密封；整柜密封；整件密封

7. 垛距；墙距；柱距；顶距；灯距

8. 杀虫剂；熏蒸剂；驱避剂

二、单选题

1. B 2. B 3. C 4. A 5. B 6. A 7. C 8. B 9. C 10. D

三、多选题

1. ABD 2. ABC 3. ABD 4. ACD 5. ABCD 6. ABCDE 7. ABCD 8. ABDE 9. ABC 10. ABD

四、问答题

（略）

项目五　库存管理与控制

一、填空题

1. 预期性库存；缓冲性库存；在途性库存；周转性库存

2. 单周期库存；多周期库存
3. 盘点
4. 查数量；查质量；查保管条件；查安全
5. 账面盘点；现货盘点
6. 期末盘点；循环盘点
7. 保证2~3周的库存水平；提高商品流动速度；采购员按顾客需要采购商品
8. 供应商管理库存；联合库存管理
9. 盘点差异的原因查找；盘点结果的处理；盘点结果的评估
10. 保持物质流和信息流在生产中的同步，实现以恰当数量的物料，在恰当的时间进入恰当的地方，生产出恰当质量的产品

二、单选题

1. D 2. B 3. C 4. A 5. B 6. D 7. D 8. D 9. D 10. B

三、多选题

1. ABCDE 2. DE 3. ABCDE 4. ABCD 5. ABCD

四、问答题

（略）

项目六 流通加工、包装作业管理

一、填空题

1. 分拣；刷标志；拴标签；组装
2. 保护商品；便于流通；方便消费和管理；促进销售
3. 工业包装；商业包装
4. 硬包装；软包装
5. 识别标志；指示标志；警告性标志
6. 包装材料；包装技术；包装方式

二、单选题

1. C 2. B 3. C 4. D 5. B

三、多选题

1. ABCDE 2. ABCDE 3. BCDE 4. ABCDE 5. BCD 6. ABCDE 7. ABCDE

四、问答题

（略）

项目七　货物的分拣、出库作业管理

一、填空题

1. 按订单拣货；按批量拣货；复合拣取
2. 能连续、大批量地分拣货物；分拣误差率极低；分拣作业基本实现无人化
3. 推出式；浮出式；倾斜式；分支式
4. 客户自提；送货上门；代办托运；移仓；过户；取样
5. 提货单；送货单；转仓单；过户单
6. 审核提货单的合法性和真实性；核对货物的商品品名、规格、型号、单价、数量等是否与库存商品相符；核对收货单位、到货站、开户行和账号是否正确
7. 人工分货；利用自动分类机分货
8. 批次补货；定时补货；随机补货
9. 人工检查法；条码检查法；重量计算检查法
10. 拼箱补货；整箱补货

二、单选题

1. B 2. D 3. B 4. D 5. C 6. D 7. B 8. C 9. A 10. B

三、多选题

1. BCDE 2. ABCDE 3. ABCD 4. CDE 5. ABCD

四、问答题

（略）

项目八　仓储成本管理及绩效评价

一、填空题

1. 重要性；效益背反性；核算成本数据的复杂性
2. 建造、购买或租赁仓库等设施设备所带来的成本；仓储作业成本
3. 取得成本；储存成本；缺货成本；运输时间
4. 整体性原则；利益原则；层层落实原则；重点管理原则
5. 吞吐量；库存量；存货周转率
6. 纯风险；投机风险
7. 人身风险；财产风险；责任风险
8. 科学性；可行性；协调性；可比性；稳定性
9. 实行指标的归口管理；分解指标、落实到人；开展指标分析、实行奖惩

10. 自担风险；风险转移；回避风险；损失控制

二、单选题

1. A 2. A 3. C 4. C 5. C 6. A 7. A 8. D 9. B 10. B

三、多选题

1. ABC 2. ABD 3. BCD 4. ABCD 5. ACD 6. ABCDE 7. ABCDE 8. ABCDE 9. BCDE 10. ABCDE

四、问答题

（略）

项目九　配送与运输作业管理

一、填空题

1. 单（少）品种、大批量配送；多品种、小批量配送；配套成套配送
2. 配送运输费用；分拣费用；配装费用；流通加工费用
3. 车辆费用；营运间接费用
4. 配装材料费用；配装辅助费用；配装人工费用
5. 混合配送；差异化配送；共同配送
6. 作业成本法（ABC分析法）
7. 物流过程的中转型送货；二次输送；支线输送；终端输送
8. 拟订配送计划；确定配送计划；执行配送计划
9. 省力；节能；减少损失；快速；低成本
10. 行列式堆码方式；直立式堆码方式

二、单选题

1. B 2. C 3. C 4. B 5. D 6. A 7. D 8. D

三、多选题

1. ABCDE 2. ABCD 3. ABCDE 4. CDE 5. BCDE 6. ABC 7. ABCD 8. ABCD

四、问答题

（略）